U0448527

信托和契约精神

车耳 著

商务印书馆
The Commercial Press
2018年·北京

图书在版编目(CIP)数据

信托和契约精神/车耳著.—北京:商务印书馆,2018
ISBN 978-7-100-15904-3

Ⅰ.①信… Ⅱ.①车… Ⅲ.①信托业—介绍—中国
②道德发展—介绍—中国 Ⅳ.①F832.49②B82-092

中国版本图书馆 CIP 数据核字(2018)第 042279 号

权利保留,侵权必究。

信托和契约精神
车 耳 著

商 务 印 书 馆 出 版
(北京王府井大街36号 邮政编码100710)
商 务 印 书 馆 发 行
北京市艺辉印刷有限公司印刷
ISBN 978-7-100-15904-3

2018年5月第1版　　开本850×1168　1/32
2018年5月北京第1次印刷　印张 10⅜
定价:35.00元

前面的话

契约精神孕育了人的"诚信观念",是西方文明的主流精神,也是西方商业文明的基础,促进了社会文明的进步和资本主义的发展。中国是有着五千年历史的礼仪之邦,以重礼仪、讲道德闻名于世,自古就有契约精神的基因。两千六百年前,春秋五霸时期的晋文公重耳在城濮之战中,退避三舍,信守承诺,成为遵守契约精神的典范。三国时期,刘备托孤,诸葛亮信守承诺,鞠躬尽瘁死而后已,成为遵守契约精神的楷模。但随着现代商品经济的发展,中国人越来越多地讲究"变通",以小聪明背弃契约精神。当房价上涨的时候,有的开发商撕毁合同,当房价下跌的时候,有的业主怒砸售楼部,尽管白纸黑字俱在,公开违背契约。在农村,"订单农业"给农民吃了定心丸,当粮食价格上涨时,已签订合同的粮农纷纷违约,高价卖给他人,不履行承诺的事普遍发生。契约本来是约束双方的条款,自由、平等、守约是商业文明的基础,但往往成了一纸空文,承诺了却不执行,破坏了经济秩序,引发社会矛盾。

本书以契约精神为主线,列举了许多生活中看到的、听到的、体会到的、感悟到的众多与契约精神有关的现象,呼唤人们,诚信是契约精神的本质,只有诚信,双方才能奠定信任的基础,才能得到尊重和被尊重。无论是公民、企业或者政府,都要遵守公序良俗,牢固树立诚实守信的契约精神,弘扬社会主义核心价值观,提高全社会的文明进程。

契约精神是什么,其本质就是诚实守信,简单地说,就是承诺了,就要做到。一方面是看得见的手,在法律框架下的书面契约由法律来平衡,通过契约的形式规定双方的权利和义务,确保交易自由平等,如果违约,一方可以诉诸法律,由法律进行裁决。另一方面是看不见的手,通过道德这个内在的契约来约束个人的行为,以良心为最高法律,自觉把握做人的底线。诚信是一个古老的话题,是中华民族的传统美德,也是我们每个人立身做人的基本道德准则。人和人之间,企业与企业之间,公民、企业和政府之间都存在契约关系,讲规矩,守信用,既是一种品行,也是一种契约,还是一种习惯,更是一种荣耀。

做人要有道德底线,做契约精神的维护者。官民是一种契约关系,官员就要清正廉明,立公去私,执政为民,学做一个好官员;公民也要遵守政府制定的各种规则规定,诚信、守法、自尊,学做一个好公民。服务业和顾客是一种契约关系,服务人员要尊重顾客,爱岗敬业,态度和蔼,具有良好的自控力,学做一个好服务员;顾客也要尊重服务人员的劳动,礼貌待人,不能居高临下,呼来唤去,学做一名好顾客。医患是一种契约关系,医生不仅医术要精,还要有认真的工作态度,体恤病人的痛苦,如实告知病情,以便患者配合治疗,学做一名好医生;患者做手术,签了字就要承担医疗风险,不能因为医疗失败而成为"医闹",学做一名好患者。师生是一种契约关系,老师要为人师表,言传身教,教书育人,学做一名好教师;学生要尊敬师长,遵守校规,认真学习,积极向上,学做一名好学生。婚姻是一种契约关系，夫妻双方要相互尊重，对家庭忠诚，共同承担培养和教育子女的责任，学做一对好夫妻。契约精神无处不在，具有契约精神的人是受人尊敬的，只有人人为我、我为人人，社会才能和谐发展。

企业要有道德底线，做笃守信誉的诚信者。一个"三鹿"损害了一个行业的发展，一盘青岛大虾抹黑了一个城市的形象。契约精神是企业生存的基础，是信誉的保证，关系企业的百年大计。民以食为天，食品从农田到餐桌，整个生产到销售的过程，要确保让人民群众吃得安全、吃得放心。要严格按照行业标准执行，守法经营，对消费者负责，对社会负责，也是对自己的企业负责。商家要立足商海必须以诚信为本，明码标价，让顾客明白消费。金融业要努力防范金融风险，在刺激了人们的消费观念的同时，防止财富错觉、过度消费导致的个人破产和地方财政崩溃。在支持房地产业发展的同时，要防止实体经济因缺乏资金支持而纷纷倒闭。尤其当房地产和金融紧密结合成为一种金融衍生工具时，房地产业高涨的房价，占用了大量资金，库存积压，挤压了其他实业的创新和发展，造成资源浪费，拉大了社会财富分配贫富差距，产生了一大批不劳而获的阶层，引起新的社会不平等，钝化了人们创新的动力和进取的需求，扭曲了人们的价值取向。作为地产商也要牢固树立忧患意识，泡沫一旦捅破，产生的后果是经济长期低迷，大家都没有好日子过。诚信是一种力量的象征，任何企业，都要坚守道德底线，担负起社会责任。

政府要有道德底线，做和谐社会的监督者。公民把公权力交给政府，政府花纳税人的钱，有责任为公民负责，政府的主要责任是，要让人们吃到安全的食品，喝到干净的水，呼吸到新鲜的空气。特别是要确保食品安全，要加强监管，加强法制，管控到位，制定严格的法规，加大执法力度，提高违法成本，试想如果连食品安全都得不到保证，人们还有什么幸福感可言。水污染，空气污染，这些关乎公民生命安全的重大问题都是政府亟待出面解决的问题。在处理重大民生问题时，政策要公开透明，坚持以人为本，善待国民，承诺的一定要履行，不能朝令夕改，言而无信，失信于民。同时，要当好监督者，在无利不起早的社会现实中，如果公权缺位，造成破窗效应，使守约者受伤害，违约者受益，社会秩序还能正常运行吗？当今社会，诈骗横行，人民群众深恶痛绝，媒体总是要求人民群众能够识别毒大米、转基因玉米、农药超标的蔬菜、被化学药品浸泡过的水果、被注水的肉禽等。人民群众应该有防范意识，但是怎么可能具备这么多专业识别技术？即使是专家，也是研究某一个领域的专家，不可能成为全才。作为政府有责任加大管理力度，应该从源头杜绝这种扰乱社会秩序、道德沦丧的丑恶现象，不能总是要求公民自己识别、防范。

  本书得到中信改革发展研究基金会的支持。

目　　录

第一章　信托热正在悄然兴起 ………………………… 1
　　从财富转移说到家族信托 …………………………… 3
　　从慈善信托说到公益信托 …………………………… 11
　　从浪费者信托说到盲目信托 ………………………… 18
　　从盲目信托说到隔离腐败 …………………………… 24
　　从信托制度说到财产安全 …………………………… 30

第二章　信托就在我们身边 …………………………… 37
　　学校教育可以是一种信托 …………………………… 39
　　医养信托可以是一种方案 …………………………… 46
　　养老信托可以是一种选择 …………………………… 53
　　养老应尽快成为一种制度 …………………………… 61

第三章　道德是内在的契约 …………………………… 67
　　经济运行中的道德律 ………………………………… 69
　　赢得战争是为了和平 ………………………………… 81
　　战争越残酷和平就越值得珍惜 ……………………… 89
　　言行一致和食言而肥 ………………………………… 96
　　劣币驱逐良币的感悟 ………………………………… 104
　　守住我们心中的边界 ………………………………… 111

权力金钱和真理智慧……………………………………… 118

第四章　尊严来自契约精神…………………………………… 125
　　尊严和谦卑……………………………………………… 127
　　自尊与尊他……………………………………………… 133
　　从小费谈起……………………………………………… 143
　　出国要"三尊"…………………………………………… 149
　　医德和患德……………………………………………… 156
　　家庭的秩序……………………………………………… 163
　　失德的骗子……………………………………………… 170
　　两案的深思……………………………………………… 177

第五章　做契约精神的守护者………………………………… 183
　　学做一名好官员………………………………………… 185
　　学做一名好顾客………………………………………… 193
　　学做一名好游客………………………………………… 199
　　学做一名好患者………………………………………… 206
　　学做一名好医生………………………………………… 212
　　学做一名好孩子………………………………………… 218

第六章　契约精神比财富重要………………………………… 225
　　财富错觉是一种幻象…………………………………… 227
　　首都红利背后之隐忧…………………………………… 240
　　房地产可能是"诅咒"…………………………………… 248
　　高端影城重温经典……………………………………… 255
　　国际民航走向大众……………………………………… 262

舆情中的隐性契约·················· 269
第七章 以人为本的契约精神·············· 277
公开透明的行动计划·················· 279
节俭务实的巴黎会议·················· 287
知易行难的环保现实·················· 295
任重道远的智慧城市·················· 302
使馆区不该有的特权·················· 309
从建设海绵城市说起·················· 316
海绵城市和PPP联姻·················· 323
共同沟还是拉链马路·················· 330

第一章 信托热正在悄然兴起

从财富转移说到家族信托

将财产转移到具有责任心的子女名下,从而剥夺了无能子女继承权的做法,实际上显示的是一种对自己骨肉知根知底的大爱,一种理智而意志坚定的善意。这种善意的目的,就是使得无能子女远离奢侈生活的诱惑,能够长久地有体面地生活下去。信托发展至现代商业社会,利用信托方式转移财产,不仅可以避险,让家庭成员利益配置合理化,还成为国际避税的主要手段之一。家族信托是财产信托的一种,受托人在中国,主要是信托公司按照委托人的意愿,为受益人利益或特定目的管理或处分信托财产。委托人可按照自己意愿中的财产分配法则来保障资产稳定,达到传承和增收财产,达到保护隐私和商业秘密,以至于合理避税等目的。

作为一种法律安排和金融手段,信托在西方国家起初是为了转移财富以达到某种目的,之后演变出来的家族信托和遗嘱信托也是出于这种目的。尽管其带有原罪意味的行为听上去不够光彩,这种财富转移的目的却常常出自善意,因为它发自内心向善而非向恶的冲动;财富转移也是利他的,因为它出于对他人而不仅仅自己私利的考量;同时它是合法的,这些有关财产的信托都是以文字记载,合作的双方均以契约来相互约束,以至于后来许多执行人本身就是律师或者是精通法律和财务的人员,即便他们钻法律的空子,那也是在合法合规的前提下进行的。

将自己辛辛苦苦获得的财富转移给别人、还出自善意！为什么？

从名著中得到的启发

风靡世界的著名小说《飘》，中间断断续续描述了这样一个故事，说得是美国南方家世优越的一对兄妹，也就是女主角斯佳丽第一个丈夫的姑姑皮特和伯父亨利。姑姑皮特就是电影《飘》中那个头上总戴着花边软帽、身材丰满矮小，圆得跟肉球一样，动不动就尖叫晕倒的老处女，终生没嫁过人，所以对男人和男人世界几乎一无所知。她从小娇生惯养，成年后，仍然是个只知道花钱而不管家事的大小姐，而哥哥亨利成人后则是个严肃的律师。哥哥秉承父亲遗愿，掌握家里的资产，还代管妹妹的钱财和所有家用，日用钱按月发放，还得自己来取，多用钱则需额外申请，哥哥同意才会发给。有一次妹妹受人怂恿，想投资一个子虚乌有的金矿，申请多要500美元时，被哥哥厉声骂走，临行时还奚落她不如一只无花果有脑子！

同样是遗产继承人，自己的钱提前支取些都不行，还被臭骂，妹妹回家后哭了一整天，发誓以后再不想见那个不讲人情的哥哥。而哥哥则认为，当时500美元可以买个房子，无知的妹妹完全可能被骗，因为进行这种莫须有的投资是有去无回，所以他当仁不让，坚决予以拒绝。

不久后美国南北战争爆发，他们拥戴的南军在英勇奋战几年后落败，最后集体向北军投降。南方人失去家园，失去了生活来源，普遍陷入了穷困潦倒的地步，妹妹依然什么都不会做，也不想学着自食其力,还养着忠实的黑人奴仆。喜欢《飘》的人会回忆起那个场景:一个头发花白的老黑奴,手持一把钝刀,在大雨中追杀家里那只仅存的又老又掉毛的瘦公鸡,以便在其败落寒舍中请客,能给每个人分一块骨头肉。那时候人人缺菜少粮,都是因为那古板又不通融的律师哥哥,想尽办法筹集资金按月接济,皮特姑姑才不至于饿死。

《飘》的作者米切尔,在写作这个伟大作品时,力求真实可靠。连亚特兰大当地的街道都进行了考证。看到这里,读者会深深感动,因为这是个在财富转移上,委托人颇具远见,受托人忠于职守,因而受益人才能真正获得长久好处的一种安排。

家族信托的智慧

设想一下,如果这对兄妹的父母在离世前,像普通人那样将财产平分,那妹妹可能很快挥霍掉。即便没有战争,她这种没有任何技能,又嫁不出去的老姑娘,也会贫困潦倒。父母预见到了这种结局,所以将财产做了看似不够公平,却切实有效的转移,让她名下没有财产也就无法挥霍。作为受益人,妹妹拥有的只有委托人,也就是其父母财产的收益权,每月只能支付满足日常生活所需的费用,还不得不让受托人,也就是哥哥严厉监督。

只将财产转移到具有责任心的子女名下,从而剥夺了无能子女继承权的做法,实际上显示的是一种对自己骨肉知根知底的大爱,一种理智而意志坚定的善意。这种善意的目的,就是使得无能子女远离奢侈生活的诱惑,能够长久地有体面地生活下去。

同时,这种财富转移还是利他的。委托人的考量是利他的,受托人的考量同样是利他的。如果作为受托人的哥哥,放任妹妹任人蛊惑乱投资,不仅损失惨重,还会令其成为左邻右舍的笑柄。所以他宁可严词斥责,让妹妹开始感到切肤之痛,也不能让她任意挥霍,令其事后理解兄长的良苦用心。从信托关系讲,这就是谨慎投资义务,避免受托人的冒进行为,给受益人带来重大的损失。南北战争前,哥哥亨利的行为是利他的,战后重建时更是利他的,这种利他更为深沉,更为关键,更为性命攸关。

尽管可能有,也可能没有父母的文字遗嘱,作为律师,哥哥亨利比无知妹妹更熟悉遗产处置法律,但是亨利并没有为自己谋利,并没有因为自己是财产的所有者就任意支配。和战前高调拒绝无理要求相比,战后哥哥则不声不响地竭尽全力,想方设法给妹妹以资助,勤勉地落实父母当初的遗愿。同时他履行了受托人的责任,那就是单一利益原则,即受托人不能从信托财产中受益,其所有行为必须以受益人的最高利益为唯一准则。

综上所述,哥哥作为受托人完成了"受信义务",也就是忠实义务和谨慎义务,即严格执行委托人的要求和勤勉谨慎避免冒进式投资。前者强调的是"德",后者关注的是"能",只有"德能兼备",才符合人们对于信托受托人的期待。所以这是个具有契约精神还勇于担当的受托人。

私人定制的优点

信托发展至现代商业社会,利用信托方式转移财产,不仅可以避险,让家庭成员利益配置合理化,还成为国际避税的主要手段之一。比如以信托形式在各关联公司之间进行低成本融资,在避税地设立个人持股信托公司。梅艳芳身后财产遗嘱信托纠纷案和"庞鼎文信托避税案",使许多香港富人更深刻地认识了离岸信托这个"合法节税"的利器,也引起全世界专业受托人的特别关注。

家族信托是财产信托的一种,受托人在中国,主要是信托公司按照委托人的意愿,为受益人利益或特定目的,管理或处分信托财产。委托人可按照自己意愿中的财产分配法则来保障资产稳定,达到传承和增值财产,保护隐私和商业秘密,以至于合理避税等目的。由于各个家族诉求不同,可以说每一个家族信托都是私人定制。家族信托基金代管持股在香港大型上市公司中非常普遍,如长江实业、恒基地产、新鸿基地产等,内地房地产公司如 SOHO 中国,也开始采取这种方式。

当今市场已经有了合理转移财富和进行家族信托的需求。如果说中国遗产法在 20 世纪 90 年代讨论时因为国人没什么遗产,因而无法实施的话,那么今天的中国已经有了这种市场:受托物标的巨大而且缺乏出口!

为了避免国内资金外流,留住资金和人才,以至于肥水不流外人田,就是摆在我们面前的迫切问题。

过去我们有句老话叫作"富不过三代",就是因为没有一种行之有效的财富转移和家庭信托所致。目前在中国社会风气下,家族传承有陷入前车之鉴之虞,因为相对富裕的家庭,对下一代充满溺爱,而相对贫穷的家庭,子女反过来经常啃老,所以这种现象已经成为我们社会的现实,而且还被认为很正常:被溺爱的享受着溺爱,被啃老的情愿被啃老!

相比之下,在美国的孩子则是另一种情况。我有一个在美国最大对冲基金公司工作的朋友，说起他那个生长在美国、受过完整西方教育的儿子，大学毕业找工作时，对父亲为其在华尔街金融机构介绍个职位的建议嗤之以鼻，坚持自己的事要自己解决，请父亲不要插手，免得在周围那些独立自主已成习惯的美国同学中间丢面子，取笑自己的工作是老爸帮忙找的！

在欧美，许多家庭都有家族信托的历史。罗斯柴尔德家族已经传了八代，其第八代传人罗斯柴尔德男爵曾经吃饭时，随口跟我们说，这可能是运气。我心里知道这其实是家族智慧和社会制度的双重结果。另一个我曾经为之工作过的欧洲犹太裔拉扎兄弟家族，也差不多传承了这么多代。所以直到今天他们仍是全世界受人仰慕的家族，一经提及就让人肃然起敬。这就是为什么西方家族长盛不衰的原因，其例子比比皆是。

良心是最高的法律

信托是一种人际关系，委托人是信托的设立者和信托财产的让渡者。受托人是信托财产的管理者，受益人是信托利益的获得者。这三方关系围绕着信托财产而展开，各自有着不同的利益和诉求。与一般契约的对抗性不同，利他性是信托的始点和终点。为了便利受托人对信托财产进行管理处分，委托人在信托设立之后，几乎不插手信托事务的管理。而受托人尽管大权在握，却不从信托财产中获益，一切的管理决策都是为了受益人利益最大化，哪怕会让自己付出更多。就像前面《飘》所描述的那样。

中国需要亨利父母那样的智慧长者。因为人的寿命、时间、精力和知识存在局限性，所以很多事务无法亲力亲为，需要依赖他人。将财产交由别人打理,自己无忧无虑享受人生,无能甚至无良后代又能过着有尊严的生活,这是一个明智的安排。但是当委托人选择了信托这一制度时,意味着他认同,并心甘情愿受托人进入自己的"道德共同体",与之有共同的价值,并完全信赖后者的表现。

中国需要亨利式的人物。信托制度虽然发端于对上帝的信仰,但不能忽视的还有委托人对于受托人的信心。这种信心,很大程度上来自于受托人的信用,正如在西方许多信托例证中看到的那样,受托人都是有名望的人士,或者资力雄厚的大机构。由于中国社会目前缺乏个人作为受托人的土壤,即其社会风俗和法制建设,所以目前中国主要是由信托公司来承担受托人的。

当委托人拥有资金,却缺乏理财的相关知识时,同样可以将其资金交付信托。专业的信托公司会根据其收益需求、风险倾向、流动性要求等,为之设计合适的产品。在这个过程中,委托人不需要具备相应的投资知识,却可以享受受托人的专业知识为其带来的利益回报。而另一端,资金的需求方在被"融资"的同时,也同样得到受托人的"融智"服务。

信托行为无疑存在着追求功利的目的,但是,一个真正的信托行为,绝不仅仅只是为了追求物质利益,还是基于一种内在的价值观念。马克斯·韦伯认为,激发企业家持久努力的,不是有限的物质功利,而是一种超越性的信念或伦理精神。一个信托业者如果信奉社会和国家利益高于个人利益的价值观,他就会注重信托行为对国家、对社会、对环境的影响,尽可能在追求自身利益时,实现社会利益,把经济效益与社会效益统一起来。

中国还需要衡平法的精神。法律要支持契约,支持信用。就如同支持公平和正义一样,没有契约的信用就无法求助法律,没有信用的契约则仅仅是一张白纸。没有法律就无法扩大契约精神,没有契约精神就无法推动法律建设。

一句话,当今中国不仅需要像亨利父母这样明智的委托人,更需要像亨利这样忠于职守的受托人,还需要有容忍并支持这种财富转移和家族信托的土壤,那就是健全的信托法律和在其之上的衡平法精神。还有衡平法强调的道德和良心,契约之上是良心。

因为:法律是最低的良心,良心是最高的法律。

从慈善信托说到公益信托

慈善行为是一种公益行为,公益行为可能是一种慈善行为,也可能有别于慈善行为;慈善的初心源于怜悯,公益的初心可能源于怜悯,也可能源于社会责任感;无论慈善信托还是公益信托,都是利他的。在这个领域最成功的例子莫过于诺贝尔奖了。这是一个成功的个人回馈社会的著名案例,也是一个健全的法制社会和国家资助人类创新发展的一项壮举。事实上,人类历史上还没有类似成规模的信托如此公益,如此利他,以至于超越了国界,超越了种族和宗教,超越了意识形态,受到所有国家的尊重。

慈善信托和公益信托究竟是一回事,还是两回事,是一种类型,还是两种类型,似乎一直是行业内让人困扰的问题。2016年9月正式实施的《中华人民共和国慈善法》(以下简称《慈善法》)又一次把这种困惑推到前台。因为这个《慈善法》虽然晚于十几年前的《信托法》,但是却单辟一章讲到了慈善信托,就如同《信托法》专门有对公益信托的规定一样,使人们感受到了慈善事业和信托关系的高相关度,也让人们知道了两者之间的细微区别。

公共属性

尽管业内有人认为慈善信托范围宽于公益信托,而不是相反。尽管有人认为《慈善法》规定慈善信托的设立是备案制,公益信托的设立是审批制,从而得出结论,两者有着法律规定的不同。尽管有人说《慈善法》出台前中国只有公益信托,之后才可能有慈善信托。但这是两种信托的独特之处,比如其公共属性是人们公认的。

就如同成体系的信托关系最初发展于英美一样,成规模的慈善信托也源于英美。这不仅是因为资本主义社会富裕程度的增加,也是因为人权理念日益深入人心。英美信托法中所称的"慈善事业"实际上与"社会公益"没有性质的差别,两者所适用的法律规则也基本等同,所以在这些国家,人们将慈善信托(charitable trust)等同于公益信托。

和英美国家有所不同,欧洲大陆法系国家的信托法典没有统一的公益信托概念,它一般包括基于祭祀、宗教、慈善、学术、体育或其他类似目的而设立的信托。他们直接将这种慈善信托视为公益信托,意思是指那种为了公共利益的目的,使整个社会或社会公众的一个重要部分受益而设立的信托。

而在我们国家,虽然各种形式的信托关系存在已久,虽然叫信托的银行或者公司在新中国成立前曾经出现过,但是由于之后有三十几年的理念和实务断层,慈善信托或者公益信托就成了一个新鲜事物。对此的争论也随之而来,有人说慈善信托是公益信托的一部分,有人则说后者是前者的一部分。事实上,尽管翻译成中文看着区别较大,其实在英文中都是一个词汇"charitable trust"。关键的是其含义和理念没有什么根本性的区别。

慈善行为是一种公益行为,公益行为可能是一种慈善行为,也可能有别于慈善行为;慈善的初心源于怜悯,公益的初心可能源于怜悯,也可能源于社会责任感;慈善常常是有钱人对穷人的一种施舍和救助,受良心的驱使,比如在饥荒时节或者寒冬腊月建立"粥之家"让冬日的穷人可以喝上一碗热粥,比如流浪汉救助站;公益则可能是没有贫富差别的、受责任心的驱使,比如富裕的企业家成立"捡街头垃圾联盟"。从这个意义上看,公益信托应该比慈善信托应用范围更为广泛,更具包容性,而慈善信托则是公益信托的一部分。

利他特点

无论慈善信托还是公益信托,都是利他的。成立一个信托,必须要有委托人、受托人和受托财产这几个法理上承认的对象。而从信托关系利益属性来看,还分为公益信托与私益信托。公益信托是为了社会公众而设立的,必须有利于全社会或者社会中的部分公众。私益信托是为了某些特定人的利益而设立的,不要求有利于全社会或者社会中的部分公众。前者为的是公众利益,当然是利他的。后者为的是私人利益,看上去是利己的。

古今中外历史上的大多数信托都是出于私益目的,比如说三国演义中的白帝城托孤,就是一种信托,为了蜀汉刘姓江山得以延续,出于刘备的私益目的。中世纪前后西方领主外出打仗前,将土地信托给他人,也是出于私益目的。但是即便是私益信托,委托人的出发点即便是出于利己私心,事实上也是利他的,或者具有很大的利他成分。比如委托人刘备托孤是让受托人诸葛亮尽心竭力扶植阿斗,不至于自己离世后大权旁落,是有利于其子孙、有利于其家族的。

至于在执行信托使命的环节,受托人常常是利他的,比如诸葛亮是为了信守对主公的承诺，为了光复汉室。所以能够尽心竭力，鞠躬尽瘁死而后已。西方国家受托人也是如此，他们受托的目的首先是为了执行委托人的指令，完成委托人的意愿，而不是为自己牟利。事实上，这些人常常是信誉良好、德高望重的人士。

实际上，信托这种人际关系，从起源上看就具有利他特性，它的出现就是为他人做嫁衣的，而不是像现在社会上某些公司打着信托旗号为自己牟利。在传统信托关系中，委托人常常出于利他的心愿，受托人也往往出于利他的考量。

从这点上说来，即便是私益信托设立者或者委托人，也可能并不只是为了自己本人的利益，而是为了妻子儿女等亲人的利益，为了家族的利益，或者为了他想帮助的那个人的利益。在利己的同时，也在利他。

成功先例

回到慈善信托或者是公益信托这个话题，在这个领域最成功的例子莫过于诺贝尔奖了。这是一个成功的个人回馈社会的著名案例，也是一个健全的法制社会和国家资助人类创新发展的一项壮举。这项壮举不仅使委托人的遗愿在百年后持续得到实现，还使得受托人受到整个人类社会的尊重，而且受托资产百年来不断增值，越滚越大。人们常说双赢的局面，这就是个明显例证。事实上，人类历史上还没有类似成规模的信托如此公益，如此利他，以至于超越了国界，超越了种族和宗教，超越了意识形态，受到所有国家的尊重。

在诺贝尔立下生前遗嘱后,虽然其基金管理者由政府任命,奖项评定规则开始时也需要国王批准,但是从董事会也就是受托人的选定、基金管理人的指派、投资策略、监察机制和获奖人的评定制度等各个方面看,诺贝尔奖基金是一个高度自治、独立性强的公益信托,其遵守的公平和正义原则一直受到世人称赞。

作为受托人,董事会的一项重要任务是如何让资金保值增值,这样才能保证诺贝尔奖金可以不断地发下去。在资金设立初期,按照诺贝尔本人的初衷,钱应该投在"安全的证券"上,就是以保值为主,投资在"国债与贷款"上,也就是以固定的财产做抵押,中央或地方政府做担保,能支付固定利息的国债或贷款。但是从20世纪50年代起,基金投资开始从保守转向积极,政府也允许基金会可将钱投在股市和不动产方面,使得基金得以扩张到国外。此后,世界很多机构包括日本科学技术基金、日本 INAMORI 基金和瑞士的巴尔赞基金会都曾向诺贝尔奖基金捐赠过巨额资金。

鉴于诺贝尔基金会的公益性质和其影响力,美国从1953年起,赋予其在美国的投资活动享受免税待遇。所以说一个运营良好的公益基金,不仅在自己所在国内享受税收优惠,在国际上的投资也能享受减免税的优惠。这是对诺贝尔基金的强大增信,一种荣誉和无形资产,能够在高度市场化的美国获得认可,同样可以在欧洲获得认可,在世界上获得认可,这是一个巨大的荣誉,也是一种其他公益基金无法比拟的无形资产。

进步标志

诺贝尔奖是一个成功的公益信托,这点举世公认。但如果说其为慈善信托,则让人感到有些牵强,毕竟慈善行为更多的是雪中送炭,比如对穷人的救济。而公益信托除了雪中送炭之外,还有锦上添花的色彩。诺贝尔奖资助的都是成功人士,无论是科学家还是作家,他们衣食无忧,功成名就。

慈善是公益的一种形式,社会发展到了一个阶段,富裕程度到了一个阶段,认知程度到了一个阶段,公益事业就应该达到一个阶段。社会得有慈善之心,个人应有公益意识和利他之举,而且应持续地做下去。就像多年前我们被教导的那样:"一个人做点好事不难,难的是一辈子做好事,不做坏事。"义举也好,非义举也好,发自内心也好,沽名钓誉也好,在当下急功近利的心态下和利欲熏心的环境中,尤其需要举国之力来做公益。

信托则是一种人际关系,受托人可能是一个需要备案的机构,可能是一个需要审批的公司,也可能是个人,而无须安插上级机构,无须审批,无须获得许可。因为有牌照也好,没有牌照也好,信托关系都在那里。法律上不因为它没有牌照就不承认这种人际关系,银行也不应该因为它没有牌照,就不能为其设立专门账户。在我们国家,牌照是一种权力,但是信托更多的是一种责任。

从诺贝尔奖看公益信托,给我们的启示是很多的:首先,我们国家应该发展出一批有责任心的受托人,机构或者个人,公司或者银行,他们出于公心而非私心,他们出于公益而非私益;其次,应该健全信用法律,加大信用立法和信用执法,我国至今还没有一个信用法律,而曾经落后的美国,就是在20世纪六七十年代,密集颁布了十几个信用法律,使得美国信用制度跨越性地成为世界领先;再次,就是社会应该给予这种慈善信托或者公益信托的个人、机构,以精神上和物质上的支持，比如精神上的奖励，就像以前奖励道德模范一样，同时辅以财政上的支持，比如税收减免或优惠。

从浪费者信托说到盲目信托

所谓的浪费者信托,是一种委托人出于保护受益人目的而设立的信托。比如知道孩子有各种恶习又屡教不改,已经失去控制力的父母,可以将孩子生活和教育费用交给受托人或者信托公司。盲目信托顾名思义就是委托人给予充分的信任,让受托人全权管理信托财产,自己不参与、不过问、不干涉。在这两种信托中,既然委托人不能用知情权来保护自己,他们凭什么相信受托人不会损害自己的利益呢?这是因为,他们对这项制度存在着信任。那就是:良好的社会风气,健全的信用体系,规范的法律法规和值得信赖的受托人或者信托公司。

顾名思义,浪费者信托就是为那些家境虽好却生活没有规矩、花钱没有节制、自控能力差的人所设计的财产信托。在中国有"纨绔子弟"的说法,指的就是这种人。因为这些人虽然有钱,但是不会合理支配和使用,于是就得请外人来帮忙管理其财务。否则的话他们可能钱财尽失甚至破产,严重的还可能锒铛入狱。

为什么自己的钱要别人控制?为什么自己的孩子要受他人管理?为什么作为财富的主人,自己心甘情愿放弃知情权和干预权?对第一种人说来答案很简单:溺爱子女害人最后害己,而一个无自控能力的人害己最后害人,于是就需要外界和制度来纠正。就像那句俗话所说的:没有规矩不成方圆。

浪费者信托的优势

社会媒体曾一度关注的李某某轮奸案,是溺爱害人害己的典型案例。这个悲剧不仅在于受害者身体受到伤害后、精神上又因为细节被有意泄露而受到摧残,也在于李某某本人对自己的行为毫无悔意,对导致自己犯罪的原因没有清醒的认识,因此不能从这个判决吸取教训,更在于其母亲对受害者始终拒不道歉,还以一己之力,公然挑战社会道德。假如其父母有自知之明,在之前李某某几次惹是生非后,能考虑让第三者介入,比如从浪费者信托的方式介入,这个悲剧的事件就可能避免。

所谓的浪费者信托,是一种委托人出于保护受益人目的而设立的信托。比如知道孩子有各种恶习又屡教不改,已经失去控制力的父母,可以将孩子的生活和教育费用交给受托人或者信托公司。在这种信托中,受托人控制着信托的收入和支出,按照受益人的实际需要将生活费少量发放给受益人。必要时,受托人还可以绕过受益人,直接支付给向受益人提供服务的第三方,比如向学校直接支付学费,向旅行社直接支付机票和住宿费,以免自控能力差的受益人截留挪作他用。受托人甚至无须咨询家长就可以拒绝受益人某些夸张或奢侈性的消费要求,比如禁止他们去酒吧,和一些不良伙伴喝酒还找小姐陪同。

这种信托专门针对受益人的浪费习气,避免受委托的财产被其恣意挥霍。为了使信托财产始终处于安全状态,委托人还可以在信托文件中规定严格禁止受益权的转让,受益人不能提前终止或向债权人转让、抵押信托财产及收益。同时规定如果受益人欠债,其债权人在信托财产事实上转移给受益人之前,不能接近或得到受益人的利益。换句话说,受益人的债权人对信托中的利益无权做出主张。如此一来,即便受益人是个挥霍无度的人,向其分配的财产也不会被债权人合法收走。

这种浪费者信托不仅可以用于对晚辈,还可以用于对长辈的限制上。比如富裕又有孝心的子女,可以直接将费用支付给养老院,而不是让老人自己支付,这样还能避免后者陷入骗子的陷阱。当今社会网络发达,个人信息流失过快,国内老人被电话诈骗的事例比比皆是,已经成了一个社会问题。

信托限制性消费就能起到未雨绸缪的防范作用,能让分辨力下降又固执己见的老人避免落入欺诈陷阱,安享晚年,使得花父母钱如流水的子女行为受到遏制,恶习得以收敛。对李某某这样的年轻人说来,还有一个最大的优势就是避免其在犯罪的路上越走越远,最后身陷囹圄。

盲目信托的好处

盲目信托顾名思义就是委托人给予充分的信任,让受托人全权管理信托财产,自己不参与、不过问、不干涉。这种盲目信托在法制严格的西方国家主要适用于公职人员以及公司高管等个人理财,因其工作性质而与其决策地位之间产生利益冲突,因此立法者往往要求这些人利用盲目信托来隔离其个人财产的投资管理,以避免可能出现的利益冲突以及内幕交易,从而确保其决策的客观公正。

同时,盲目信托的受托人,必须是独立于委托人影响之外的金融机构,委托人不能持有其相当比例的股份或对该机构有实质性影响。这时委托人必须签订合同,主动放弃许多权利,包括:不得对受托人的营运管理方式做出指示,不得要求受托人提供账目报告,不得任意取消受托人做出的营运管理决策,也不得随意变更受益人等。

不仅针对公职人员和金融机构高管,盲目信托在日常生活中也能发挥作用。以真人为原型的著名电影《公民凯恩》,讲的是在1868年,凯恩的母亲从一个拖欠房租的住客那里获得了一个废矿的开采证,结果后来证明它实际上是一个金矿,蕴藏量居世界第三位。在一夜暴富的情况下,母亲并没有冲昏头脑,她冷静地以矿产开采权人的身份,不顾性情多疑的凯恩父亲的反对,委托银行家泰彻的公司全权管理这份刚刚获得的产业,并且将幼年儿子凯恩交给银行家泰彻照管。让其带往大城市接受正规教育,离开自己所在的穷乡僻壤。

泰彻先生对于受托的财产进行了合理的经营管理。他为凯恩置办了不少家业,其中一项重要的事情就是为他买下了纽约的《问事报》。正是这份报纸,使凯恩走上报业大亨之路,成为一名伟大的企业家和慈善家。

令人印象深刻的是在这个信托过程中,家庭妇女出身却独具慧眼的母亲,认定泰彻作为受托人后坚定不移地对其全权委托,而泰彻也只接受委托人凯恩母亲的指令,而不理会凯恩父亲节外生枝的建议。对泰彻先生来说,委托人就是委托人而不是其亲属,尽管凯恩父亲也是至亲,尽管他是受益人父亲同时又是委托人的丈夫,但无委托就对凯恩父亲不予理睬,任其在一旁喋喋不休。

所以，有盲目信托的委托者就得有盲目信托的执行者！或者说忠于职守的受托人！只有这样，信托关系才得以平衡，信托效果才能凸显。

古训的现实意义

史上有个《芒山盗临刑》的典故，说的是宋宣和年间，芒山有一个盗贼要被处死，母亲前来诀别。盗贼对母亲说："我希望像儿时一样再次吸吮母亲的乳头，死了也没有遗憾了。"母亲怜悯他就答应了，盗贼却乘机一口咬断了母亲的乳头，结果血流满地，母亲死了。施刑的人说："你为什么这么狠毒？"盗贼这时才对行刑的人说出原委："我小时候，偷了一棵菜一根柴，我的母亲看见了都会对我的这种不良行为感到高兴，以至于后来我不能自我约束才有今天的下场，所以我十分恨她，就杀了她。"

这个故事也许是真实的，也许只是个传说，其警示效果明显。我们小时候，此典故已经成为警世名言，家长讲给孩子听，老师说给学生听，几乎家喻户晓，让人记忆犹新。由于父母是孩子人生中的第一任教师，而母亲挚爱最深也影响最大，上行下效就是这个意思。所以父母的一举一动，对孩子都可能有终生影响。

李某某案件发生后，人们讨论最多的是其母亲的态度。她那种奋不顾身只护子，不顾受害人的感受、不理睬社会舆论和司法正义的做法，使其站到了全国人民的对立面。如果这个故事之前能在家中传播，如果其母亲能够理解其中的意义，如果浪费者信托和盲目信托能够实施，李某某或许真的能像其望子成龙的父母所期待的那样，成为一个有为的青年。

事实上，浪费者信托在美国得到了广泛的承认，只是委托人不可以设立以自己为受益人的浪费者信托。在这种信托中，委托人通常赋予受托人强大的自由裁量权，最主要的目的，就是为了避免受益人挥霍的风险。

在这两种信托中，既然委托人不能用知情权来保护自己，他们凭什么相信受托人不会损害自己的利益呢？这是因为，他们对这项制度存在着信任。那就是：良好的社会风气，健全的信用体系，规范的法律法规和值得信赖的受托人或者信托公司。在西方国家，受托人或者是德高望重的人士，或者是存在几十年甚至百年的老店，他们的信用记录历史悠久还有案可查。所以，信任者敢于信任，受信者值得信赖。

从信任者与置信对象之间的关系远近来分，信任是可以大致分为以下四个层次的。第一层次是家人之间的信任，也就是亲族信任或血缘信任，这种信任古往今来一直存在，选择的余地有限；第二层次是朋友之间的信任，也就是品德信任，选择范围广泛，人择友而处，品德高的声望高的朋友也多；第三层次是合同各方之间的信任，也就是契约信任，这是高一层的阶段，人们可以和不认识的人进行各种约定，违反者就被诉诸法律；第四层次则是社会角色之间的信任，也就是制度信任，这是更高层次的约定，有法制和行政手段的双重保证。

由此可见信任并不是一成不变的范畴，它经历了亲缘信任、友情信任、契约信任、制度信任等多个发展阶段。尽管没有前两层信任，如果相信契约和制度，那消费者信托和盲目信托都不是问题，不仅子女，连江山都可以托付！

从盲目信托说到隔离腐败

盲目信托设立的目的是在财富和权力之间划出边界,将二者进行物理隔离,使其各自在不同的轨道上运行,相互不干扰。这种制度安排更适合制约那些位高权重的人物,制约贪腐严重的领域,制约信托法缺失和信用制度缺失的地区,所以在我们国家这几年高调反腐斗争中可以借鉴。

盲目信托近年来在美国受到关注,加州参议员芭芭拉·柏克瑟曾写过一本名为《盲目信托》的惊悚小说,2007 年《盲目信托》电影在美国上映,虽然票房一般,却使得这个财富管理方式再次受到世人瞩目,让这个曲高和寡、不为人知的财富管理方式受到关注。一个政治家写作小说,据说起因是一个不受她控制的信托基金进行了不合时宜的交易,使其遭受到了不公正的指责。之后柏克瑟再接再厉,自己设立了盲目信托,她同时也担任美国参议院道德委员会主席,负责管理这种信托。

为什么要盲目信托

真正使其广为人知的还是因为 2012 年美国总统大选,在共和党初选过程中,盲目信托成为好几个候选人的议题。以至于美国驻华大使馆都为此做出专门网页,给予解释,还把其称之为"保密信托基金"。

进一步说,盲目信托设立的目的是在财富和权力之间划出边界,将二者进行物理隔离,使其各自在不同轨道上运行,相互不干扰。并且通告天下,这种物理隔离都是自愿的,自发的,非强迫的,套用中国人十八大后常用的一句话说就是:发财不当官,当官不发财!

盲目信托是指信托的委托人自愿放弃,或者被迫放弃自己对信托财产的所有管理权。就是说财产仍然是自己的,但管理权是别人的,由受托人拥有充分的自由裁量权来管理和处分信托项下财产。进一步讲,委托人对自己信托财产的投资情况可能放弃部分甚至所有知情权,以至于无权干预受托人的任何投资行为。

"盲目信托"的英文名字叫作"blind trust",如果形象点一定要翻译成"瞎着托付"也可以。顾名思义,就是闭着眼睛相信别人或者闭着眼睛将自己的财产托付给别人。更为重要的是,这种信托不仅托付时闭着眼睛,而且在整个托付期间,几年甚至更长时间都要闭着眼睛,对托付出去的财产一不过问,二不参与。那么,好好一个精神正常的人,为什么要把自己的财产托付给他人管理,本来不瞎还得装瞎呢?

根据美国大使馆官方博客发布的一篇文章解释,保密信托基金是指担任公职或准备竞选公职的人,把其资产放入一个不是由其本人控制的账户里,目的是不让本人知道自己有哪些投资,投在哪个领域,以此确保其政策或政治决定不是根据个人的财富利益做出的。所以,保密信托基金,也就是说盲目信托的出现,是为了避免利益冲突,维护公众对政府官员的信任。以此期望公众确信,议会和政府官员、最高立法者,尤其是最高执法者,是为了人民,而不是为了其个人利益才做出政治决定的。

什么人做盲目信托

理论上来讲，盲目信托是好事，因为它超越法制、超越伦理，将善于执政和善于理财这两种聪明头脑进行分隔，使得双方在各自的专业领域均无羁绊。美国许多政治家在竞选公职前都进行了这种物理隔离，来规避利益冲突。从比尔·克林顿、乔治·布什到奥巴马，差不多每一位总统选候选人，在某个时间点都有过盲目信托。2003年，当罗姆尼当选马萨诸塞州州长时，他为自己和妻子都设立了盲目信托，在2012年美国总统大选时，他还多次高调提及这个财富管理方式，以撇清巨额资产对自己政治判断力的影响。在欧洲，那位意大利大亨，同时也是政坛常青树的前总理贝卢斯科尼，不仅设立盲目信托，还指定了3个"盲目"投资顾问，至少在舆论上大有"要瞎就全瞎"的破釜沉舟气势。

这种方式好处明显：通过授权其他人管理他们的资金，政府官员可以转移针对内幕交易或不正当投资的任何指控。此外，盲目信托给予受托人在法律规定的范围内进行大胆投资，还不必面对冗长的披露过程，也无须承担政治压力。从这一点说来，这种制度还起到保护委托人的作用。

现在我们明白了，盲目信托顾名思义就是委托人给予受托人以充分信任，让受托人全权管理信托财产，自己不参与、不过问、不干涉。这种盲目信托在法制严格的西方国家，主要适用于政府公职人员，尤其是由企业家转型竞争公职的，无论市长、州长、总统以及公司高管等个人理财，因其工作性质而与其决策地位之间产生利益冲突，因此立法者尤其是社会舆论，往往要求这些人利用盲目信托来隔离其个人财产的投资管理，以避免可能出现的利益冲突以及内幕交易，从而确保其决策的客观公正。

谁可以成为受托人

盲目信托从法理上说和普通信托一样，都涉及委托人、受托人和受益人三方关系，都涉及信托资产，都属于一种生产关系，都是一种制度安排。这种制度安排更适合制约那些位高权重的人物，制约贪腐严重的领域，制约信托法缺失和信用制度缺失的地区，所以在我们国家这几年高调反腐斗争中可以借鉴。

盲目信托原则就是委托人将自己的部分或者全部财产交给第三方，也就是受托人来管理，而后者则根据自己的判断做出独立的投资决定，无论对错，委托人都不能置喙。那么，这个第三方可以是自己信得过的朋友，还是必须得是和委托人完全没有关系的机构或者个人受托人呢？在美国，这几种情况都有。

在某些情况下，政府官员或竞选公职者可以让关系密切的顾问或朋友经管自己的盲目信托，美国参议院和有些州允许这么做。但是，美国政府另一些行政部门，例如财政部长，这么做是不允许的。在这种情况下，信托人必须完全独立于盲目信托的拥有人，而不能是他最要好的朋友。

盲目信托理念是避免利益冲突，但在其执行层面上最好是独立于委托人影响之外的个人或者机构，在美国可以是律师、会计师、基金和其他金融机构。在中国则可以是现有的几十家信托公司。盲目信托合约一旦签署，受托人决定一切，当然他得按照利益最大化原则行事，并在合约期满时将所有信托财产交给受益人或者委托人，如果受益人和委托人为同一人或者同一家族的话。

所以说，盲目信托指的是在结构安排上的盲目，而不是投资取向的盲目。委托人可以闭着眼睛将财产委托出去，受托人却不能闭着眼睛投资。恰恰相反，在这种信托关系中，受托人更要尽职尽责，将财产管理好，将投资收回。

盲目信托前景如何

盲目信托规避了那些志向高远的政治家前进路上的道德障碍，但是代价较大。首先这种理财方式启动成本比较大，在美国一般得数万美元；其次维护和运行较为复杂，需要专业人士打理；再次，信托期限内管理费比较高，因为和一般性基金不同，其投资方向和方式受到某些法规限制，因而需要更智慧的布局，也可能需要更复杂的交易结构。所以，设立盲目信托多数是那些拥有巨额财富的人士和必须要进行资产隔离的决策者。

以上这些负面因素并不意味着只有某些人才可以拥有这样的财富管理方式，实际上，任何人都可以选择盲目信托。而对我们这个信托和信用法律不够健全的社会，盲目信托则可以用于高级政府官员、金融监管者以及国企高层，甚至可以用于政府财政盈余的管理。比如设立"公务员信托基金"、"高管信托基金"、"退休金信托"、"政府财政盈余信托"等，让这些基金带有部分甚至全部盲目色彩，以隔断权力和金钱的纽带，进而铲除腐败的根基，净化社会公权力，同时也保护了那些具有远大政治抱负又能干的政界和商界精英，使他们的天分得以充分发挥，又不至于倒在边界不清的财富管理上。

总结一下的话,纸面上看,盲目信托就是闭着眼睛将财产交由他人管理。实质上,盲目信托有其深刻含义。所谓"盲目"指的是信托过程而非信托初始,指的是信托的管理原则而非管理。

对委托人来说,它是一种权力和欲望的放弃,因为追求的是更高或者说更有社会价值的权力和欲望;对受托人来说,它是一种责任和良心的考验,因为即便对方闭着眼睛将身家交给自己,自己不能闭着眼睛管理,而是更加尽心尽责,比看护自家财产还要费时耗力。对委托人和受托人之间的关系来说,盲目在这里指的是一种管理过程,一种投资组合的过程,而在它建立初始却不是盲目的,恰恰相反,盲目信托选择的受托人往往是德高望重的人士或者声誉良好的公司,甚至是百年老店。

可以说,盲目信托对参与的各方都在法律和规则之上对道德水准有更高的要求,是一种更高的道义呼唤的结果,反映的是道德境界高的委托者和对道德水准要求高的社会风气。

从信托制度说到财产安全

信托不因某些事由的出现而影响其存续。信托意义上的契约一旦成立,委托人转移给受托人的财产就成为信托财产,形象地说这种关系就是:委托人无权无益,受托人有权无益,受益人有益无权。信托一旦有效设立,信托财产即从委托人、受托人以及受益人的自有财产中分离出来,成为一项独立运作的财产,仅服从于信托目的,而不完全属于任何人。即便委托人、受托人和受益人三方都同时破产了,也不能被三方中的任何一方债权人追索。信托有限责任是和其法律上的有限权利相对应的,因为受托人只是名义上的所有者、实际上的管理者和信托收益的非受益者,既然他不从信托财产中获取收益,也当然不应该为其损失负责,如果他严格认真地履行了忠实和勤勉义务的话。

当年著名心理学家马斯洛将人的需要分为五个层次时,他最想要表达的就是人类的安全需要,这种需要比其他四个如生理需要、归属与爱的需要、尊重需要和自我实现的需要都更为重要。马斯洛因此说道:"几乎一切都不如安全需要重要,甚至有时包括生理需要"。比如在获取食物和寻求安全之间,人们有时会放弃前者,就是说,他可能宁可饿着,也不愿意冒太大的风险。所以,安全感有时会成为人类的第一需求。

考察信托制度起源时,就会发现它被作为一种安全工具或者说是一种风险控制工具,用以避免土地被没收、宗教捐赠被禁止的风险。几百年前英国出现信托时,安全转移财产或者说避险这一考量始终是最重要的考量之一,随着信托的演进直到现在这个考量仍然没有被淡化。

信托作为一种制度和法律安排,其安全性是衡平法赋予的,并为以后各国法律界认可,这可能是英国人在私有财产上最伟大的创新。用英国著名学者肯尼斯的话说:"信托财产有自己的生命,它并不依赖于受托人存在与不存在的事实。没有受托人的信托就像一艘船。即使船员都遇难了,没有人驾驭,但这艘船依然是一艘船。一旦找到新的船员,它能再次驶向大海。"

根据法律界的总结,凸显信托制度创新价值的基本法理有四个:权益重构、信托财产独立性、信托责任的有限性、信托管理的连续性。

信托财产的权益重构

在正常财产转移契约中甲乙双方一旦签署,财产就从甲方转移到乙方,甲方既失去了所有权、使用权,也失去了置喙权,不能再为此说三道四,乙方则拥有绝对的所有权。这是大陆法赋予的"一物一权"理念,就像一国不能同时有两个君主一样,一物不能同时拥有两个所有者。所谓天无二日,国无二君,因此物无二主。

信托则不同,信托意义上的契约一旦成立,委托人转移给受托人的财产就成为信托财产,上述契约因为有委托人、受托人和受益人就成了三方关系。信托财产上的权利性质极为特殊,表现为"权益的分离与重构",就是既有分离又有重新的解构。形象地说这种关系就是:委托人无权无益(除非他自己也是受益人),受托人有权无益(除非合同约定他为此收取管理费),受益人有益无权(除非另有约定)。

在信托三方关系中,一方面,财产初始所有人也就是受托人在指定好受益人,又表达自己完整意愿并签署合同后,他事实上放弃了对此的所有权。但是他可能并没有从交易中完全淡出,可能仍然保持对财产的监视权和置喙权,尤其是在受托人违反协议的时候;另一方面,受托人可以像真正的所有权人一样,管理和处置信托财产,所有其他交易对手也都以受托人为信托财产的权利主体和法律行为的当事人,他们可以只和受托人打交道,完全不必理会财产的初始所有者就是委托人;第三,受益人则按照信托约定尽享财产带来的收益,但是他并没有财产的所有权和处置权,可能甚至连置喙权都没有,他只是个被动的受益者。

要注意的是,信托受托人对财产的权利不同于大陆法所有权和处置权。受托人只能向好的方向,也就是对受益人有利的方向去占有和处置财产,而不能随心所欲地损坏它,像对待真正属于自己的财产那样,更不能将管理财产所生的利益归于自己享受。一句话,如果受托的是现金,受托人既不能享有委托人的本金,也不能拿走本金带来的收益,除非事先约定好可以收取管理费。相反,受托人必须妥善地管理和处分信托财产,并将信托财产的利益交给委托人指定的受益人,在一定时候将信托财产的本金也交给受益人。

简言之,信托为他人的利益占有财产,为他人的利益管理财产,为他人的利益处置财产。所有权与收益权分离、信托财产权利主体与利益主体相分离,正是信托区别于一般意义上财产管理制度的根本特质,也是信托制度令人垂青、在世界各国获得普遍认同的原因。

信托财产的独立性

信托一旦有效设立,信托财产即从委托人、受托人以及受益人的自有财产中分离出来,成为一项独立运作的财产,好像空中楼阁一样被置于一个特殊的位置,可望而不可即,仅服从于信托目的,而不完全属于任何人。

从委托人角度看,一旦将财产交付信托,委托人即丧失其对该财产的主张权利,对外说来他已经不是财产的所有者了;而从受托人的角度看,他虽然取得信托财产,但这种权利仅仅是名义上的权利,因为他并不能享受行使这个权利所带来的利益,这就是法律意义上的信托利益,因为信托财产在实质上也不属于受托人的自有财产;再从受益人的角度看,他虽然享有受益权,但在信托关系存续期间,他并不享有支配信托财产的权利,也不参与管理甚至不参与处置,因此信托财产也不属于受益人的自有财产。这就是信托财产的独立性。有的学者形象地将之称为信托的"闭锁效应":"信托一旦设立,信托财产即自行封闭与外界隔绝"。

信托财产的独立性在信托法上产生了极其重要的法律后果。首先,受托人在管理过程中,必须将信托财产与自有财产加以区别,如果是现金的话就得账户分立,不能将自己的钱和受托资金混在一起,受托人也不能用信托账户的钱来填补自己投资的损失。其次也是非常重要的一点就是:委托人、受托人及受益人三者任何一方负债的话，其债权人都无法主张以信托财产偿债。这就是信托财产成为空中楼阁或者说"闭锁效应"的后果。

因为，既然委托人将财产权出让，就在信托存续期间失去了所有权，已经不是所有者，所以无法以此偿债；受托人承担的只是名义上的财产权而非真正意义上的所有权，所以他也并不是真正的所有者，他人资产当然不能替自己还债；而受益人权利只是依照信托文件规定享受信托利益，他从一开始就不是所有者，当然也不应该以此偿债。受益人如果破产，其债权人至多只能请求受托人依信托文件规定交出受益人享有的信托利益，而不能对信托财产本身有任何觊觎，即便觊觎，受托人也不会给。即便诉诸法院，法律判决也得遵循这个规则。

举个极端些的例子，即便委托人、受托人和受益人三方都同时破产了，其债权人也什么都拿不到。法律上，信托项下的财产应该仍在那里存续、升值或贬值、等待着被新的受托人代管，不能被三方中的任何一方债权人追索。在找到新的受托人后，这笔信托财富仍然按照原来的约定发挥作用。就像那艘船一样，找到新的船员后"它能再次驶向大海"。

信托责任的有限性

和有限公司一样，有限责任是信托的另一重要法律特质，这根源于信托财产的独立性。信托中的有限责任是全面的，既体现在信托的内部关系中，也体现在信托的外部关系中。

在占有、管理和处置信托财产过程中，只要受托人恪尽职守，没有违反约定中的受信义务，即使未能取得信托收益或造成了信托财产的损失,受托人也无须以自有财产对受益人负个人责任。就是说,尽职的受托人,由于某种情况未能取得信托收益时,就可以不向受益人支付,即便自己有的是钱。尽职的受托人在管理信托财产期间发生损失,只需在信托终止时将剩余财产交给受益人即可。当然,如果未能取得信托收益甚或造成信托财产的损失,是因为受托人的失职或违反信托目的所致,则受托人须以自有财产负个人责任。

信托有限责任是和其法律上的有限权利相对应的,因为受托人只是名义上的所有者、实际上的管理者和信托收益的非受益者,既然他不从信托财产中获取收益,也当然不应该为其损失负责,如果他严格认真地履行了忠实和勤勉义务的话。

信托法做出上述制度创新,其宗旨是要确保信托目的能够充分而圆满地实现,从而使信托能最大限度地发挥财产转移与财产管理功能。信托财产的独立性和信托责任的有限性是一个问题的两面,它们共同构成了信托的安全屏障。只有信托财产真正拥有独立性,整个信托的架构才会具有"准法人性",信托当事人责任的有限性才能得到保障。

信托财产的连续性

法国出现过一个世界最年长的女性,120岁时才去世,一个年近花甲精于计算的公证人在她90岁时以房地产抵押对赌的方式买下其公寓,条件是支付少量头款后,每月支付给老人一笔固定养老费直到其去世,一旦去世,房子就自动归公证人所有。以普通人眼光看来,公证人这笔生意有极大把握稳赚不赔,因为:一个90岁高龄的老太太能继续活多久？

　　结果这个叫卡尔芒的幸运老太太又活了三十多年，后来还成了万人瞩目的世界人瑞，全世界最长寿的女性，被各国媒体争相采访。那个可怜的公证人先于她好多年默默无闻地离开人世，但是每月的养老费还得按照约定从其遗产中扣除，以便支付给老太太，最后支付的养老费的总和已经超出房价本身的三倍。这笔所谓的债务并没有因为当事人去世而结束，这就是"信托的连续性"，指信托不因某些事由的出现而影响其存续。如果是大陆法意义上的契约关系，人没了债务也就无从追索，从而一笔勾销，但是在信托关系中，其遗产中的信托责任并没有随着人的逝去而消亡。

　　这个故事鲜明体现了信托价值，这是信托与合同、代理等其他财产转移和管理制度的本质区别。

第二章 信托就在我们身边

学校教育可以是一种信托

学校教育是一种信托关系，学校管理有规则，教师教学有规则，学生学习有规则，大家遵守规则就是契约精神，体现了契约关系的责任原则、权利原则和义务原则。人与人之间的权利边界被划定，责任和义务也得到了重新解构。委托人就是父母，受托人就是幼儿园或学校，受益人则是孩子。教育的独立性应该体现在多个方面：教育的初衷是独立的，要教会幼童独立生活的能力；教育的过程也是独立的，不同层面的教育应该相互独立；施教者相互之间也应该是独立的，既相互影响也相互独立。无论是内在素质教育，还是外在技能培训，或是培养社会责任，必须承认学校教育的作用是有限的，所以其承担的责任也应该是有限的。总之教育是多样化的，而人的一生也都在接受教育和实施教育，其中大多数都存在着信托关系。

教育可以是私立的，就像中国旧社会的私塾；也可以是公立的，就像现在遍布全国的中小学。教育可以是个人式的，比如说家教；教育也可以是机构式的，比如到处都有的培训班。

可以举出的例子很多，比如说起英国伊顿公学，或许中国人有些陌生，但是国内很多年轻人都知道《哈利·波特》系列电影中，神秘校园和印满岁月沧桑古堡般教学楼的场景，其实那种楼在电影拍摄地英国北部爱丁堡随处可见。被英国发扬光大的住宿式学校,以至于与后来很多贵族式学校都有某种程度的信托关系。

金融领域的信托往往是管理和募集资金,教育领域的信托则是管理和募集知识。从信托的四个主要特性上讲,学校尤其是寄宿学校就是一种形式的信托,就是连接各方的一种信托关系。在这种关系中,学校管理有规则,教师教学有规则,学生学习有规则,大家遵守规则就是契约精神,体现了契约关系的责任原则、权利原则和义务原则,人与人之间的权利边界被划定,责任和义务也得到了重新解构。

权益应该是界定的

就像天赋人权一样,接受教育的权利也是与生俱来的。幼童成长过程中首先要像动物一样会吃会睡会生长,而父母则天生具有教育子女的权利,否则就是不负责任的父母,甚至乡镇邻里其他大人也有这样的权利。因为接受教育和教育他人是人类的一项基本人权,人在出生后生存能力并不比其他动物优越,但他具有区别于其他动物的多种潜能,其中一个重要点就是教育。

孩子长大成人后,要进入社会就需要了解其规则。而这些规则绝大部分是社会教育而非父母教育才能获得的。于是教育的权利就分成了三种:教育权利、接受教育的权利和实施教育的权利。简言之就是:教权、受教权和施教权。

孩提时,这种权利区分得还不明显,因为它只涉及两方。当孩子被送到幼儿园或者寄宿学校时,这种教育权利就被重新界定。这时候委托人就是父母,受托人就是幼儿园或者学校,受益人则是孩子。在规定期限中,也就是上学期间,三方的权利和责任被自然划定：首先，委托人就是父母，父母将资金委托给学校也就是受托人，可能得为此支付一笔可观的费用，还要保证按时缴费，并配合学校安排的作息时间，而学校培养人的标准应该是宏观的，具有普世意义的；其次，受托人也就是学校，则会在规定期限内尽量达到预期目标，比如在六年内完成所有小学课本的教授；最后，受益人也就是孩子身心得到计划中的成长，当然这是在遵守学校规定的前提下。

在一个现代国家，受教权是多重的，它既指每个公民均有上学接受教育的权利，也指国家义务，就是提供教育设施，培养教师，为公民受教育创造必要机会和物质条件。而施教权也是多重的，就是说无论父母还是乡邻，国家或者社会机构抑或企业，均负有教育责任。

管理应该是独立的

教育不仅仅是知识的，也应该是道德的；不仅仅是身体上的，还应该是精神上的。就像我们小时候的教育方针要求，"德智体"全面发展就是这个意思，说教育宗旨是培养有理想、有文化、有道德、有纪律的四有新人，也是这个意思。

因为人是"自然人"，同时还是"社会人"，当他幼小时，可能仅仅是个家庭和个人的问题，长大后就是个公众的问题了，因为他要面对的是整个社会。自然人是一种个性的东西，而社会人则是一种共性的东西。从前者到后者的过渡，是一个作为高级动物的人，进步、提升，从而融入社会的过程。

幼儿园、托儿所和学校都是一种形式的教育信托，他们都具有独立性,独立于家庭教育,独立于社会风气。在这里学生被教导要听老师的话,老师的话往往高于家长的话,更受孩子们的重视。老师的权威往往高于家长的权威,无论家长是富裕还是贫穷,是高级知识分子还是大字不识几个的妇女。因为相比家长,老师说的是公众语言,阐述的是普遍性道理,代表的是社会正义和道德。

所以为什么孩子常常将"老师说的"挂在嘴边,而不是把"我妈说的"挂在嘴边。以此为鉴,一个秩序好的社会应该把"老师说的"作为座右铭,一个秩序不好、贪腐、目光短浅且势利小人众多的社会,则把"我妈说的"津津乐道。

教育理念应该是独立的,尽管是受托人,同时也是监护人,是孩子最直接的责任人。家长也必须为此牺牲置喙权,不能干预学校的教程。因为每个家长都要求置喙权的话,教育关系就会混乱,教权一乱,施教权也就无法实行,受教权就会受到侵害,受益人利益就会受到伤害。

教育管理也应该是独立的。应该强调的是社会教育,家长在这种关系中好像是个课外辅导员的角色,主要课程则应该是由学校设计。施教者应该是以育人育德为目的,使受教者身体健康、品性良好、学业有成,而不仅仅是长大成人。就像一个母亲只是喂东西给孩子吃,而不去教他如何拿勺子,如何将食物送入口中,那么她就算不上一个合格的母亲,她实际侵犯了孩子最基本的尊严——把孩子看成玩偶。按先哲的话说:授人以鱼,不如授人以渔。

总之教育的独立性应该体现在多个方面:教育的初衷是独立的,要教会幼童独立生活的能力;教育的过程也是独立的,不同层面的教育应该相互独立;施教者相互之间也应该是独立的,既相互影响也相互独立。

责任应该是有限的

和动物不同,人是有思想的,追求独立人格。而促进学生的健康成长与全面发展,是学校的当然之责,在这一点上,学校有着无可比拟的优势。但这并不意味着学校要承担所有教育学生的职能,也不意味着学校要向失败的案例负重大责任,尤其是法律上的责任。因为教育不是一种无所不能的力量,学校教育也没有人们想象的那般神奇。无论内在素质教育,还是外在技能培训,或是培养社会责任,必须承认学校教育的作用是有限的,所以其承担的责任也应该是有限的。

比如说社会上曾发生的李某某轮奸案,那是一种家教影响力大于社会教育,受坏风气影响多于好风气,"我妈说的"大于"老师说的",而且屡教不改的典型。这样的案例就不仅仅是教育的范畴了,也不能将其问题简单归咎于学校。

毕竟学校影响力的外在因素是有限的,比如空间范围是有限的,只能管在校时间,这连一半甚至三分之一时间都不到,而学生大部分时间还是处在家庭和社会的影响下;学校影响力的内在因素也是有限的,教程的设计是面对所有人的,但是总会有一少部分人或者听不进去或者根本就不想听。对这部分人说来,无论你怎么教育,他都会出现问题。

比如,契约就不仅仅是教育出来的,还是在市场竞争博弈过程中逐渐形成的。某人不履约可能是个人道德问题,很多人都不履约就是个制度问题了。那就得让不履约的企业经济上遭受损失，经营中付出代价。所以仅仅从道德上教育人是不够的，需要经济上的制裁和舆论上的谴责，形成一种不遵守契约就面临被处罚的土壤。所以，教育之外还需要法律的强制。即使教育失败了，法制也不能失败。否则社会就是一个乱局。

关系应该是连续的

即便教育不能解决所有问题，其关系也应该是连续的。

首先，家庭教育关系是连续的。长大成人前，大部分人几乎2/3时间生活在家庭之中，朝夕都在接受着家长的教育。这种教育往往是在有意和无意之间、有计划和无计划之间、自觉和不自觉之间完成的。父母和亲戚以其自身言行，随时随地地影响着子女，从生活习惯、道德品行、谈吐举止等，潜移默化，伴随着人的一生，所以说父母是终身教师。这种终身性的教育往往反映了一个家庭的风气，比如说某家是"书香门第"。家风的好坏往往要延续几代人，甚至于十几代、几十代。家风是家庭教育关系连续性的一个重要体现。

其次，社会教育也是连续的，家有家风，校有校风。比如伊顿公学毕业生都有衣着整洁、遵守纪律的习惯，哈佛大学毕业的都崇尚独立思考和创新精神。有的学校还有校训，就像风气良好的家庭有家训一样，比如旧日上海女校将"优雅"二字写在校训上。就像孩子离开家庭也延伸着父母的习惯，学生走出校门还继续着老师的影响。即使不再依赖父母，即使不再返回学校，教育关系的影子还在，这就是教育的真谛，也是教育的魅力。

再次，实际生活中，继续教育在西方国家早已流行。比如法国在拿破仑时代就创办了职业学校，以后他们逐渐展开大规模的继续教育，比如巴黎的技术和职业学院，任何人都可以申请，学习费用低廉，为那些曾经上不了大学，或者想与时俱进的青年、中年甚至老年人提供了继续深造的机会。

教育可以是一种自主行为，也可以是一种信托行为。教育可以是单一的，也可以是综合的；可以是短期的，也可以是长期的。总之教育是多样化的，而人的一生也都在接受教育和实施教育，其中大多数都存在着信托关系。

医养信托可以是一种方案

　　由于未来不可预期而寿命有限,西方国家一些睿智的成功人士作为委托人,不愿意简单地将财产划分成几块给家人,而是将部分财产托付给受托人,在其去世后,按其意愿最大限度地利用这些财产,更好地照顾患有某种先天疾病的子女。委托人并不希望将财产平均分配给子女,或者按劳分配自己的信托财产,而是将其按需分配,就像喷洒给禾苗的水一样,哪一棵弱一些,就给哪一棵多洒点,以便使其都有公平成长的机会。因此这类信托也称作"喷淋信托"。与普通委托代理关系不同的是,信托文件一旦生效,信托财产就转移在受托人名下,由后者按照委托人意愿独立处置,还不受债权人的追索。身后委托中,受托人凭的是职业准则和良心,使受益人的利益最大化,保护了弱者。

　　顾名思义,医养指的是医疗加休养,既有医护又有疗养。和医院比起来这种形式多了养生之道,而和养老院比起来这种形式则多了治疗和医护。医养信托则是将这种形式机构化、独立化和专业化。因为它涉及的是多边关系,不是简单的医患或者是疗养院和疗养者之间的关系。在这种个性化安排,或者按当下时髦观点说"私人定制"的过程中,资产所有者的意愿得到了自始至终的贯彻,资产管理者尽职尽责,因而资产受益人得以有尊严幸福地生活。在这里,所有权、管理权和受益权被重新解构。这些重构权利和义务在好莱坞那部感人影片《雨人》中,由美国奥斯卡金像奖得主霍夫曼和好莱坞帅哥汤姆·克鲁斯进行了精彩的演绎。

遗嘱信托引出的感人故事

影片开头,离家出走多年、和家人断绝关系、开修车铺维持生计的查理·巴比特,在工作和生活一片混乱时,突然接到一个电话,得知失联多年的父亲去世了。十分不情愿又不得不赶往老家出席葬礼并继承遗产。

当律师宣布父亲遗愿,只把一辆老式的"别克"和一座蔷薇花园留给查理,而将300万美元巨款遗产列为信托资金交给他人管理时,本来连遗嘱都懒得看的查理顿时傻眼了。之后愤愤不平的他开始了维权之旅,在信托机构那里才知道,那笔钱的受益者大自己好几岁、是一个从未谋面的家伙,也叫雷蒙·巴比特,居然和自己同姓,还住在一家疗养院里。

为了追查真相,滑头的查理来到了雷蒙长期居住的精神疗养院,发现雷蒙竟然是自己的亲哥哥,一个严重的自闭症患者,虽然在数字上有过目不忘的天赋,在常识问题上的理解力却跟白痴一样。

不甘心巨额财富落在傻瓜哥哥手中白白花掉,查理脑筋一转,假意替雷蒙申请出院回家,途中刻意讨好雷蒙,试图取得他的信任,伺机谋夺他手上的遗产。然而在和雷蒙的朝夕相处下,查理发现雷蒙曾经是他儿时的玩伴,手足之情渐渐滋生。他也在雷蒙断断续续的自言自语中醒悟,在自己两岁、母亲去世后,父亲唯恐雷蒙受到刺激不能控制情绪而伤害查理,才把雷蒙送到精神疗养院,一住几十年,以至于查理根本不知道有这个哥哥的存在。父亲在去世前深知早年离家出走的聪明小儿子完全可以独自打天下,于是就把绝大部分财产交给信托机构,以便在自己身后,生活无法自理的大儿子能够有尊严地度过一生。

就在这段带走雷蒙的长途旅程中,血缘的亲情打破了原有的疏离,真挚动人的手足之情取代了查理原先只求一己利益的私心。他最终明白了其看似严厉的父亲的爱子之心,感到了心灵中的震撼。

委托人喷淋信托的人性化特征

查理父亲是一位有正义感和责任心的男人,生前做好了非常人性化的安排,将一部分需要自主管理的物业资产留给了可以自立的小儿子,即便后者已经长期和自己断绝了关系;同时将无须自主管理的现金财产,留给了无法自立的大儿子,即便后者是个痴呆。

在美国如果死者在生前,利用信托把自己的财产转到他人名下,这些财产的继承和分配就无须经过遗嘱认证,从而使继承人以较少的花费较快地得到财产。由于信托协议是不公开的,委托人的遗产和继承人财务上的隐私受到了保护。而且,当一个人的遗产净值超过一定数额时,在西方国家都要支付遗产税,利用信托,可以预先做某些合法的避税安排以达到省税的目的。

由于未来不可预期而且寿命有限,西方国家一些睿智的成功人士作为委托人,不愿意简单地将财产划分几块给家人,而是将部分财产托付给受托人,在其去世后,按其意愿最大限度地利用这些财产,促进受益人的福祉,更好地照顾患有某种先天疾病的子女。委托人并不希望将财产平均分配给子女,或者按劳分配自己的信托财产,而是将其按需分配,就像喷洒给禾苗的水一样,哪一棵弱一些,就给哪一棵多洒点,以便使其都有公平成长的机会。因此这类信托也称作"喷淋信托"(Sprinkler trust)。

这时,委托人通过协议设立"生前信托"(Living trust),在世时就将其财产交给受托人,由后者对这些财产进行全面管理,直至规定年限,在信托终止时,按委托人意愿的分配比例处置信托财产。也有的生前对信托进行规定,先由委托人自己作为受托人管理其财产,但委托人一旦死亡或无能力继续自己管理时,由某银行或个人作为继任受托人,负起管理信托财产的责任。在此前,银行事实上处在一种"后备"和"待命"状态。这种信托因而也被称为"备用信托"(Stand-by trust)。

英美国家财富传承还通过隔代信托(generation-skipping trust)和积累信托(accumulation trust)。在隔代信托中,委托人仅将信托财产的部分利益给予其继承人,比如配偶或子女,而将信托大部分利益预留给隔代孙辈,确保家产不落入外姓手中,比如妻子改嫁。还可以规定同样的隔代相传方式,让这种安排持续下去,循环重复,代代相传。积累信托不同的是,将事先约定信托财产的收益直接纳入信托本金,不做分配,集腋成裘,以便在受益人继承时,可以掌握巨大的家族财富。

这些都可以统称为家族信托,其中更具远见的还有朝代信托。银行业内最受尊敬的罗斯柴尔德家族,就通过不同形式的信托延续了八代繁荣,二百年来始终屹立不倒,成就金融界王朝,这就是制度和规则的力量。

受托人秉承的独立人格

与普通委托代理关系不同的是,信托文件一旦生效,信托财产就转移在受托人名下,由后者按照委托人意愿独立处置,还不受债权人的追索。

英美国家还广泛使用自由裁量信托和保护信托,前者指信托文件中不明确规定受益人的具体收益,而是赋予受托人以全权,根据日后具体情况对信托利益予以分配,放手让受托人对未来最需要照顾的家属,予以比其他人更多的保障,比如对患有严重疾病、丧失劳动能力或者贫穷的后代。保护信托则会设立"没收条款",即在受益人欲转让信托利益时,或者应有的信托利益被债权人追讨时,信托利益终止,此时"保护信托"自动转成"自由裁量信托",以此保护具有浪费习惯的家属,不至于因为过于浪费而导致生活困难。无论哪种情况,这时受托人都是独立行使分配权的。

早期的信托多为民事信托,受托人不能从受托行为中获取物质利益,否则可能会因为利益冲突而被认为其违反了受信义务(fiduciary duty),他们从信托中收获的是精神上的满足,即名誉和成就感,以及委托人和受益人的道德认同。所以在西方受托人这个头衔都是受人尊重的。能够被受托是一种荣誉。

而当民事信托向商事信托转化时,个体的受托人,受制于其知识、精力、时间和寿命的局限性,缺少成长的空间。银行等专业机构,因其专业化程度高、融聚各种行业的高端人才、存在时间悠久等优势,在与个体受托人的竞争中脱颖而出,称为机构受托人。这些机构当然也需要名誉和成就感,但由于他们与生俱来的营利色彩和逐利本性,受托就变成了获取利润的营业活动,信托行为也就不再免费。之后,他们不再无偿接受信托受托人的职位,而是在其中倾注了自身的经济利益,倾注了知识和精力,并推广信托使其成为一种有着明细价目表的市场活动。

尽管如此,在这种买卖双方的自愿活动中,法律和公权力在私人信托契约面前,应该秉承中立,不应该肆意干涉契约自由精神,除非其损害了公共利益。

受益人利益最大化是问题核心

《雨人》故事真实反映了多重信托理念,在这里委托人生前倾注了亲情大爱做了喷淋信托的安排,也能感受到生前信托和备用信托的影子,此外还用到了保护信托和自由裁量信托,赋予受托人全权,这就使不具备辨别是非能力的受益人的利益得到充分保护,即使面临其他合法继承人的争夺。

其实,查理开始提的要求也并非完全不合理,因为他作为两个继承人之一,只要一半财产,就是三百万美元中的一百五十万,即便这样受托人也坚持不给,面对查理的挑衅和威胁,他只有一句话:我不能这样做。

发生分歧则需要诉诸法律,和律师商讨时,要遵循的原则是何种方式对雷蒙更有利,对雷蒙最有利的方式当然是将其送回疗养院,这种生活规律的环境才更适合自闭症患者,当然也适合其他身心不健康的人,以及老人。

这位令人肃然起敬的个体受托人,将雷蒙安置在那个疗养院,完全是出于对委托人——也就是查理和雷蒙父亲的承诺，在这种身后委托中，这位受托人凭的是职业准则和良心，既没有在这种委托中获益，更不会霸占这笔巨款。其实，接管了一个过世人的财富，又面对一个傻瓜继承者，侵吞这笔巨款是一件很容易的事情。受托人这时得有超乎常人的道德水准。

作为继承人之一的查理突然冒出来，超出了信托关系初始的预期范围，而委托人已经过世，无法修正委托，于是在良心和衡平法的驱动下，大家都以法律和良心为准则，商定一个既能体现委托人意志，又能让受益人的利益最大化的解决方案。因为雷蒙本人是自闭症患者，没有辨别是非的能力，保护不了自己，其命运取决于他人的决定。

《雨人》故事的最后是亲情战胜了利益冲动，契约保护了弱者，人们感受到了制度的优势，也在医养信托中看到了未来。

养老信托可以是一种选择

　　西方人到了晚年无法独立生活时，他们不指望"养儿防老"，会把自己的未来信托给专门机构，他们选择的受托人，一般是专业人士和专业公司，熟悉法律、经济、税务、金融等方面的知识，同时具备忠诚、尽职、谨慎的特点。忠诚到对委托人的意志绝对服从，对承诺严格执行；尽职尽责到事必躬亲，不能任意辞职；谨慎到只做低风险投资，不追求超级收益，因为他的目的主要是保全而非扩充，尤其对上了年纪的老人。法国老人的以房养老，美国老人的公寓生活，都是一种契约关系。在中国，年龄越来越大的父母必须面对越来越有距离的人际关系，和越来越形式化的家庭感情，应该把希望寄托在对自己有利的社会契约上，因此必须保留一部分可以信托的财富！

西方人到了老年，会把自己的未来信托给专门机构，把希望寄托在社会契约上，而不是寄托在子女身上。

独立的西方青年为人父母之后，依然会依法炮制，培养子女的独立性。当他们到了晚年无法独立生活时，也会洒脱地把自己的未来信托给了那些专门机构，而不是寄托在孩子们身上，他们不会指望子女会在自己走不动时，成天衣不解带地殷勤服侍，也不担心会被子女赶出自己的家门，当然也不会因此与之对簿公堂了。

养老信托是什么意思

通俗一点讲的话,信托是一种"受人之托,代人理财"的一种方式。严格一点讲,信托是一种对他人的财产管理制度,是委托人在对受托人信任的基础上,将其财产委托给受托人进行管理或者处置,以实现受益人的利益或者特定目的。

这个意思隐含的是,信托是一种对财产的处置,针对的是特定的人或机构,并且通过中介进行。

所谓财产的处置是指信托的设立基本上和财产相联系,包括信托财产的管理以及信托财产的最终分配。常见的像公司定期从雇员的工资或公司利润中扣除一定比例的资金,委托给信托机构运作,赚钱的话再在公司雇员间分配。比如年金或养老金信托,就是委托人定期缴纳养老基金并委托信托机构负责基金财产的运用,在雇员退休后再反过来向其支付退休金。

至于特定的人或机构是指委托人可以是自然人也可以是法人,法人信托是指以法人作为委托人的信托业务,委托人是公司、社团等法人组织,信托财产一般数额较大。在我国现代史上,信托业务改革开放后才再度兴起,经过三十多年的发展,我国信托业务的主体依然是法人,就是说是在公司与公司之间进行的。

而在西方,自然人也就是个人信托则是很普遍的,这是一种个人作为委托人的信托业务,分为生前信托与身后信托两大类。其金额虽然不大,但是目的多重,又很灵活,受托人既要对人负责又要对物负责。比如生前信托是指委托人与受托人签订信托契约,委托后者办理各项事务,主要包括财产日常管理和最终处置权利。

中介则是受托人,在国内就是信托公司,在西方则比较多样化,比如法国的公证人就常常作为受托人代人管理房产。一般说来,受托人都应该是专业人士和专业公司,随时了解法律、经济、税务、金融等方面的最新发展,同时具备忠诚、尽职、谨慎的特点。忠诚到对委托人的意志绝对服从,对承诺严格执行;尽职尽责到事必躬亲,不能任意辞职;谨慎到只做低风险投资,不追求超级收益,因为他的目的主要是保全而非扩充,尤其对上了年纪的老人。

法国老人的选择

在老龄化日趋严重的法国,许多人退休后拥有不止一套房产,不愿意将其转到子女名下,也不愿卖了房子住到别处去,有的习惯了自己的生活环境和家居设施,根本就不肯离开自己的房子。可是法国的税收很重,自己是房主又自住的话,既要缴纳房地产税,还要缴纳居住税。此外,高档公寓还要每个月交物业管理费,各项费用加起来就相当高。

虽然这些老人衣食无忧,但是他们还是想过更舒适的生活,除了退休金外另有稳定的收入。于是不少人就采取了信托的方式,将房产抵押出去,自己继续住,每月还有一笔额外收入。具体做法是:有房产的老人通过房产商找到买主,买卖双方通过公证人签一份协议,协议规定买主先付一笔很少的钱就获得了房产权,类似我们讲的首付,然后每月支付老人一份几百欧元的生活费,直到去世为止,类似还银行贷款。老人去世,房产就真正是买主的了。去世前老人有权一直住在房子里,买主则必须按月支付协议中规定的生活费。

这是一种形式的对赌。赌注看上去虽然是房产,其实是老人的预期寿命。因为房子可能价值50万欧元,买房人只需先付百分之十几也就是几万欧元的定金就是房主了,条件是以后每月支付老人的生活费用,不需动用大笔资金。如果老人几年后死了,买主就占了大便宜。但如果老人长寿,买主可能吃大亏。因为根据协议,即便买主先于老人去世,也要从自己的遗产中扣除生活费每月交给老人。

20世纪90年代法国就有一个倒霉的公证人,已经年逾花甲,通过这个方式购买了一位当时90岁高龄的老太太的房子。结果这个老太太又活了三十年,公证人自己直到离世也没有真正成为房产主人,还得按月从遗产中交生活费给她。

对法国老人说来,这是个不错的办法,反正人死带不走房产,也带不走钱,重要的是有生之年有钱花,被人供养着。有了这个协议,他就拥有长期而稳定的现金收入,可以雇人来照顾自己,不必指望那些独立惯了的子女尽孝心。

这个交易完整地说明了信托的特点,首先这是对财产的一种生前的管理和身后的处置,其次针对的是个人而非机构,所以是个人信托,最后这个交易的中介就是公证人。公证人和信托公司一样扮演着非常关键的角色,他不仅促使双方达成协议,还要自始至终监督这个协议的执行过程,最后更为关键的是,他要尽职尽力保证在老人身后将房产完整地交到买主也就是受益人手中,而不会出现其法定继承人争夺房产的局面。

美国老人的归宿

潇洒的法国老人通过信托解决了自己始终住在家中还被人供养的问题,但是他们处理掉了房产却没有处理掉孤独。他们仍然缺乏一个人气旺盛的环境,于是美国人采取了另一种活法。

在美国工作期间,我住的地方是曼哈顿下城那个叫炮台公园的地方,是在哈德逊河边用世贸中心挖出来的石块填海造出的居民区,占地不大,有名的建筑却不少,包括被恐怖袭击炸毁的世贸中心、世界金融中心、冬日花园等。

我住的那几年正是美国房地产缓慢复苏的时期,住地北方建了一个高档老人公寓,是一座几十层的楼,楼下是餐厅和游乐室。这是一个不显眼的红楼,既没有花园又没有围墙。但周围环境很好,旁边就是宽阔的哈德逊河、河滨小路以及宽广的绿地。因为我在旁边学校的游泳池办了健身卡,经常晚上游泳后从那里经过。透过大玻璃窗,看着老人们身着整齐,像在高级餐馆里一样享用晚餐。旁边则是穿着白上衣、扎着黑色围裙的男女侍者。

美国人有个习惯,搬入新居后请周围的邻居来喝一杯,相互认识增进了解,顺便参观一下。这个老年公寓也借此机会扩大影响,以便吸引更多的老人前来。他们向周围大楼中的每户都发了一封热情的邀请,我出于好奇就真的去参观了一次,其实什么事都没有。接待我的是一位年轻人,看到我显然不是他们客户的年龄,但还是很殷勤地为我带路,楼上楼下地看,从房间到厨房到储藏室都转了一遍。

进电梯时,我注意到里面的空间显然比我看到的正常电梯间要宽大,他特意解释说这是设计上的要求,为的是救护车上挂满氧气救生的急救担架能轻易地推进来。

年轻的管理者向我介绍,这些都是身家万贯的退休者,他们或者将独立的大房子卖了,把现金交给基金管理,或者将房子直接信托给了机构,然后每月以几千美元的代价住到这里。他们像住酒店一样,一人一间带有洗浴间和卫生间的客房,公寓里吃住全包,有游戏和打牌的场所,还有规律性的班车去市里的各个景点。关键的是,这里还有简单的医疗服务,全天候的身体状况监视,以及随叫随到的救护车。总之,这里有老人需要的一切,比家里热闹,比医院温暖。

临走前,这个年轻人低声对我说,这个公寓其实就是老人们的最后归宿,他们都是要从这里走向墓地的。听得我心里还是有一种说不出的滋味。

信托的优势

个人信托这种第三方管理财产的方式其实很早就有,比如遗嘱执行是一种信托,委托监护也是一种信托。现代信托业在各国都得到应用与发展,尤其是信用制度比较发达的美国、日本与英国等国家。

这是因为这些国家的信用制度相当发达,法律也健全。从信用角度说,人们之间一旦受到契约的约束就不能更改;从法律角度说,一旦更改或违约就要承担严重的后果。这是为什么委托人可以将自己财产的处置权托付给一个陌生人或者陌生机构的原因。

在这样的委托关系中,体现委托人意志的文件,比如财产的运用和分配,受益人的份额等规定,被视为此项信托计划的"圣经",受托人必须忠实执行。就像法国那位活了120岁的老人的协议,受托人在买方去世后,仍然能从他口袋里掏出钱来一样。受托人如果违反这些规定,造成委托人或其他关系人财产上的损失,要承担恢复原状或赔偿等财产责任。

另外,在西方国家,当一个人的遗产净值超过一定数额时,就要支付很高比例的遗产税,在美国这个起点金额为67.5美元,在法国这个起点低很多。这就是为什么那些拥有城堡的法国继承人交不起遗产税,只好将其卖掉的原因。而利用信托,可以预先做些合法的避税安排以达到省税目的。

和这些个人信托发达的国家相比,我国的信用制度尚在起步,契约对个人的保护还需要强化,法律规范也有待建设。但是,随着这个社会逐步老龄化,和房产争夺的官司一天天增多,西方这种信托的方式未来必然会出现我们国家。

因为,在西方文化的强力冲击下,国内年轻人的传统思想已经受到了很大的冲击,他们对子女尽孝这个问题看得越来越淡漠,在自己前程上毫不犹豫前行,早已没有了"父母在不远游"的观念。但是如果经济上碰到了问题会毫不犹豫掉过头来向父母求救,而且把其视为天经地义。于是有的父母把养老的钱拿出来给结婚的子女支付购房首付,有的父母甚至把自己的房子让出来,换成子女的名字。

但令国人父母担心的是,尽管他们倾囊相助的亲情远大于滴水之恩,晚年时他们的独生子女不见得有涌泉相报的意愿,即便有也可能完全没有这个时间。年龄越来越大的父母必须面对越来越有距离的人际关系,以及越来越形式化的家庭感情,而把希望寄托在社会契约上。那么为了能得到对自己最为有利的契约,他们必须保留一部分可以信托的财富!

养老应尽快成为一种制度

在法国,爱面子的老年人喜欢在家养老;在英国,老人一般选择集体生活,英国的养老金开支至今仍然是政府开支中最多的,是教育的两倍,是国防开支的三倍。养儿防老在现代中国已经是过去时,不仅因为子女数量不够无力承担,不仅因为子女太娇宠无法承担,也是因为这一代老人打下了天下,不仅养育了后代,还为这个社会创造了大量财富,所以他们的晚年有权利被照料,既然养儿防老已经不现实,制度建设就得跟上。我国进入到了老龄化社会,至今已经十几年了,目前我国老龄人口已经突破2亿,占世界老人的20%,这是个惊人的比例,我们必须有所准备。让养老成为一种制度,而不仅仅是子女的一种义务。

养儿防老曾经是中华民族一个优良传统,也曾经是中国解决养老问题的长期习惯。但是现在这种传统和习惯正遭遇重大挑战:首先,长期实施的独生子女政策造成的4-2-1家庭结构,使其变得越来越不符合现实;其次,三十年多年改革开放国人富裕起来了,流动性财富和固定资产大增,使得老人们越来越可以摆脱对子女的依赖;再次,物价尤其是房价的大幅上扬,使得年轻人难以独立,啃老现象日益严重;第四,溺爱现象越来越严重,孩子如果被父母和爷爷奶奶众星捧月,没经历风雨,没有吃过苦,一直被当成宠物养的话,长大成人之后,其自我意识大于其应该有的家庭义务和社会责任。而这时,年迈的父母就不见得能指得上所谓"养儿防老"这个当代伪命题了,西方人今日的习惯和现实也就成了我们这个昨日传统社会的借鉴,在这里,无论法国人、美国人还是英国人的养老方式都能给我们以启发。

法国人的需求

在法国工作时,我有许多留学巴黎的中国朋友,他们无论是公派还是自己去的,在努力学习期间都尽力自食其力,找点儿零活干干,幸运的留学生能找到陪同老人的工作。和在中餐馆端盘子洗碗,没日没夜挣小费的工作比起来,这可是比较悠闲又体面的活儿了。作陪伴的留学生和我详细聊起过其工作内容,就是陪同聊天,陪同散步,陪同购物,甚至陪同发呆。如果没有陪伴,老人独自生活既寂寞又孤单。

有人曾经解释过二者区别时说:寂寞是别人远离了你,孤单是自己远离了别人。而法国人常常两者有之,因为他们与生俱来的孤傲和清高的气质,壮年时往往刻意保持人与人包括亲人之间的距离,年迈后距离感增大,却和自家人亲不起来了,于是找外来人填补这个空白。

对穷学生而言,这种陪聊的工作是打工中的"俏活儿",不仅轻松且有尊严,它是一对一的,面对的常常是条件好有文化还有气度的法国有闲阶层,这些人肯用金钱来交换时间,用物质上的代价交换精神上的寄托。跟这些人在一起可以增长知识和生活经验,那是付钱都很难买到的。

那个朋友陪同的是一个年迈的女研究人员,这个法国妇女生活规律有序,举止气质高雅,不仅纠正朋友法语发音,还能教其各种知识,包括在法国的生活常识、文化习惯和科学道理,那个留学生跟我说起时对这位老年妇女赞赏不已,庆幸自己遇到了好人,不但受到法国文化教育,还能赚生活费。

无论聊天、散步还是购物,陪同都是一种服务,可以增加就业,还能培养年轻人,使其树立正确的人生观和价值观。法国人肯为此付钱,还倒过来给你增值服务。老人付出了多余的金钱,却换得身心上的愉悦,青年人付出了多余的时间,却换得知识的增长,也赚到了钱,这是典型的双赢。

英国人的选择

就如同法国人将住宅和办公楼混建,相互辉映,使得一些人可以步行上班一样。美国人将养老院、小学校和金融中心混建,让早晨的太阳和落日余晖朝夕相互辉映,使得生活区域更加丰富。对老年人来说,他们天天面对朝气;而对那些年轻人说来,他们则可以想象出自己的未来。在加拿大多伦多也有这种建在市内的养老院,因为无论在哪里,不吵不闹的老人都是好邻居。现在北京也开始有这样的养老院了,东三环边上熙熙攘攘的双井就是一个例子。

至于英国,那曾经是一个从摇篮到坟墓都被福利化了的国家。即便撒切尔夫人执政时,在20世纪80年代大刀阔斧削减了一些社会福利,压缩了政府开支,也将医疗卫生服务自中央转入了地方,养老金开支至今仍然是政府开支中最多的,是教育的两倍,是国防开支的三倍。

一位年近古稀的英国剑桥大学经济学家,在给我们介绍他们国家的养老制度时讲到,在其岳父去世后他应妻子的请求,将90多岁高龄的岳母接到自己伦敦家里同住,专门请人为其做一日三餐,按国人观念讲,这是很有孝心的行为了,尤其是他们自己也是高龄的情况下。为了以防万一,他们还特别安装了个报警器以便老人应急,结果这位英国老妇人像孩子一样经常按报警器,多数时候没什么大不了的事,急救车却一次次出动,搞得家人和急救机构不胜其烦。因为对急救机构说来不值得报警的事情虽小,但对老人来说就是大事。在老岳母又一次摔倒后,妻子和他商量还是将母亲送往养老院。

制度的优势

看来不少爱面子的法国人,喜欢住在自己家中老去。而独立性强的一些美国人年龄大了则愿意过集体生活。英国则是个成熟的居住式养老的国家,那里的养老院和社会保障深入人心,成为其他国家效仿的榜样。这中间看上去是个人的选择,其实反映了究竟是家庭还是社会、是个人承诺还是社会契约、是人治还是法制的问题。

因为,我们是一个"熟成"(aging),或者说"老龄化"的社会,随着期望寿命的延长,老龄人口会越来越多。西方发达国家和以后的后起之秀都是如此,比如日本是老龄人口占比最高的国家,高达36%,占其社会总人口的三分之一还多。而跻身世界强国的当今中国以超过2亿老人成为世界上老人最多的国家。由于社会进步和经济发展,加上人们对身体健康的珍视和爱惜,发达国家不得不面对和赡养越来越多的老者,用他们的话说:"我们是自己成功的受害者!"

养儿防老在现代中国已经是过去时,不仅因为子女数量不够无力承担,不仅因为子女太娇宠无法承担,也是因为这一代老人打下了天下,不仅养育了后代,还为这个社会创造了大量财富,所以他们的晚年有权利被照料,既然养儿防老已经不现实,制度建设就得跟上。

老年人是社会的财富,而且是一笔重要的财富。从这个意义上讲,忽视老年人就是忽视社会财富,白白让这种精英财富流失,将会付出巨大代价。此外,老人还是社会的稳定器,就像年轻人是社会的发动机一样,虽然老人是生命中的夕阳。但是居住式和居家式养老可能是个朝阳产业,其发展空间是巨大的。夕阳红或许给我们高速发展三十多年、现已现颓势的经济注入新的活力。

按联合国制定的标准,21世纪后,我国就进入到了老龄化社会,至今已经十几年了,目前我国老龄人口已经突破2亿,占世界老人的20%,这是个惊人的比例,我们必须有所准备。让养老成为一种制度,而不仅仅是子女的一种义务。

第三章 道德是内在的契约

经济运行中的道德律

亚当·斯密对市场经济曾经有个无形的"看不见的手"的论断,但他还另有"一手",那就是对情感道德之手的总结。在《国富论》中亚当·斯密描述了一个以自我为中心、不顾他人,同时又充满利己欲望的市场,而在《道德情操论》中他则描述了一个自我克制、具有同情心,同时利他的社会。我们需要的可能不是革命而是妥协,不是暴力而是宽容,不是刻薄而是同情。即便有充分的市场,即便有明智的政府,我们人类社会依然需要历史最悠久的道德调节。物质财富到了一定的高度,精神财富也就应该达到相应的高度。极大地满足社会成员的物质需求是和谐社会的基本要求,没有物质性的和谐就没有和谐社会存在的基础。但是和谐如果不能形成客观利益上的互惠结构,那么真正的和谐社会只能是一种遥遥无期的空想。

从厉以宁先生经济思想中的道德调节说起

在近几年厉以宁先生发表的演讲中,我多次注意到他提及经济中的三种调节,也就是市场、政府和道德调节的观点。在他看来:市场调节是第一种调节,是一种无形的手,以其自然规律在资源配置中起决定性作用;政府调节是第二种调整,是一只有形的手,靠的是法律法规政策,政府调节起着引领的作用,起着规划的作用;道德力量则是第三种调节,是一只看似无形却又有形的手,并且是历史最悠久的一种调节。

他进一步阐述道,从时间上看,市场几千年前才有,原始公社解体后部落之间出现了商品交换,而政府的出现则晚于市场。可是人类生活这么多年,在这么漫长的岁月中,没有市场就没有市场调节,没有政府就没有政府调节,人类社会繁衍下来靠的是什么?靠的是一种道德力量调节。道德力量调节虽然是第三种调节,在没有市场、没有政府时,它就是唯一的调节,以后有了市场,有了政府,同样需要道德来调节。因为道德力量调节是靠自律,靠文化建设,靠乡规民约来实现的。

由此联想到亚当·斯密的"手"

这个关于有形和无形的调节,联想到经济学鼻祖亚当·斯密对此的论述。经济学界很多人知道亚当·斯密对市场经济曾经有个著名的、无形的"看不见的手"的论断,却往往忽略、不关注甚至不知道他还另有"一手",那就是对情感道德之手的总结。

亚当·斯密认为在一个商品社会和市场经济中,市场有自己的成长逻辑和运行规则,同时也内生了自己的调节方式。而每个市场参与者也就是每个市场经济的个体,首先考虑的是自己的利益,他们都有追求个人利益最大化的冲动,因为做什么事都先考虑自己是人类的天生特性。这样一来,如果充分利用市场内生机制,放任个人自由竞争,这只"看不见的手"或者说"无形的手"就会起到自动调节的作用,使社会资源分配达到最佳状态。这是他在《国富论》中的发人深省的论断,隐含之意自然是崇尚自我的利己主义。

第三章 道德是内在的契约

亚当·斯密关于无形之手的判断影响深远，以至于后来推崇市场的经济学家都以此为依据，甚至将市场的自然调节当作经济运行中唯一的调节，唯此为大，以至于武断地认为人本质上是自私的，是以自我为中心的，在此基础上建立的市场当然也是利己的，市场为大的理论后来发展到了极致，几乎成了市场原教旨主义。

所以在这里有必要回顾一下，即便是亚当·斯密，早在《国富论》出版之前，这位崇尚市场的经济学者就在另一部巨著《道德情操论》中提出了对道德的发人深省的思考：道德的基础是同情。而关心他人，设身处地为别人着想，关心别人的幸福就是同情。在这里，他说得则是利他主义。因为在他看来。同一社会里，市场中的经济人一样可能成为情感约束下的道德人，而无论利己主义还是利他主义都出自人类的本能，并非像一些人理解的那样，只是利己主义出自人类的本能。亚当·斯密进而指出，只有社会所有成员都具有同情心并以此作为行为准则时，社会才能安定和谐，才能持续发展。

亚当·斯密在《道德情操论》中说："在我们能对这些对立的利益做出任何正确的比较之前，我们必须改变我们的位置。我们既不能从我们的位置，也不能从他的位置，既不能从我们的眼光，也不能从他的眼光，我们必须从与两者都没有特殊联系的第三者的位置和眼光，才能在我们与他们之间保持公正的裁判的位置和眼光来看待它们。"[①]这里亚当·斯密讲的就是利他，而非利己。

---

① 见亚当·斯密《道德情操论》，陕西人民出版社，2004年7月，156页。

他在这本书中讲到:"当别人的幸福或者痛苦在多方面都取决于我们的行为时,我们就不敢像自爱可能暗示我们的那样把我们的利益放在其他许多人的利益之上。这时内心那个人马上就会提醒我们,我们把自己看得太重,把别人看得太轻了,而且那样做我们就把自己变成了我们同胞鄙视和义愤的对象。特别高尚和具有道德的人就不会为这种情感所左右。"①

为此他甚至提及遥远的、自己从来没有到过的中国,假设中国出现大地震,亿万中国人被地震所吞噬,就会有些人对此巨大灾难表示下同情后就忘却了,而对自己失去个小手指头这样的小事会斤斤计较。② 他以此来批评这种以自我为中心的行为。进而亚当·斯密指出:"一个人绝不能把自己看得过于重于别人,而为了个人利益伤害或者损害别人,即使自己所获得的利益要比对别人的伤害大得多。"③

由此联想道德和道德底线

在表达上述理念时,亚当·斯密既强调了道德作用,也说明了人本质的双重性甚至多重性:人本性不只是利己的,也是利他的,不只是仅仅想到自己的,也是顾及别人的。所以就要平衡两者之间的关系,不能让市场自由一体独大、到了个无以复加的高度,让人的行为起于私欲又止于私欲而不加任何形式的限制!

亚当·斯密当年在英国北部古老的格拉斯哥大学长期讲授

---

① 见亚当·斯密《道德情操论》,陕西人民出版社,2004年7月,158页。
② 同上书,157页。
③ 同上书,159页。

"道德哲学",应该说他对这个领域研究的深度并不亚于他对经济学的研究,其成果甚至早于经济学。而在几百年前他生活的年代,不但伦理学在英伦学术界是道德哲学的一部分,就连经济学也是道德哲学的一个组成部分。即使他在写《国富论》的同时,也在不断修改《道德情操论》,前后超过五次,一直修改到其生命的最后几年,可见他对这本书的重视。

亚当·斯密在分析人类情感时是从道德高度,从个人和社会福祉为出发点的。他在此书中还谈及了同情、正义和仁慈,这些都是拥有广泛社会认知的优良品德。后来被人总结的骑士精神就是以这些优良品德为基础的,也是之后绅士风度的重要组成部分,也可以说是西方文明的一部分,而且是其中最重要的部分。他也谈及了爱、自爱、自我克制、意志、大度、慷慨、正直、勤俭、爱国等高尚的情感。同时他批判了自私、虚荣、嫉妒、仇恨、贪婪、非正义、背信弃义等邪恶和不道德的情感,所以在他的眼中,人类天生就有着两面性甚至多面性,他们之间甚至对立,甚至相互矛盾,所以对任何一面的过度解读都不是正确的方法论。

同时,亚当·斯密还指出人类情感要表现适度,因为只有表现和发泄适度的情感才是最完美的情感,同时也是一种美德。所谓适度,就是在人际交往中让人感到合适的程度,让人感到合适的行为,让人感到舒适的举止。也就是说恰到好处,不大不小,不多不少,不高不低。

而伴随情感的适度而来的就是行为的适度,对快乐表达的适度,对痛苦表达的适度,对美好事物表达的适度和对丑陋事物表达的适度。只有当社会的成员都能具有令人愉快的高尚情感和行为适度时，社会才有和谐。仔细想想，亚当·斯密在这里阐述的就是中国古代哲人讲的"物极必反"和"过犹不及"的道理：无论做什么事都不能过分，即便办的是好事，出于好心，否则就可能走到了其反面。现代人常说的所谓"底线"也有类似的道理。

这个底线可能是法律的底线，如果法律和规定有所规范的话；或者就是道德的底线，那就是人类普遍的认知。在这个意义上，即便是自然规律，如果发展到了极端、危机人类的生存，那人类也有改变自然的意愿，而这种意愿具有合理性。就像人类围堰筑坝，免得水白白流失一样；就像在干裂到寸草不生的大地上，人工降雨一样。市场中的那只"看不见的手"如果造成灾难，作为政府或者市场管理者，则有责任进行纠偏。崇尚市场经济和私有制至上的美国政府也救市，也会采取政府干预的手段。当然救市也要"适度"，也要知道见好就收，也要按照市场的规律。

所以说，如果在《国富论》中亚当·斯密描述了一个以自我为中心、不顾他人，同时又充满利己欲望的市场的话，而在《道德情操论》中他则描述了一个自我克制、具有同情心，同时利他的社会。

由此联想到功利原则和群体作用

亚当·斯密之后的杰里米·边沁，则提出了功利原则，但是其功利并非指的是急功近利，而是将"最大多数人的最大幸福"奉为最高原则。在杰里米·边沁看来，功利指的是：外物有利于当事者求福避祸的那种特性。由于社会幸福或者社会利益是组成社会的所有单个成员的利益总和，而功利原则既要考虑个人利益又要考虑他人利益，这就产生了如何协调个人利益与社会利益之间冲突的问题。于是又可以这样说,法律就是利用人们避免痛苦的惩罚之心理,而道德则是利用人们追求快乐的赞赏之心理。

如果说亚当·斯密在市场经济和社会道德之间的平衡问题上提出"软的一手",也就是道德自律的话。继其之后,杰里米·边沁在建立市场经济问题上则进一步提出"硬的一手",也就是法律他律,就是用制裁和惩罚来纠偏。就是说,在通过市场作用来发展经济时,人不仅要追求私利——也就是自己的快乐和幸福,而且要不侵犯他人的利益,否则就要受到惩罚,通过人的这两种天性(快乐和痛苦)来达到"利益的人为一致"。就是说,人如果不自律的话,就要外界来制约你,这个外界可能是他人,可能是社会,可能是属于道德范畴的乡规民约,就像厉以宁先生说的那样。因为如果没有统一的规则,社会就会混乱。

而混乱的社会和混乱的局面在历史上一次次出现,在《乌合之众》这部著名的社会学著作中,法国作者古斯塔夫·勒庞则对市场经济中的群体做了类似的分析。他指出,和个体一样,群体也表现出了相互矛盾的两重性:一方面群体太好冲动、太多变,因此它不可能是道德的,这个社会学观点和亚当·斯密从经济学角度对市场的论断类似,所以古斯塔夫·勒庞的结论是群体的道德水平十分低劣。但是这个特征又不妨使群体在某一时刻表现出来的品质,比如舍己为人、自我牺牲、不计名利、献身精神和对平等的渴望等,所以又可以说,群体经常会表现出很高的道德境界。古斯塔夫·勒庞的这个论断也和亚当·斯密对人类道德情操的观点相同。他进一步说,群体为了自己只有一知半解的信仰、观念和只言片语,便英勇地面对死亡,这样的例子何止千万。不断举行示威的人群,更可能是为了服从一道命令。在群体的智力难以理解的多次战争中,支配群体的肯定不是私人利益。因为在这种战争中,他们甘愿自己被屠杀,好像是被猎人施了催眠术的小鸟。[①]

古斯塔夫·勒庞进一步指出,如果不计名利、顺从和绝对献身于真正的或虚幻的理想,都可以算作美德,那就是说,群体经常具备这种美德,而且它所达到的水平,即使最聪明的哲学家也难以望其项背。他们当然是在无意识地实践着这些美德,然而这无碍大局,我们不该对群体求全责备,说他们经常受无意识因素左右,不善于动脑筋。[②]

在古斯塔夫·勒庞研究中,法国大革命印证了这种群体道德的矛盾性。将近两百年后,在中国文化大革命中,这种矛盾性又一次在这个古老国度得到了出神入化的演绎,它使人们深刻了解到,人性中那种天然的相互矛盾的两重性如果被引导到另一种极端,又丧失了法律和道德的制约的话,将会给社会经济和人类关系带来多么大的伤害。

其实,托克维尔在其名著《旧制度与大革命》中暗示:那种以"革命原则"名义始于杀戮又止于杀戮,最后导致革命者被革命、杀人者被杀的悲剧本来是可以避免的,至少可以使其不那么广泛、不那么持久。[③] 至少,一个拿破仑般的明君就可以结束乱局。拿破仑曾经对国会炫耀过自己的辉煌政绩:"我通过改革天主教,终止了旺岱战争;通过变成个穆斯林教徒,在埃及站住了脚;通过成为

[①] 见古斯塔夫·勒庞《乌合之众》,中央编译出版社,2005年11月,39页。
[②] 同上书,41页。
[③] 见托克维尔《旧制度与大革命》,商务印书馆,2012年8月,247页。

一名信奉教皇至上的人，赢得了意大利神父的支持。如果我去统治一个犹太人的国家，我也会重修所罗门的神庙。"[①]

拿破仑自喻的高明之处就是会因地制宜，到什么山唱什么歌，所以能够在北非、南欧和西部法国都取得成功，既能平定本民族的叛乱，又能让外族人臣服。中国历史上也不乏这样的范例。暴君实施的是暴力，所以收获的也是暴力；明君播撒的是厚德，所以回报的也是厚德。

想到当前社会，我们是马列主义思想指导下的国家，实行的是中国特色社会主义，但是现在可能更需要的是雨果的理念：不是让一些人富裕，让另一些人穷，而是共同富裕，不是让少数人占有资源，而多数人失去家园，不是让一些人用不同的身份证购买几十套房产闲置，而另一些人却买不起住房。否则，出于人类行为劣币驱逐良币的惯性，一个社会往往会朝不公正的道路上滑去，越来越差，直到绝望的顶点，结局就是爆发一次新的革命。而"对于一个坏政府说来，最危险的时刻通常就是它开始改革的时刻"，就像托克维尔名言说的那样。

我们生活的时代已经逐渐从由体能获取财富转入由技能获取财富，但尚未达到由智能获取财富的境界。中国还有数以亿计的农民处于凭体能获取财富的阶段，这是思考智慧与财富关系的人们，不得不注意的一个严酷的现实！在这个时代，重要的当然是民主和自由，在民主和自由之上则需要公平和正义，而这都需要道德调节、道德规范，只有这样才能达到社会和谐。

---

① 见古斯塔夫·勒庞《乌合之众》，中央编译出版社，2005年11月，50页。

想要一个持续发展的社会，一个明智的执政者就是要避免断层，不让大多数人陷入绝望。就这一点说来，我们需要的可能不是革命而是妥协，不是暴力而是宽容，不是刻薄而是同情。这都需要道德的力量，都需要道德的调节。即便有充分的市场、即便有明智的政府，我们人类社会依然需要历史最悠久的道德调节。

由此联想到利己和利他的对立统一

利他主义的行为往往既有益于别人也有利于自己：信誉好信守承诺的人会比信用记录差的人，获得更多的贷款和更低的利息，而那些失信人士或者老赖到了最后甚至连一块钱都借不到；路见不平见义勇为的人会受到周围人的尊敬以至于会获得物质奖励，而那些无动于衷只会自保的人士则会受到唾弃；热衷于慈善事业的企业家会得到更高的社会荣誉，而那些唯利是图的老板们则会遭到舆论的谴责。常言道"人在做，天在看"，无良人士还可能遭到天谴，那就是"无形的"、道德式的惩罚。所以说，在一个正常运行的社会，在大部分情况下，人们利他精神和助人为乐行为都会得到回报，即便没有，他们这样做时至少会得到精神上的充实和心理上的满足，而这种心灵上的满足感，有时比物质上的激励更鼓舞人心。

退一步讲，践行利他主义还会减少社会成本，促进社会和谐，而这种和谐惠及的则是每一个人：比如每个人都讲究公共卫生不乱扔东西的话，街头环境就会整洁，国人居住的环境就会变得更加舒适；每个人都乘公交出行而非执意开私家车的话，街头拥堵现象就会大为减少，北京人就可能拥有更多的蓝天；遇到冲突时双方相

第三章　道德是内在的契约

互礼让，就会化解矛盾减少不必要的争斗，人们就会更加心情舒畅。

利他主义是通过对别人和对社会的施惠使自己同样获得收益，于是大家都分享了这种行为所带来的好处，人们心情舒畅，社会因此稳定，社会运行成本大为降低，最后每个人都是赢家。从这个意义上说利他就是利己。如果说"人不为己天诛地灭"是利己主义终极格言的话，那么"人人为我、我为人人"的就是利他主义最好的诠释。

如果说利己主义是人类天性的话，那么利他主义也是人类的天性。以利己为基础的市场机制必须用以利他为基础的情感道德来协调。就像亚当·斯密在几百年前告诫的那样。而在在市场经济条件下，也要在利己与利他的对立中寻求两者的统一，使人认识到利己目的必须在利他的前提下并通过利他行为方能实现。这就是道德的作用、道德的调节。

人有向善的冲动，也有向恶的冲动。前者看上去利他，后者看上去利己。人类向善的本能，就像那些徒手接跳楼的人似的，和那些关键时候舍己救人的行为，都是出于利他本性，是人性中的一种自然反应。在这里，政府的作用也是必要的，因为它有法制的强制。机构的作用是必要的，因为它们可以设计财富分享的机制，使和谐成为可能，使和谐得以持续。

亚当·斯密讲的同情，听上去是给予而非索取，道德听上去是限制自己而非限制他人，看上去都是对别人有益而非对自己有利，那么在面对利己主义心态日重和自私自利风气弥漫的社会环境下，是否利他主义就亏了呢？其实也不是。

和谐社会和人际关系的融洽相辅相成。物质财富到了一定的高度，精神财富也就应该达到相应的高度。极大地满足社会成员的物质需求是和谐社会的基本要求，没有物质性的和谐就没有和谐社会存在的基础。但是和谐如果不能形成客观利益上的互惠结构，那么真正的和谐社会只能是一种遥遥无期的空想。

赢得战争是为了和平

格兰特是一个勇敢和坚持原则的人,同时拥有一颗慈悲之心。他虽然尚武,战功显赫,但懂得宽恕,恩怨分明,信义素著,欺强而不凌弱。他是美国南北战争的胜利者,率领北军接受南军统帅的投降。胜利后,格兰特将军签署了可能是人类大规模现代化战争中最优厚的受降条款:只要南军承认联邦宪法,放下武器回家,他们可以带走自己的战马,高级军官甚至可以带走自己的枪械武器。为了这份承诺,格兰特和部属们连夜为这些俘虏签署了几万张路条,让他们在沿途以至于返乡后不受歧视,依然拥有自己原来的土地和权力。他公开宣称,从今天开始我们不再是敌人而是兄弟。

纽约市哥伦比亚大学西侧的哈德逊河边有一座圆形纪念馆,也是美国前总统格兰特的墓地。虽然贵为总统,但是后人仍习惯称其为格兰特将军。因为他作为北军统帅打赢了美国的残酷的南北战争,还促成了南北双方的和解,战功卓著,将名显赫,以至于后来很多人竟然忘记他还是一位连任两届的美国总统。

格兰特将军和夫人的遗体,被安放在纪念馆中央深红色的花岗岩石棺里,周围环绕着南北战争中其麾下将领的雕像,包括他战时的左膀右臂,打仗时英勇善战、清剿时又残酷无情的谢尔曼将军。这让我想起巴黎市中心非常醒目的拿破仑墓,也是同样的深红色花岗岩石棺,也是部下骁将的雕像环绕,也是受到后人和倾慕者的一次次拜谒。

战争与和平

我来这里的目的是再度考察二百年前的一个故事,那是一个年仅五岁的堕崖男孩的小墓碑,因为父亲在出售这块土地时附加了一个条件,希望让后人永远保留这个墓碑,在之后的二百年间,无论这块土地转让多少次,无论换的新主人是私人还是机构或是现在的市政府,墓碑依然矗立在那里,即便为总统的墓园征地,平民财产也不能强行拆迁,于是这个无名男孩就成了美国家喻户晓的将军总统的邻居,那一片十几公顷的绿地也只有这两个墓地,其中暗示的契约精神也就世代传诵。

当我来到纪念馆时,那个唯一的服务人员感染了我,本来我是询问男孩墓的位置,结果那位身穿保安人员制服、规规矩矩地站在接待台后面的唐·斯坦葛先生跟我大谈格兰特将军,建议我既然来到这里就要多了解其生平。我深然其说,看着他面朝格兰特夫妇的石棺,对每个访客都彬彬有礼,有问必答,言语之间对格兰特将军充满敬意。

按中国人的话讲,他就是个守墓人,而守的这个纪念馆一直门可罗雀,所以多年来人员被缩减到只剩一人,记得多年前我来这里就是这样。纪念馆建立在纽约市区北部的哈林高地,是独立战争时发生过一次重要战役的地方,居高临下,可以俯视哈德逊河,旁边是高档社区,与哥伦比亚大学毗邻。我去的那天是纽约市圣帕特里克游行节,纪念一位爱尔兰圣徒的日子,第五大道人潮涌动,已经不通车,连时代广场都人满为患,游行队伍一片绿色,不少男人夸张地戴着绿帽子,象征着春天万物复苏,那天是纽约暴风雪后一个晴朗的日子。有个白人老妇竟然带着越野滑雪板,支起雪杖,在旁边的公园中悠然滑雪。

但是格兰特纪念馆那里空空荡荡,跟什么都没有发生似的静悄悄,只有唐·斯坦葛先生在那里分别向我们仅有的三个游客滔滔不绝地介绍将军的生平,轮到我时,他特意强调格兰特是一个勇敢和坚持原则的人,同时拥有一颗慈悲之心。本来他的生活并不如意,战争爆发后在田纳西一战成名,之后才受到林肯的重用。他说得口若悬河,我听得意犹未尽,之后按他的建议又去旁边的游客中心参观,这是一个建在格兰特纪念馆百米之外的一个小屋,说是小屋,五脏俱全,有接待厅、展示厅、纪念品商店以及游客厕所。那里也只有一个管理人员兼讲解员和售货员,是个漂亮的白人女孩子,她应我的要求专门放映了20分钟录像,讲述格兰特将军的生平和南北战争。作为一个外国游客,我在纪念馆待了一个下午,温习了美国历史,感受到了美国的爱国主义教育。而这一切都是免费的,没有强制购物,感受到的只有待客热情、无私奉献和职业精神。

从那里出来后,眼前一片白茫茫,初春的暴雪给这个城市带来清爽和宁静,回首望去,纪念馆上方用小字低调刻着"让我们有和平"!我深深记住了这几个字,因为是美国格兰特这位伟大统帅用一生来诠释的。

李鸿章的手杖

那天参观格兰特纪念馆时,当知道我来自中国,无论那位雄辩的门卫兼接待员唐·斯坦葛先生还是游客中心那位热情的美国女孩都推荐我去看一下纪念馆后面的"中国总理赠树"。格兰特将军和中国总理还有一段私谊？我颇为好奇。

那两棵树还在那里，种植一百多年后，这两棵特意被铁栅栏围起来的树生长良好，傲立在白皑皑一片积雪中，其中一棵还长成参天大树。而下面两个一尺多宽的中英文铜匾字迹也清晰可见。踏着一尺厚的积雪，我深一脚浅一脚走到树前，环绕半周，捡来一块长树枝，拨开积雪，试图读一下碑文。那是大清帝国当时的文字，李鸿章几个字用的还是广东发音。

原来格兰特还是第一位造访中国的前西方国家总统。

那是1879年春天，卸任不久的格兰特夫妇周游世界来到中国，兴办洋务的北洋大臣李鸿章高规格接待。据说李鸿章自负地对他说：我们两个是世界上最伟大的人，因为我们都镇压了国内最大的叛军。格兰特是美国南北战争的胜利者，率领北军接受南军统帅的投降，而李鸿章则参与了后期镇压太平天国的军事行动，于是把两者相提并论。不过两人的区别是，格兰特以胜利之师宽恕了所有敌方将领和士兵，而李鸿章在攻破苏州城后，将有献城之功的太平军八位降将在一次鸿门宴上悉数杀死，引起并肩作战的洋枪队将领戈登的不满，后者认为李鸿章背信弃义。而戈登和格兰特正是李鸿章一生最敬重的两个人。

在会谈中，李鸿章发现格兰特有个镶嵌宝石的手杖很有特色，接过来把玩许久。格兰特见状有心相送，说这是美国工商界在其卸任总统时送的礼物，他不好私下转赠，回国后询问下工商界，再行奉送。之后他携妻子造访日本，还根据清廷之请，试图调解中日纷争，当时日本正准备吞并琉球群岛。格兰特回国前从日本致信给李鸿章，介绍日本革新气象，指出中国问题在于弱，就跟人身体上的弱一样，需要发奋自强，建议大清帝国对外开放，"广行通商"，向西方学习，以夷制夷，以抵御列强的欺辱，否则日本以一万劲旅就可以长驱直入。这是甲午战争之前的事。

17年后也就是1896年秋，李鸿章访问美国，专门拜谒格兰特墓地，并绕道去其在纽约的寓所，当时纽约沿途有几万人争睹李鸿章尊容。在李鸿章下榻的纽约华道夫酒店，举行过大型招待会，在那次宴会上，格兰特妻子向来宾讲述了手杖的故事，口头征询在场人士的意见之后，在掌声中将这根手杖赠给了李鸿章，完成了格兰特的遗愿。李鸿章深为感动，终生珍藏。

次年，格兰特纪念馆落成之日，李鸿章嘱咐清朝驻美国公使代表他送上两棵银杏树，种植在纪念馆北侧。一百多年后，这两棵树依然茂盛，宣示着中美两国之间的友谊。

李鸿章敬重的格兰特总统和戈登将军都是像三国时期关云长一样的人物，他们虽然尚武，战功显赫，但懂得宽恕，恩怨分明，信义素著，欺强而不凌弱。

下等生和上等生的对决

生于1822年的格兰特是家中老大，父亲是俄亥俄州皮货商人，这在当时是一个很流行的职业。虽然上了西点军校，但那种生活对他没有什么魅力，提不起兴趣。他以低于年级平均水平的分数毕业，以至于无法进入梦想中精英云集的工程兵，也不能加入骑兵，只能分到步兵，走着打仗。不过在墨西哥战争中他很快崭露头角,表现勇敢,也展现了领导才能,官阶升至上校。也碰到了同为步兵的铁哥们,进而认识了未来的妻子,也就是其妹妹,从而开始了一生的爱情。

有了爱情之后的军旅生活更让他不开心,想念妻子和孩子使其一度酗酒成瘾,只好退役回老家。但是在其后的生活并不如意,他建过小房子,做过房地产中介,也当过父亲皮货店中的职员。但是格兰特既不会推销商品,也不会管理财富,日子过得平淡无味,还是他妻子劝他回到军队再试试。南北战争是他发迹的良机,他加入预备役,历次战役中屡战屡胜,之后被林肯任命为北军司令,坚持稳扎稳打、以消灭敌人有生力量而不在乎城池得失的战略,一步步消耗掉南军。尽管他在战场上毫不妥协,命令手下以严酷手段击溃敌人以及敌人后方的补给线,但是对手一旦缴械投降,他则表示了极大的慈悲,攻破城池而不举行入城仪式,给对手以尊严。

生于1807年的李将军则是名将之后,仪表堂堂,举止优雅,在西点军校没有任何不良记录,以优异成绩毕业。西点毕业的学生也分三六九等,最优秀的都会选择当工程兵,次优的去当骑兵和炮兵,只有成绩差的才去当步兵。李毕业后加入美国极受尊崇的工程兵,负责过港口工程,修筑过堡垒,参加墨西哥战争时同样表现优异,被其上司称作是"最优秀的士兵",既能打仗,又会指挥。在中年时回到西点军校担任校长,事业本来一帆风顺,不幸碰到了南北战争。

李将军本来是联邦军队的军官,也和北方人一样反对奴隶制,但他家乡是弗吉尼亚,属于南方,于是他拒绝了北军统帅的邀请,选择为南方而战,与自己的上司为敌。在战争最初的几年中,他显现了出色的指挥才能，经常以少胜多击败北军，还曾几次采取围魏救赵的战术，在胶着的主战场之外派遣轻骑直捣北军首都华盛顿，令林肯政府恐慌不已。他平易近人，有君子之风，极受手下士兵爱戴。即便战败，李将军在美国南方受到的敬仰堪比格兰特，他被认为是战史上和汉尼拔、拿破仑一样的伟大败将。许多历史学家对此唏嘘不已，因为如果他接受联邦召唤，成为北军司令的话，那么胜利者以及未来的总统位置非他莫属。

南北战争是西点军校前后期校友之间的对决，也是上等生和下等生的对决。但是北方代表的是社会进步，拥有的是先进的生产力和机械加工厂，而解放的黑奴则提供了源源不断的兵源。南方那些农场主虽然骁勇善战，人却越打越少，消耗战到最后无以为继。命运就是那么捉弄人，最终，年长的校友被年轻的校友击败，上等生输给了下等生，校长向学生低下了高贵的头。

看到败局已定，李将军不想再牺牲手下士兵的生命，也不接受进山打游击的建议，因为战争是军人的事，不能让妇女和儿童无家可归。他投降时穿着自己最好的军装，打扮得十分有尊严。胜利者格兰特则一身战场上的戎装，未加修饰就接待了老对手。会面时他刻意避开尴尬，客气地回顾两人在墨西哥战争中的岁月，就好像校友重逢一样，给予对手以极大的尊敬。之后，格兰特将军签署了可能是人类大规模现代化战争中最优厚的受降条款：只要南军承认联邦宪法，放下武器回家，他们可以带走自己的战马，高级军官甚至可以带走自己的枪械武器。为了这份承诺，格兰特和部属们连夜为这些俘虏签署了几万张路条，让他们在沿途以至于返乡后不受歧视，依然拥有自己原来的土地和权力。他公开宣称，从今天开始我们不再是敌人而是兄弟。

  一年后的1866年,普鲁士那个著名的铁血宰相俾斯麦在德国和奥地利的战争中,当麾下的普鲁士大军长驱直入已经围困了奥地利首都维也纳时,就在攻城前夕他和对手达成了和平协议,不破城给对方自尊心留有余地。"虽然普鲁士军队以战胜者姿态进入敌国首都,对我们将士是个非常愉快的回忆……"。"因为胜利后的政治指导原则应该不是探究可以从敌人那里榨取多少东西,而是考虑什么是政治上必要的",因为他还要考虑周边大国法国和俄罗斯的利益和感受,也为几年后的普法战争留下了借口。既然政治目的已经达到,就没有必要继续打仗,立即停战就是最明智的选择。

战争越残酷和平就越值得珍惜
——南北战争给人们的启示

美国那场被自己人称为内战、被外人称为南北战争的战争爆发前夕,兵强马壮的南方人普遍热情高涨、勇武好斗,认为只需一场残酷的战斗就能让犹豫不决的北方人放弃统一、让南方独立。而在战争胶着的时候,北方人也开始认识到,只有更加残忍才能让南方人屈服……结果就是双方真的打了一场北美大陆历史上最血腥的战争。

狂热的好战分子

南北战争之前,在废奴这个问题上美国南北方各州陷入严重分裂,于是双方期待着一个对南方奴隶制持温和态度的人当选,总统选举就成了解决分歧的一个救命稻草。结果事与愿违,主张统一,反对将奴隶制推行到西部待开发地区的林肯在1860年当选了美国第十六任总统。南方各州坚决不接受这个结果,认为全国只有40%的选民投了票,离半数还差很远。而《纽约时报》主笔当时写到:"我们的特征、繁荣甚至命运都取决于奴隶制能否扩张。"

对战争的狂热在南方是一个普遍现象,无论地方首脑还是普通的庄园主,无论军人还是平民。如同乡间老财主一样,这些大部分没有游历过欧洲现代世界的种植园主都喜欢看到自己强盛的一面,不喜欢谈论弱势的一面。对这些富裕而又自大的阶层来说,任何反战言论都是谎言,任何理智看待南北方工业差距的人都是异类。如果怀疑能打赢就可能会遭到周围人的嘲讽，就像小说《飘》描写的那样。

南方领袖们也怀疑北方人仅仅为了维护领土统一这个美国人并不太看重的目标而敢于坚持打一场全面战争，他们深信北方那组建年头不久的正规军队根本夺不走南方75万平方英里广袤的土地。而在百姓心中，送子参军、送丈夫去战场则成了南方妇女最感到光荣的事情，她们也都坚信不出几个月，这些经过战争洗礼的男人会凯旋。

当时的南方人看不上北方的正规军，因为这些人没有种植园，没有和土地那种千丝万缕的联系，没有切身利益，也就没有战斗力。他们根本不把职业军人放在眼里，因为军队装备好不到哪里去，没有大规模作战的经验。而南方人平时骑马打猎是家常便饭，集体围猎是他们成年的必修课，有自然形成的野战规矩。南军精英又都是由种植园农场主组成，有种植园就得有黑奴耕作，切身利益所在。其实在南方，战争准备开展得既早又有水准，那些农场主对战争的渴望远超北方，同时他们对捍卫自己家园的热情也高于北方。

美国一直是个平民百姓普遍持枪的国家，也是预备役和民兵人数众多的国家。南部各州从19世纪初期就开始有自发组织的地方武装，或者说民兵，这些人经常组织在一起比赛枪法，误伤事件时有发生。有些地方民兵因为家产丰厚，进口设备多所以装备精良，训练有素。在南部各州的百姓眼中，他们是最早期待武力解决也最具备战斗经验的一群人。

在战争开始时，无论南军北军，都认为一个士兵最重要的素质就是勇气,一个勇敢的士兵给家人带来荣誉,给自己所在的军队带来光荣,而一个胆小的士兵带来的是耻辱。南军官兵则更为冲动,普遍认为战场上的徒手搏斗是个光荣的经历,所以不少人都从家中自带匕首、剑和手枪。有个士兵写到:"我那年迈母亲宁可听到我战死沙场的消息,令其心碎,也不愿意看到我成为一个逃兵。"

冷静的常胜将军

南北战争给社会带来的分裂是十分沉重的。它使得美国从地理上分成了南北方两个部分,也从理念上分成了进步的和保守的,主张人权的和重视阶层的两大势力,泾渭分明。这种分裂不仅昭示了政治理念,还考验了人性。

战争爆发时,大约有1.6万社会中坚力量需要重新做出他们人生中最为重要也最为痛苦的抉择:或者忠于自己曾经服务的军队和国家,或者忠于自己本来所属的出生地。位于北方的西点军校就是一个鲜明的例子,这所在北美以至于全世界都赫赫有名的学校就诞生了对阵双方的最高军事长官。西点前后期校友甚至同班同学都得做出壮士断腕式的决定:一旦他们决定效忠南方,就得和昔日同窗以至于一个部队的战友在战场上为敌。

曾经当过西点校长,又因为自己的显赫名声和优良品质的弗吉尼亚人罗伯特·李将军本来要被任命为北军司令的,但他却选择了南军,因为"不能举起手来宣示对抗自己的出生地,对抗自己的家园,对抗自己的子孙……"另一个同样出身于弗吉尼亚的乔治·亨利·托马斯将军则选择他参军时宣誓效忠的北军,并成为其中最出色的将领之一,他擅长打阵地战,长相还酷似同样出身西点、以下等生成绩毕业,却以征服者身份受降的北军司令格兰特将军。只是托马斯将军在战争胜利后无法荣归故里,因为其隶属南方的家人和亲戚就再没有和他讲过话,直到死都不肯原谅他。

历史上由同一个学校毕业生决定一个国家存亡的事情并不多见,而敌对阵营双方都不约而同选择同一个人当军队司令的例子则绝无仅有。虽然最后成为败军之将不得已率众投降,李将军仍然是这场世纪之战中最出色也最受爱戴的将领。他在几年战争中都是赢多输少,而在自己家乡弗吉尼亚的历次战役保持着一项辉煌的纪录:从未尝败绩!所以他很早就被称作常胜将军,南方人乐观地认为只要他出马就会无坚不摧。可贵的是,李将军本人并不赞同奴隶制,也不愿意南方独立成为一个新的国家,更不希望双方兵戎相见,其视野和情操远在那些狂妄自大的奴隶主之上,只是因为血脉和故土的原因,本来身着北方军服的他才不得不选择为南方而战。时至今日,这位历史上最伟大的败将仍然受到南方民众的顶礼膜拜,如果某个城市议会决定推倒其雕像,那上街示威者可能数以千计,结局可能是一场动乱。

在亚特兰大历史中心博物馆,两名弗吉尼亚同乡,却最终分属于不同阵营的将军遗像被意味深长地陈列在同一个展柜,分列两旁,令人唏嘘不已。展柜中罗伯特·李将军位于上首,乔治·亨利·托马斯将军位于下首。一位矛盾重重、才华过人的降将虽败犹荣,一位以胜利之师返乡的将军始终得不到亲人的谅解,尽管他做出的是经过历史检验的正确决定!

看到这里,我非常理解那种身后进不了家族祠堂的心境。只是,这个展览是向我们陈述一个悲伤历史、还是想说明这场战争本来就缺乏合理性？至少现在人们认识到了，在世界上无论统一某个地区、还是让某个地区分裂出去，最好的办法是民众投票，而不是在战场上兵戎相见。因为合久必分分久必合，无论双方打成什么样，最后双方还是要握手言和。

残酷的战争现实

南北战争打了四年多，一直很胶着，双方打了一阵后都知道没有全胜的把握。实际上，战争初期李将军统帅下的南军占尽上风，北方一度想求和，林肯总统一开始也没有完全废除奴隶制的勇气，他只是在两年后才下决心解放黑奴，这使他在道义上占据上风，也极大地扩充了宝贵的兵源。而南军虽然勇猛，人却越打越少，补给也在北军后来全方位坚壁清野的战略下越来越困难。

战争进行到两年之后，曾经斗志昂扬的南军将士缺医少药，弹药匮乏，士气一点点地低落，他们在北军的残酷清剿之下甚至没有足够的军鞋和棉衣，有的士兵大冬天赤脚作战，而南方却是棉花产地，曾经供应给整个北美，还出口欧洲地区。战争前南方妇女热情高涨地送丈夫参军，之后失去丈夫也就失去经济来源。实际上，这场战争使得几十万人失去亲人、成为寡妇。北军寡妇在战争后期每月有补贴不至于饥寒交迫，南军的寡妇就什么都没有，为此还发起请愿表达不满，而之前她们却是欢欣鼓舞、自愿捐献首饰慰劳南军的。

亚特兰大被攻破是战争的转折点，之前在野的北方民主党一直主张谈判求和、分而治之，使得南军一直存有希望。到了后来南军据点久攻不下，林肯才决心签署法令解放黑奴，以剿灭南方独立分子为目标，同时任命格兰特作为北军总司令。而在这个关键时刻北军悍将谢尔曼将军在长期围困后攻下南军补给重镇亚特兰大，还命令士兵纵火将这个城市夷为平地，那场令人胆寒的大火烧了半个月之久。具有后方大本营意义的亚特兰大被夷为平地后，南军心理防线被彻底摧毁，也使得北军和华盛顿的政治家看到希望，知道赢下战争是可能的。

凶猛好战的谢尔曼将军的名言就是"战争就是地狱"，他和顶头上司格兰特司令不谋而合，在打了几年胶着战后发动了一场全方位的战争，强调不仅要摧毁南方的军事机器，歼灭其有生力量，血洗南军，还要摧毁他们赖以生存的经济基础和依然顽强的战斗意志，只要对手不投降就"清除一切障碍，必要时杀死每一个人，占领每一寸土地，没收每一件财物，让整个佐治亚鬼哭狼嚎，变成地狱"。于是谢尔曼麾下的北军在佐治亚州摧毁农田，烧掉房屋，填掉水井，坚壁清野，让南军食不能果腹、衣不御寒。他在战后也毫不讳言，就是要打得南方人彻底屈服、令他们之后几代人都不敢再有独立念头！

不过，他们对被俘的南军还是以礼相待，提供了人道主义援助，尤其在李将军率部投降时，受降的北军格兰特司令签署了史上最宽厚的停战令：释放所有南军，为他们提供军粮，替他们签署路条通行证，还同意投降的军官骑着战马回老家以便赶上耕作，高级军官甚至可以持有手枪和军刀返乡。

北美历史上最血腥的战争是以最宽容的形式结束的，体现了西方倡导的骑士精神，要打就往死里打，把战争进行得残酷一些；要和就往活里和，把和平进行得宽容一些。让每个降兵都有尊严地离去,让每个对手都有重新生活的条件,浴火重生。这种令人感叹的战争结局或许和在欧洲兴起的人道主义文学有一定关系,当时雨果的作品已经漂洋过海影响到了当时一代人,军官以及士兵在行军打仗途中会围在篝火旁阅读《悲惨世界》这部人性刻画得令人难忘的小说。

挑起争端的南方人有了这次惨痛教训,则真的再没有产生过独立念头!但是战争带来的裂痕却持续了几代,直到今天还能深切感受到。

言行一致和食言而肥

反面人物戈登具有当时典型的英国契约精神：信守承诺，重视个人声誉。即便李鸿章被戈登弄得东躲西藏颜面尽失，也打心眼里佩服戈登的人品和其身上代表的契约精神，以至于拿其和以后成为美国总统的格兰特将军相比。信用是人类社会的一种道德标准和行为准则。我们国家对外开放程度已经相当高了，中西方的行为方式和道德准则也开始趋同，但是食言而肥的现象却不见减少，无论地方政府，还是公司，还是个人。这正是我们努力建设一个现代化法制国家和信用社会的最大障碍。

言行一致指的是说到做到，还有另一个更强劲的说法叫作言必信行必果，出自论语。而食言而肥则恰恰相反，指的是只顾自己的利益而不履行诺言，出自《左传》。可以说我们这个民族在两千多年前，也就是春秋战国时，已经对这两种为人处世的行为做出判断：言行一致者受到尊重，食言而肥者遭人鄙视。令人遗憾的是，我们古代圣贤这样的教诲并未被其所有后代记在心上，而引申出来的契约精神却来自西方。

就这一点说来，有个例子耐人寻味。人们知道，清朝后期最著名的人物是办洋务的李鸿章，据说他平生最厚爱的两个同时代的西方人，一个是美国的格兰特将军，一个就英国人戈登。格兰特是1861年后美国南北战争的北军统帅，经过几年鏖战击败了南方军

第三章　道德是内在的契约

队,统一了美国大陆,开创了美国历史上一百多年的和平时期,其功绩不亚于当年领导独立战争的华盛顿。那么,戈登做了什么让李鸿章如此敬重?

反面人物的信念

在国内现有的大部分教科书中,戈登在中国近代史上始终是个负面人物,因为他曾经在第二次鸦片战争时加入英法联军,打得清朝军队丢盔弃甲,还一路攻入北京,强盗般地烧了圆明园,吓得咸丰皇帝仓皇西逃。但就是这个戈登,几年后却因为镇压太平军有功,被同治皇帝授予提督,那是当时清朝部队中的最高军阶。英国政府也同时晋升他为中校,并授予他爵士,视其为救世主,哪里艰苦派他去哪里,不是远征亚洲就是远征非洲,而戈登也不辱使命。

几十年后他作为苏丹总督在喀士穆被叛军围困时,拯救戈登的声音在社会上非常强烈,已经决定放弃苏丹的英国政府在舆论压力下,专门派出一支军队赶赴苏丹去营救这位大英帝国的民族英雄。由于这支队伍晚到两天,戈登已经战死,没有完成使命,舆论哗然,英国当时的自由党政府被迫下台。

戈登之所以在胜败两方都备受礼遇,不仅因为他军功显赫,统领过常胜军,智勇双全,经常以少胜多,还因为他具有当时典型的英国契约精神:信守承诺,重视个人声誉。1863年12月,戈登率领洋枪队配合淮军转战江浙,围剿那一带威胁上海外国侨民的太平军,在苏州城久攻不下后,以指天为誓保证对方性命的方式招降,使守城军内讧,兵不血刃地攻占了这座太平天国重镇,为淮军立下汗马功劳。事后不久,他的上级、身为江苏巡抚的李鸿章却借口诱杀了所有献城的八个太平军降将和无辜士卒几千人,将之前的招降协议弃之如敝履。

戈登闻之大怒,认为这是无耻的背信弃义,使自己这个招降担保人声誉受损,便提着洋枪登门算账,自知理亏的李鸿章被逼在军营中四处躲藏,不敢出来相见。盛怒之下的戈登下了最后通牒,公开要求李鸿章辞职,以谢违约杀降之罪,否则自己亲率洋枪队掉头进攻淮军也就是政府军,将打下来的苏州城池再重新交还给太平天国叛军部队。

由于戈登反应激烈,杀降这个本来是清政府军内的事件演变成外交冲突,上海外国领事馆官员代表列强及所有外国侨民立场坚定一致声讨,还签署了一项严厉谴责李鸿章的决议告到了朝廷,警告说此事很可能使列强不会再帮助清政府,并可能撤回帮清军打仗的洋枪队和西方装备。李鸿章只好上书朝廷辩解,还在西方人的威胁下公开声明杀降一事与己无关,才了结此事。

以后戈登弃华而去,十几年后再度来北京时,已是直隶总督兼北洋大臣的李鸿章奉他为上宾,还期待用其影响力化解中国和俄国的战争危机,劝说俄国不要进攻中国。

主流思想的缺失

梁启超后来评论此事时一针见血,指出杀降罪状有三:违背公理,食言,负友人。梁启超是个留过洋的中国改革的启蒙者,其理念自然受西方影响,其评价符合国际惯例。

但是,代表中国思想主流、以"理学家"自诩的曾国藩,晚年发出的感叹却称赞这种行径,他说:"此间近事,唯李少荃在苏州杀降王八人最快人意","殊为眼明手辣"。好像在中国历史上,只有心狠手辣才能成就大事,就像曹操一样。

其实在中国历史上,戈登那样的例子应该有很多,仁义之举一直被人推崇,奸诈行为始终遭人唾弃。三国演义中,刘备忠厚仁义,从来就是人们赞赏和学习的对象。而严守承诺、知恩图报、大德大义的关羽甚至被后人封为神灵,供在庙里。就连他在华容道以优势军队截住溃逃的曹操,却又让出通道将其放掉,都被看成是知恩图报之举。他这种宁愿实话实说、冒着回军营可能因违反军令状而被斩首的风险,也不愿意有负于他人的行为,以中国人的习俗,这就是仗义。用西方人的说法,这就是骑士精神。

反观曹操阴险奸诈,耍两面派,出尔反尔则一直是反面人物的代表。历史告诉我们,应该学习刘关张,而非效仿曹孟德。不过即便是曹孟德,提及刘关张时也都是充满敬意。就像李鸿章,即便被戈登弄得东躲西藏颜面尽失还要登报道歉,也打心眼里佩服戈登的人品和其身上代表的契约精神,以至于拿其和以后成为美国总统的格兰特将军相比。

处世准则

信用是人类社会的一种道德标准和行为准则。在古代就有一诺千金的说法,也有用生命来履行诺言的壮举,比如荆轲刺秦王。就像桃园三结义那样不求同日生但求同日死,即使没有人监督,他仍然会信守承诺完成使命。《史记·游侠列传》中写到,一些游侠行为虽然不都正义,却能做到言必信行必果。西方后来的骑士精神也是如此。他们可以效忠一个人并甘愿为之付出生命的代价。

盎格鲁-撒克逊人自古以来就有重视承诺、珍惜荣誉的传统，许多人为维护自己的名声不惜以生命为代价。一百五十年前李鸿章食言那会儿在美国决斗还很盛行，林肯在成为美国总统前就决斗过，可以想象，如果当年他怯懦不敢决斗，可能以后就根本无法竞选总统。

在那个年代，移民美国的许多英国人嗜酒如命，但不是像我们一些国人似的在酒桌上答应的事情过后就忘了。他们在酒桌上可以把家产、跟班仆人甚至庄园契约拿来做赌注，输了的话立即拿纸笔签字画押，承诺立即兑现，产权马上转手。赖账的人会遭到整个社会的唾弃，还可能有生命危险，因为对方可能会立即提起决斗。这就是西方崇尚的契约精神。

历史过去了那么多年，我们国家对外开放程度已经相当高了，中西方的行为方式和道德准则也开始趋同，但是食言而肥的现象却不见减少，无论地方政府，还是公司，还是个人。这正是我们努力建设一个现代化法制国家和信用社会的最大障碍。

契约精神

面对一纸协议，我们习惯找其中的毛病，以便不去执行；而在西方，他们会相反，按照协议规定，找哪些地方没有被履行。因为契约就是契约，签字的东西是被用来执行而非践踏的。

契约精神缺失的代价是严重的，它会殃及民族性格，还会给社会带来混乱和动荡，我们迟早会认识到这一点，尽管现在食言而肥的个人和公司似乎在国内没有受到多大的惩处。

契约不仅仅是口头承诺，还可以是用文字记录下来的合同。如果说在信托作为个人的诚信而托付这点上中西方相通的话，契约精神的建立则是西方人完成的。契约的理论渊源可以追溯到古希腊的亚里士多德，其伦理学中关于正义的论述蕴含着丰富的契约思想，他还提出交换正义的概念。

西方的契约精神并不仅仅停留在古代宗教理念中，还被作为一种社会政治概念运用于政治制度和社会管理手段中，这便是社会契约精神。启蒙运动先驱霍布斯和洛克都探讨过社会契约，洛克还提出了现代信托意义上的委托人体系，直到法国的思想家卢梭写下他的集大成之作《社会契约论》。

在中国历史上，最有契约精神的例证就是白帝城托孤。最值得称赞的受托人就是诸葛亮。在这个事件中，一方面委托人对受托人有高度期待，因为刘备托付给诸葛亮的不仅是其子的事业、前程甚至身家性命，还是整个江山社稷。另一方面是受托人对委托人的承诺与忠诚，即便刘备允许诸葛亮在儿子不成器时可以取而代之，他仍然不能这样做，即便他有足够的实力和威望。

白帝城托孤并没有法律条文的限制，刘备只能在大庭广众之下，给诸葛亮以道德的约束，让其子以父事之，尽管当时帝王所说就是法律。

中外区别

古代的例证足以让人铭记，近代的教训也不能轻易忘怀。

曾国藩和李鸿章是中国近代史上著名的人物，对国家贡献也很大，但是他们不遵守契约精神的行为确实不令人赞赏，也许中国近代史正是缺乏这样一种精神，一种我们古代文明创立并推崇的中华文明，才使得我们国家衰败被人欺辱。

我们公司总经理是很早见过世面的人，有一次说起李鸿章访问德国，获赠一对小哈巴狗作为礼物，那时交通不便，出国一次得个把月甚至更长时间，有狗狗陪伴估计能减少寂寞。多少天后，德国皇帝再见到他时问道：那两个哈巴狗怎么样啊？李鸿章想了想后回答：味道不错！这个故事没有考证，中西方差距大得很啊。

英美现在为荣誉而宁愿牺牲、具有骑士精神的人也许不那么多了，社会移民多，劣币驱逐良币的现象也时有发生，社会上的契约精神也并不如以前那样强。但是他们用后来建立起的信用制度，以文字和记录，约束了这个良莠不齐的多元化社会。信用制度不仅约束个人，也约束公司，甚至用来约束地方政府和国家。可以用一纸私人机构评级公告，逼得公共财政要么破产，要么想法子还债。

时至今日，英国人说到做到的习惯已经不像一百年前那样严谨，戈登的行为已经成为守信的经典案例，但是他们通过制度规范个人的行为，从之前的自我约束逐渐演变成外力约束，所以他们的契约精神仍然领先于世界。反观我们，本来很好的习惯被滚滚而来"朝钱看"的浪潮淹没吞噬，而我们又迟迟不愿意建立起制度上的约束，地方政府欠钱不还的劣习已经成为常态，食言而肥的现象也就日益严重。建设有信用的政府、有信用的社会恐怕是我们未来最大的挑战。

但在美国，中国公司正在为此付出巨大代价，这一两年来在美国的中国上市公司正成为投机者做空的对象，他们首先想到的就是中国公司,因为知道中国人缺乏契约精神,不是报表披露不全,就是财务上不实,总之不能做到完全符合美国证交会的规定,尽管这些公司提交材料时口口声声这样做,还签字画押。

这些投机者甚至敢先做空,再回头找这些中国公司的毛病,结果竟然能够屡屡得手,让中国上市公司在法律上吃官司,遭到美国人"集体诉讼",还要面对市场上股价大跌。

劣币驱逐良币的感悟

劣币驱逐良币说的是当一个国家同时流通两种实际价值不同而法定比价不变的货币时，实际价值高的货币（良币）必然要被熔化、收藏或输出从而退出流通领域，而实际价值低的货币（劣币）反而充斥市场。制造良币的是良行，制造劣币的是劣行。人类最好的状态当然是只有良行没有劣行。行政监管和社会治理到位的话就是魔高一尺道高一丈，良币当道，劣币找不到市场。而监管不到位的话就是道高一尺魔高一丈，此进彼退，此消彼长，就是劣币驱逐良币，就是劣行驱逐良行，其深层因素一定是劣心驱逐良心。所以不能让道德沦丧，不能让劣币猖狂，因为没了道德，文明就一无所有。

劣币驱逐良币（bad money drive good out）是个古老的经济学概念，说的是当一个国家同时流通两种实际价值不同而法定比价不变的货币时，实际价值高的货币（良币）必然要被熔化、收藏或输出从而退出流通领域，而实际价值低的货币（劣币）反而充斥市场。

这个概念是四百多年前英国铸币局长提出来的，当时指的是铸造的银币成色问题，既然劣质或者成色不够的银币和优质银币具有一样的购买力，为什么不用劣质支付，而把优质的留在家中。久而久之，优质银币就退出了流通领域，劣质银币充斥市场。几百年后纸币代替了银币，各国货币是印制的花纸而非铸造的贵金属，背后代表了国家信用,于是这个概念就引申到了市场上的流通商品,引申到了人们日常生活中的行为,甚至引申到了道德领域。在信用制度不健全、监管部门不给力的国家,这样的问题尤为严重。

劣品驱逐良品

多年前回国工作时,首先想到的是买一张北京地图。当时什么百度地图、高德地图等手机网络地图还没有兴起,去哪里都要事先在地图上查好方位,还要问朋友怎么走更方便,这也是常年在国外工作养成的习惯。当时地铁站里每天都有叫卖地图的,一块钱一幅,买的人很多。这种地图质量粗糙,颜色也差,而且一半是广告,实际上,他们卖的不是地图而是广告。尽管如此,买着方便,丢了也不可惜。

后来在地图出版社的同学在聚会时给大家每人送了一幅北京地图,是一种用木盒盛放的绢织地图,黄颜色的,印制得非常精美,我很喜欢,上班时放在包里随身携带,不时查看一下。但是没过两年就发现这个图不太好用,不仅新增的地铁线路没有,一些明显的标志性建筑物也没标明。后来我不得不继续在地铁站购买那种廉价的、布满广告的地图,在眼花缭乱的广告中寻找要去的地方,因为至少上面有新开的地铁线路。之后这个高级地图就被我束之高阁,后来也找不到了。

相比之下,西方国家的地图可以常年使用,常年保存,地铁和公交站也不允许卖这种质次价低的广告地图。而且,巴黎街道不改名字,单行道不改方向,地铁站不改名字,公交线路不改名字,我在那里生活时用的是地图册,跟书一样,有每一个街道,甚至有间断性街道号，拿着这本地图，无论去哪里都一路畅通，按图索骥，一定会找得到，十几年后再去仍然用这本地图，基本上没有多大变化。目前，巴黎仍然是世界上最受游客欢迎的城市，法国依然是国际游客最愿意去的国家，人们去那里寻找的是传统，是历史，是文化。

而在我们国家，尽管道路越来越宽阔，建筑越来越新颖，但是管理者也越来越无视传统文化。在这种急功近利的心态下，路标被随意修改，比如京津塘高速没几年就改成京沪高速，八达岭高速改成京藏高速，京沈高速改成京哈高速。至于环路上的公交车则是如过眼云烟一样，隔一段时间不坐就不知道该坐几路车，有时整条线路都没有了，代之以其他令人傻眼的名称，就连老北京都说不清楚。

所以我们只能用那种廉价地图，虽然粗制滥造，但是更新得快，而优质丝绸地图就只有压箱底的份儿，因为如果我们坚持用它，就只能去故宫、北海和颐和园那种老地方。

劣行驱逐良行

之所以有劣品，是因为有劣行。良币是人造的，劣币也是人造的。制造良币的是良行，制造劣币的是劣行。人类最好的状态当然是只有良行没有劣行，但这是理想国形态，无法实现。人类最不好的状态是劣行当道，邪气压过正气。比如交通就是一个很好的例子。

我朋友王先生考上北大后直接去法国留学，毕业于法国最好的学府，在法国生活工作多年后，被派驻北京担任负责人。有一天,他开车时跟我说,他刚回中国时,开车严守规定,绝不上应急车道,因为那是救命车道不能占用。但是他每天被超车多次,又天天堵着,不甘心看着别人肆无忌惮地超越,反正北京街道已经缺乏秩序,继续坚守交规只能被人当成傻瓜一样,后面的司机还会不停地鸣喇叭,驱赶你快点开,被逼无奈,于是他也就随波逐流了。

我听后说自己也是同样感受,回国后看到路况不好就根本没买车,结果几年后赶上限号,仍然没去凑热闹,所以长时期没车。又过几年朋友帮忙摇到号,买了车也不怎么开。因为在北京开车第一没有速度,经常堵在路上;第二没有乐趣,因为老被人野蛮超车或者按喇叭感觉不爽,想按规矩开车基本不可能;第三是不方便,因为停车是个问题,还要花钱。本来,弃公交转而开私家车是因为既方便又快,还有开车那种风驰电掣的快感,如果这些都没有,开车是为了什么?

结果那辆车大部分时间闲置着,作用基本上是为了占个号。

想想看,如果我们这些本来指望坚守自己的道德底线,规范自己在公共场合行为的驾驶人员,都被一个个赶下公路,而让那些只图自己方便,视生命为草芥,霸占应急车道,随意变线,动不动就按喇叭的那些司机大行其道。那除了监管问题,还能有其他什么解释吗?

实际上,我们国家基础设施发展很快,安装的摄像头比美国和法国都多,到处都是电子眼,大大方便了交通警察的工作,以至于现在北京街头很少看到他们的身影。而如果去纽约,你经常会看到巡逻的警察荷枪实弹威严地站在那里,有的司机心存侥幸,刚想违章停一会儿,就可能被大声喝走,监管于犯规之前。执法者都是城市警察，他们亲临现场，且天天如此，可不是我们所说的协警或者临时工。一旦出现执法问题，他们也勇于承担责任，而不是推三诿四。

如果在东京，则常常看到佩枪的警察骑着自行车巡逻。在欧洲，比如荷兰和北欧等国这也很常见，他们徒手开出的罚单恐怕跟电子罚单一样多。至于超速被警车逼停、违章被开着大灯、鸣叫的警车追逐则是家常便饭。所以西方人在街头尽管很礼貌，他们还是怕警察的，因为后者代表着国家的权威，不容挑战。

劣心驱逐良心

这样想起来，我们国家尤其是首都警察是否太舒适了。他们不会骑着自行车维护社会治安，一定得开着汽车，舒舒服服坐在里面。他们也不怎么在街头踱步，让企图违章的人心生畏惧。而且，我们的警察倒是有点怕老百姓，以至于不敢强力乃至武力制止街头违章甚至违法之人，就像猫不敢捉老鼠一样。而在西方国家街头执法中，没听说警察被打倒在地还不还手的。如果小部分猫怕老鼠那是个体问题，如果大部分猫都怕老鼠就可能是制度问题了。

所以，行政监管和社会治理到位的话就是魔高一尺道高一丈，良币当道，劣币找不到市场。而监管不到位的话就是道高一尺魔高一丈，此进彼退，此消彼长，就是劣币驱逐良币，就是劣行驱逐良行，其深层因素一定是劣心驱逐良心。假如君子斗不过小人，伸张正义的人就少了；假如爱情斗不过金钱，美好婚姻就少了；假如科研回报斗不过炒房者，搞发明创新之人就少了。长期以往，势必造成小人当道，金钱万能，社会风气败坏。

追根溯源,如果劣质的产品流行,劣根的商人吃香,那就一定是劣迹的官员当道,因为其心中的劣心战胜了良心。

和传统儒家"人之初、性本善"的理念不同,基督教认为人之初、性本恶,人生下来就带有"原罪"。双方都有道理,实际上,每个人心里都同时具有行善和作恶的动机,也就同时具有劣心和良心。判断立法者、执法者或者说一个基层官员,最简单的标准就是看其行为出发点是出于良心还是劣心,是出于公益还是私益。如果官员们收钱办事觉得心安理得,不收礼反而觉得太另类,那就是劣心驱逐了良心。

劣心当道、为官不作为、执法犯法是这个社会最大的问题。因为违反道德的成本很低。人们为了自己的利益不断突破道德底线。在法律无法覆盖的真空地带,很多人随心所欲,最大限度攫取自己的利益。

所以,维持一个社会正常有效运转就要发挥两手,一手表彰良心,一手惩治劣行。孟子说"无恻隐之心,非人也;无羞恶之心,非人也;无辞让之心,非人也;无是非之心,非人也"。我们当代社会中"非人"是否太多了?所以要进行持续的教育,从孩子出生的那一天起,当其懂事时就要立规矩,做人的规矩和做事的规矩。家庭的教育是重要的,学校的教育也是重要的。国内不少将孩子带到西方国家后才发现自己的一些不良行为,就是因为孩子们在学校中懂得了更多的规矩,反过来又教育了家长。

惩治劣心则应该加强法制建设,使法律覆盖整个社会、政治、经济、文化、道德各个方面,使那些想钻法律空子的人无处可钻,谁违反法律,谁就会受到十倍、百倍的惩罚,要让其感到得不偿失。

更重要的是要有在法律面前人人平等的意识，执法者首先要守法，要讲良心。治理交通拥堵的，应该带头弃私家车转乘公交，讲廉政的自己不能贪腐。如果这还不够，中国吏治史上的连坐制度或许可以参考，就像国内电信诈骗越来越猖獗，如果政府强制电话运营商和银行承担一定后果，哪家银行职员倒卖客户信息，哪家银行承担责任，而不是现在将制度的责任都推到个人头上，那就会从源头上铲除诈骗的土壤。

所以不能让道德沦丧，不能让劣币猖狂，因为没了道德，文明就一无所有。

守住我们心中的边界

每个人都有两种生存空间：物理空间和心理空间。物理上的空间是我们生下来后，每天都要面对的实际世界，而心理上的空间则是我们想象的虚拟世界。这种心理上的边界最容易混淆，也最容易出问题。如果他卖的是特色虾，其边界或者说底线，就是明码实价，告诉顾客是论个卖而不是论盘卖；如果他开餐馆卖的是特色鱼，底线就是实话实说，野生鱼就是野生的，养殖的就是养殖的。对于执法人员说来，道德就是公心，黑势力或者黑社会的出现并不可怕，可怕的是他们和执法人员勾结。一个人没有边界不可怕，怕的是多数人没有边界；一个企业没有边界不可怕，怕的是多数企业没有边界；一个地方政府管理者没有边界不可怕，怕的是多数地方政府没有边界。

"边界"这个词不仅有物理上的也有心理上的。物理上的边界指国家与国家、地区与地区之间的分界线，国际法规定：国家的边界是指划分一个国家领土和另一个国家领土，或一个国家领土和未被占领的土地之间的实际界线或者分割线，边界是有主权的国家行使其主权的界线。物理上的边界一旦界定就不会变化，除非发生重大事件比如战争。

心理上的边界

不过，心理上的边界广泛得多，而且仁者见仁，智者见智。心理上的边界是可以变化的，不仅随着时代变迁而变，也会根据关系的演变而做出调整：从人际关系上看，亲密程度越高，则边界越小，比如夫妻之间，当男女双方还是普通朋友时，距离很大、边界很大，而双方一旦结合，距离很小、边界也很小；父母和孩子之间的关系则相反，孩子越小时双方距离越小、边界也越小，当孩子逐渐长大，距离增大，边界随之增大；但就个人说来，在强势的人面前边界小，比如面对领导，而在弱势的人面前边界大，比如面对下级；一般的情况则是，在熟悉的人或者喜欢的人面前边界小，在陌生人或者你不喜欢的人面前，边界就大，就像我们常说的有距离感一样。

和每个人都有两种边界的道理相同，每个人都有两种生存空间：物理空间和心理空间。物理上的空间是我们生下来后，每天都要面对的实际世界，比如天空、海洋、地面和人类社会。而心理上的空间则是我们想象的虚拟世界，就像每个人也都有两种疾病，生理上的疾病和心理上的疾病一样。比之有形、看得见摸得着的物理空间，心理空间是看不见摸不着的，但是它始终在你的心中。我们每个人都被一种无形的心理空间环绕，在其中有自己心理上的边界。当我们说"是"或者"不"的时候，我们已经划定了边界，尽管自己可能并没有意识到。

就像奥运会那个五环标志、一环套一环的圈圈一样，每个人在心中虽然有自己的领地，有自己的生存空间，画了一个只有自己知道的圈。但每个人同时又生活在社会上，他的圈圈必然要和别人的圈圈接触,或者相交,甚至部分重合。既然和外界接触,就会产生边界,就会有底线,很多情况下,这种边界其实是由一个人的道德观界定的。

如果是流浪汉,他心中的边界,或者说底线,就是宁可讨饭也不能偷盗,偷鸡摸狗是他心中底线之外的;如果是富翁,他心中的底线,是尽管有利可图也不能唯利是图,不能昧着良心;如果是法官,他的底线是不徇私情,秉公判案,而不是首先想着自己将获得什么,或者怎么样才能让领导满意。

商业中的边界

在餐饮行业,这种心理上的边界最容易混淆,也最容易出问题。如果他卖的是特色虾,其边界或者说底线,就是明码实价,告诉顾客是论个卖而不是论盘卖;如果他开餐馆卖的是特色鱼,底线就是实话实说,野生鱼就是野生的,养殖的就是养殖的。

没有法律规定虾只能按盘,不能按个卖,也没有法律规定野生鱼不能卖高价,不仅中国没有,西方世界也没有。定价是商家的自由,他愿意怎么卖就怎么卖,只要他能卖得出去。同样道理,买家愿意怎么买就怎么买,只要有卖的商家就行。法律和行政规定无法事无巨细,连食物或者小商品如何拆分都要管起来。以后通货膨胀严重的话,花生米按粒、香烟按支卖都有可能,法律也没必要干预。

从这个角度来说,近年在全国闹得沸沸扬扬的那几个宰客餐馆,无论青岛人按个卖虾,还是哈尔滨人高价卖野生鱼,都没有错,因为定价没有边界,也就没有底线。用现代人的话来说,价格没有最高,只有更高。这些黑心餐馆,错在没有道德底线,利欲熏心,蒙骗顾客,模糊按盘算菜和按个算菜的边界,或者模糊野生和养殖的边界,造成吃前感觉像前者,之后才明白是后者的事实,强卖强收。一句话,他们不懂商业的边界是道德!

为什么这么说?因为尽管商家定价是自由的,交易却得遵守法律,能出得起钱的买家又不是傻瓜,引发争议时,商家就要解释为什么自己这样做,同时要拿出证据。如果比较一下中西方的差别,在这种买卖双方可能出现边界模糊、价格高的状况,而外地甚至外国顾客不知晓时,西方国家的餐馆老板和侍者常常会提前告知,避免之后出现不必要的纠纷。他们假如觉得你吃不起,甚至暗示你提早打退堂鼓,免得大家都浪费时间。

多年前在法国生活时,我倒是见过西方店家以藐视之姿对待来自中国的顾客,明白告诉说东西太贵了,言下之意是"您买不起"!之后不肯丢面子的中国顾客为了争一口气,拍下大笔现金买个自己本来不特别想要的东西。

执法者的边界

商业的边界是道德,对于商家说来,道德就是诚信,说一是一,说二是二,别说骗人上钩,就是占小便宜的心态都不应该有;对于顾客说来,道德就是宽容,如果哑巴吃黄连,只要对方不是有意为之,吃了就吃了,花了就花了;对于执法人员说来,道德就是公心,很多情况下是公说公有理,婆说婆有理,无法判断,只能凭着直觉、经验和以往的交易记录。

当下的问题是,不仅是部分商家缺乏职业道德,部分地方执法者也缺乏职业道德，这是最让人悲哀的。黑势力或者黑社会的出现并不可怕，可怕的是他们和执法人员勾结，或者是后者的不作为，任由其形成气候，再来个所谓的"专项治理"。同样的道理，老鼠的出现并不可怕，可怕的是没有猫，或者明明有猫却不抓老鼠。对于老鼠说来，其边界就是不能出现在猫活动的地盘上。而对于猫说来，它们存在的意义就是不能让老鼠猖獗，有一只抓一只，而不是等到老鼠成群、鼠患成灾时再下手"专项治鼠"，换句话说，猫的边界就是让鼠辈们没有边界！

青岛大虾和哈尔滨野生鱼的事件初期处理得都不好。或者他们迫于地方"上面的"压力，或者他们有自身的利益。人们看到的不是诚挚道歉和积极赔偿，而是护盘，保护他们的地盘！那种不应该出现的猫和老鼠同时一起护盘的现象！那时候，老鼠和猫之间已经没有了边界，反而成了利益共同体。只是在媒体推波助澜的情况下，负面信息排山倒海涌来时，一颗老鼠屎已经坏了一锅汤时，才启动第二轮调查，将渎职的当地管理人员查处。只是到了那个时候，全国人民都已经知道青岛大虾和哈尔滨野生鱼都不能随便吃了。

一个人没有边界不可怕，怕的是多数人没有边界；一个企业没有边界不可怕，怕的是多数企业没有边界；一个地方政府管理者没有边界不可怕，怕的是多数地方政府没有边界。所以在我们国家信用制度缺失的这个阶段，一个负责任的中央政府要持续不断地进行这种"边界教育"，针对所有社会人，包括自然人和法人，包括管理者和被管理者，包括执法者和监督者，尤其是后者。

道德的边界

物理上的世界需要成文的法律和规则调节，心理上的世界则需要不成文的道德调节。物理上的边界就是做任何事都要遵守法律，或者说不能触犯法律。心理上的边界就是做任何事都要遵循道德，或者说不能昧着良心。

做任何事都要想到边界，做任何事都要想到底线。就像人们常说的"别过分啊"，其意思就是告诫你不要越界，适可而止。过犹不及这个成语说的也是边界，如果这个界线没有掌握好，做了比不做的效果还差。

大家知道，法律是不严谨的，所以有各种解释，不同的执行方式，所以控辩双方常常就一个条文、一种案情做不同的解读；大家也知道，法律是滞后的，在我们国家则是严重滞后，事件发生了，却没有法规制衡；大家还知道，在不同的国家，法律规定可能是不同的，比如伊斯兰国家和基督教国家就有很大的不同。实际上，即便有法律条文存在，即便有文字的规定，人们也不见得知道，也不见得记住。

所以在现实生活中，规范人们行为的常常不是法律，而是道德。道德可能不是议会投票通过后颁布的文字，也无法像法律判决那样可以计量，它甚至可能连潜规则都不是，但是它就在那里，亘古至今，千万年来人类社会从一种形态过渡到另一种形态，它基本的东西却没有改变。

道德不是法律的补充，道德是人们心中的法律。法律是有边界的，道德没有。比如向恶的边界没有余地、不能伸缩，向善的边界却可以有余地、可以伸缩。

在《悲惨世界》这部人道主义旷世之作中,男主角冉阿让在被神父收留后却偷了教堂的银器。当警察人赃俱获、将其扭送到神父面前时,宽容的神父竟然说这些被窃的银器是自己主动送给冉阿让的,使得后者逃过了牢狱之灾,让这个天良未泯的家伙心灵受到极大的震撼,从此弃恶从善。社会上从此少个小恶,却多个大善。神父违反法律了么?当然违反了!神父违反道德了吗?没有!在道德的指引下,人的胸襟就像雨果描述的那样,可以像大海一样深邃,也可以像天空一样宽阔。

从这个意义上讲,商业的边界是道德,维权的边界也是道德,执法的边界还是道德。

权力金钱和真理智慧

美国学生选择真理和智慧,中国学生选择财富和权力。一个人如果仅仅凭体能获得财富,只能供养几个人;凭技能获得财富,则可以供养十几个人;凭智能获得财富,就可以供养无数人。草船借箭的故事,我们看到了知识用于分析,上升为智慧,再加以胆识,所形成的惊人成果。许多信息来自知识以及知识的积累,尤其是知识的集成。这个世界上最丰富的是物质,比物质更丰富的是生命,比生命更丰富的是人类智慧。

媒体报道过中国中央电视台《对话》节目,那次邀请的是中美两国即将进入大学的高中生。参加者中,美国高中生都是美国总统奖的获得者,中国高中生也是被北大、清华和港大录取的优秀学生。智力上的表现双方各有千秋势均力敌,但是整个节目中在价值观的选择上中美学生表现的巨大差距令人深思。

财富的选择

在价值取向的考察中,主持人分别给出了智慧、权力、真理、金钱和美的选项,美国学生几乎惊人一致地选择了真理和智慧。他们的解释是:如果我拥有智慧,我掌握了真理,就会拥有财富和其他东西。中国高中生恰恰相反,有的选择了财富,有的选择了权力,却没有一个选择真理和智慧。

中美高中生选择的对比直接反映了我们这个社会急功近利的

价值观。这个价值观来自孩子们生长的环境：父母的早期教育，学校的培养以及周围环境的熏陶。在我们国内，有太多智商高条件又好的女孩子都抱有"找个好工作不如找个有钱的好老公"的陈腐观念，周围的人也给她们这样的劝慰，包括很多成功人士！其实，这种金钱和权力至上的观念，既不符合中华民族悠久的历史传统，不符合孔孟之道，也不符合目前宣扬的五讲四美、八荣八耻的道德观。

在我见到的人中间，即便再有钱也不会比罗斯柴尔德家族有钱，因为他们曾经持续八代不衰、近两个世纪控制世界金融业百年。即便再有权也不会比索罗斯有权，因为他手无寸铁只带领一个团队，通过真正的"货币战争"，就击败了一个曾经全球第一强权的货币，那就是英镑；从而击败了一个国家，那就是大英帝国！

对于这些国内高中生，罗斯柴尔德在访华期间曾说过的话或许能让他们深思："中国最好的学生会去学习金融，而我的孩子们选择了哲学。我认为哲学能让生活过得更明白。"也许正是这种对真理的执着追求，成就了这个家族百年不衰的神话，也让他们通过对真理的追逐得到了想要的一切。对目前"向钱看"的中国社会和浮躁的国内年轻人来说，这可能是最有价值，同时也是最智慧的忠告。

知识的效用

如果是在法国，父母如果这样教育孩子将会被人唾弃。即使在人们丝毫不回避金钱的美国，中国高中生的选择也会被认为缺乏教养。虽然务实是个好习惯，但有时更需要务虚，因为知识使人接近真理，也使人变得智慧，有智慧则会有财富。

古希腊有个哲学家叫泰勒斯，一天到晚不修边幅，粗茶淡饭却沉醉于自然哲学研究。而当时就有人指责说自然哲学是无用的，越学越贫困。泰勒斯对此不屑一顾，心想自己之所以贫穷，只不过是我不想发财致富，既然众人诋毁知识和哲学，那就让他们看看知识的厉害。

由于泰勒斯精心研究天文和气象，头一年冬天就知道来年的橄榄要有一场大丰收。于是把他所有的积蓄都投资到橄榄榨油器上，由于其他人还没有醒悟，他付出的代价就很低。第二年橄榄产量果然出奇地好，榨油器因此供不应求，泰勒斯抬高租金大赚一笔变得富有。泰勒斯于是告诫人们：哲学家们只要愿意，是很容易发财致富的，只是我的兴趣不是发财，而是研究科学罢了。

有人说过这样的意思：一个人如果仅仅凭体能获得财富，只能供养几个人；凭技能获得财富，则可以供养十几个人；凭智能获得财富，就可以供养无数人。实战中也常有一个智慧的决策，影响了整个战局的例证，所以有了某某人价值千军的说法。

智慧的力量

《三国演义》中孔明"草船借箭"的故事，则是智慧转化为生产力的例证。在其中我们看到了知识用于分析，上升为智慧，再加以胆识，所形成的惊人成果：首先孔明有知识，因而有先见之明，那就是自己知道但是别人不知道，当天早上会有大雾，所以可以利用之；其次是运用知识来做分析，他知道曹操性格乖戾多疑，即使手握优势兵力，也不愿意在情况不明时贸然出击，免得遭到埋伏；再次就是智慧,他判断曹操会选择一种风险小,又能不失战机的还击方式,那就是放箭,御敌于营门之外,这样孔明就可以将知识转化为生产力,就是不用生产就会有收获的方式;最后还要提到胆识,要敢于在强敌面前摆开决战架势,让对方只能加大投入万箭齐发,于是自己只需少量支出就获得大量收获。

胆识也相当重要,如果分析对了却贪生怕死,不敢冒险集结20条小船前去击鼓布阵,一样得不到十万支箭。因为他们以这些没有装甲的小船,加上区区600名士兵面对十万强敌,一旦布阵前雾散,或者敌人反其道大胆出击,则必败无疑。

现在大家常用的词汇是信息不对称,就是你知道情报而我不知道,你了解的事情比我多,于是知道多的人会占得先机,知道少的人会屈居其后。但是许多信息来自知识,以及知识的积累,尤其是知识的集成。就是说,即使面对同样多的信息和同样杂乱的情报,分析的结果完全可能不同,而从中找到线索从而得出正确结论,则在于分析判断的能力,这种能力就是知识的集成。孔明的智慧,不仅在于他的知识,上知天文下知地理,还在于他根据历史经验集成的分析和判断力,将这些信息总结出一种趋势并加以利用。当他面对同样的天气时,就像现在的天气预报一样,能预测出冬季时节东南风出现的机会,并加以充分利用。

相比之下,知识稍微欠缺的周瑜和不熟悉当地情况的外来人曹操,只知道当时的季节经常刮的只是西北风,一个没有找到战机,一个没有预测到风险。而这样的战机就如同商场上的商机一样,和许多人的习惯性知识相左,有时逆势而来,而且稍纵即逝。从这一点上说来,孔明也是个哲学家,因为哲学是自然科学和社会科学的总和。

低调的作风

有意思的是,被人称作金融大鳄的索罗斯也重视哲学,他的《开放世界》和之前的许多文章都充满哲学思考,我曾经在10年前陪同厉老师夫妇应邀去他家里吃晚餐,那天晚上我仔细观察,一个很深的印象就是,面对的是一个智者和哲人,一个平和、有绅士风度的长者,就像后来见到罗斯柴尔德男爵一样。整个晚上,索罗斯都没有提及自己最熟悉的金融策略,而是谦虚地询问中国经济的发展状况。他自己也说过,如果不是进入金融领域,就可能成为一个哲学家。

哲学家都会举一反三,在面对真理还是财富、智慧还是权力这个问题上,还真有与常人不同的途径:你当然可以像国内的高中生那样直取财富和权力,尽管这样持续不了多久;你也可以像这些智者那样,通过领悟真理和智慧,再去占有它们,那就可能维系百年!

不仅仅在国内,即便从世界格局上看,财富的转移也正在加速:在中国,那些暴发户钱多得花不完时,一定会附庸风雅,吃西餐、听音乐,甚至建剧场,有一个算一个;而在西方,那些破落贵族即使倾家荡产后,也不见得会趋炎附势,有的甚至宁肯清贫,就像中国旧时代隐居的那些志向高远又性格清高的人一样。

或许只是在几十年后回首现在,我们才能理解当今社会真的是太急功近利了!

我们的时代已经逐渐从由体能获取财富进入由技能获取财富的阶段,但尚未达到由智能获取财富的境界。中国还有数以亿计的农民处于凭体能获取财富的阶段,这是思考智慧与财富关系的人们不得不注意的一个严酷的现实!

　　对那些参加过和以后会参加中外对话以及中外交流的国内学生,我要送他们一句格言:这个世界上最丰富的是物质,比物质更丰富的是生命,比生命更丰富的是人类智慧。

第四章 尊严来自契约精神

尊严和谦卑

每个人都有尊严,因为每个人都有权力和人格,至少有做人的权利和品格。这样讲的话,尊严不应该仅仅属于少数人,不应该仅仅和年龄、权力、财富相关,而应该是所有人所具备的德性。尊严是一种自我需求,尊严也是一种人生态度,尊严还是一种处世哲学。有一种谦卑是奴才式的,还有一种谦卑是爷们儿式的,也有一种谦卑是君子式的。所以要"有尊严"和"会谦卑",如果该有尊严时过于谦卑,或者该谦卑时过于自尊都会适得其反。过去讲的为人民服务就是一种谦卑,值得提倡,对领导服务也要谦卑,但不能没有尊严。

尊严往往指的是尊贵庄严,其身份和地位受到尊重,听上去与年龄有关,与权力有关,与财富有关。就像英国哲学家罗素解释的那样:"自尊,迄今为止一直是少数人所必备的一种德性。凡是在权力不平等的地方,它都不可能在服从其他人统治的那些人身上找到。"但是尊严还有另一种解释,指的是权力和人格被尊重,卢梭讲过:"每一个正直的人都应该维护自己的尊严。"那就是说,每个人都有尊严,因为每个人都有权力和人格,至少有做人的权利和品格。这样讲的话,尊严不应该仅仅属于少数人,不应该仅仅和年龄、权力、财富相关,而应该是所有人所具备的德性。

卑谦或者谦卑指的是谦虚谨慎,不高傲自大。卑以自牧或者卑谦自牧,就是说保持谦虚的态度以提高自己的修养。"满招损,谦受益"这句话则进一步指出谦卑还会带来益处。我手上的《现代汉语词典》解释这个词时还用了个括弧"(多用于晚辈对长辈)",好像和尊严一样,谦卑也是一部分人的,其实不然。

尊严是一种需求

尊严是一种自我需求。就跟吃饭睡觉一样,听上去两者好像不在一个层面上,毕竟吃饭睡觉是基本的生理需求,否则活不下去,而没有尊严却依然可以活着。是的,但是那叫作"活得没有尊严",指那种没有需求、不求上进、行尸走肉的状态。实际上,尊严不是财富和权力的专属品,而是每一个人应该追求的东西。

在法国,街头行乞的人也有其自己的尊严。他可以坐在那里甚至跪在地上,用木牌写几句需要钱的话,但是他们不会追着你讨要,行人想给就给,不想给就不给。但是如果被扔来那种买东西不够、放在身上嫌沉的几分钱硬币,他可能追过去还给对方。在美国,公交车上如果给老年人让座,对方可能不买账,还可能反问你:"我看着有那么老吗?"无论乞丐还是老者,要的都是那个面子。志士不饮盗泉之水,廉者不受嗟来之食。就像当代中国人讲的"争一口气"一样,这口气就是尊严,争这口气就是对尊严的追求。

尊严也是一种人生态度。前一段冯小刚饰演的江湖电影《老炮儿》中的落魄大哥"六爷"形象风靡全国,他尽管拮据,张口要钱还是要讲面子,对自家兄弟诚心诚意拿出的几千块可以接受,而对发迹后摆谱的老友几万元都可以不要,讲究的是尊严。即便是街头摆摊的市井小民,挨城管一个耳光也得替他争回面子,因为"打人不打脸",而抽耳光是最侮辱人的行为,所以要讨回公道。

在他们眼里，钱是需要的，但更需要的是"规矩"，后者的价值大于钱，甚至大于自己的命。这个规矩就是价值观，就是他们的荣誉感，就是尊严。以有规矩为荣，以捍卫规矩为荣，尽管可能搭上身家性命。

尊严还是一种处世哲学。说起江湖电影则非《教父Ⅱ》莫属。电影中一个镜头令人印象深刻。那是影片开头一个道貌岸然的国会议员和黑社会老大迈克之间的对话，在那个高个子国会议员无耻的索贿和赤裸裸的威胁后，迈克并没有发怒，只是目光炯炯地盯住对方，然后冷冷地说："一分钱都不会给你！"因为那个议员言语傲慢，当着下属的面侮辱了自己。看到这里我在想，不知道在我们这个社会，有多少人面对官员索贿，能够这样挺直腰板，明明白白地说"不"。

卑谦是一种修养

如果说尊严是一种人生需求，卑谦则是一种做人修养。

有一种卑谦是奴才式的，比如说皇宫中的太监，对上奴颜媚骨，对下横眉竖目；比如说旧社会那些狗腿子，伺候主人时一定弯着腰，一定满脸堆笑，一定把奉承话说在前面；比如抗日战争时期，替日军当翻译的那些汉奸，和神情严厉的日本军官站在一起，一眼就看出谁是主人，谁是奴仆。国内的电视连续剧已经把这些人定格了，只要是狗腿子或汉奸翻译，一定是那些从来都直不起腰的随从。

还有一种卑谦是爷们儿式的，比如说《老炮儿》中的六爷，每次见面时都记得恭恭敬敬地给落魄的邻家老人点烟，体现了晚辈对长辈的尊敬,甭管自己如何独霸一方,甭管长辈混成什么样儿,最后那次六爷穿着呢子大衣、决斗前还不忘了给老人点烟,以示最后的敬意,尤其显得悲壮。导演意图告诉观众,人可以不在江湖,但心必须在江湖,忘什么不能忘了规矩。而这样的规矩常常是该有尊严时要有尊严,该谦卑时则谦卑。

谦卑就是尊老携幼,对那些精力不如自己的给予力所能及的帮助;谦卑就是尊重弱势群体,对那些智力或者地位不如自己的给予同情关照,比如城管之对街头摊贩,比如地方官之对贫困家庭,即便自己是救世主,也要给被救助群体以足够的尊重;谦卑也是向女性示弱,在中国北方,怕老婆的丈夫常常被嘲笑,好像被老婆打不还手就不是男人,其实他们并不是没有力气,而是舍不得,他们是真爷们儿。

也有一种谦卑是君子式的,三人行必有我师,是一种向他人学习的谦卑,而且不仅以善者为师,还可能以不善者为师,可以向比自己强的人学习,也可以向比自己弱的人学习。礼贤下士也是一种谦卑,比如三国中刘备三顾茅庐去拜访诸葛亮,连关张都觉得过分,毕竟尚未横空出世的诸葛亮当时也就是个山野村夫。

如果说奴才式的谦卑是一种自下而上的行为的话,君子式的谦卑则是一种自上而下的行为。如果说奴才式的谦卑是一种人生需求,或者说生存之道的话,君子式的谦卑则是一种修养。其实,一个人可以在维护尊严的同时表现出谦卑。罗素说过:"尊严和谦卑似乎是对立存在的,其实是一种对立统一的关系。"如果视尊严为那种"财贿不以动其心,爵禄不以移其志"的绅士风度,谦卑就是那种"傲上而不忍下,欺强而不凌弱"的骑士精神。而无论这种精神还是风度，国人都有很多要向西方学习的。

尊严和谦卑的情感表达

在《道德情操论》中，亚当·斯密指出人类情感要表现适度，所谓适度，就是在人际交往中让人感到合适的程度，该维护尊严时要维护尊严，对上没有媚骨。该表示谦卑时表示谦卑，对下没有傲慢。

在充斥国内电视连续剧的描述中，不知道何时形成了固定套路，那些土豪劣绅横行霸道时，常常是土豪们动嘴，打人的都是人多势众的狗腿子，对方已经倒地不起，还要再去踢上几脚。真令人怀疑这些描述是不是反映了过去的真实情况，尽管在万恶的旧社会。

在《教父》这部电影中也有打架的场面，打人的则是主子自己，他自己要出气就自己动手，也得冒着对方还手的风险，而其众多保镖，也就是中国人讲的狗腿子，则在一旁维持秩序，目的是不准外人拉架，同时阻止围观者靠得太近，只要是自己主子占了上风，控制了局面，就让他们一对一打去，那也是江湖规则。就像《老炮儿》中讲的"规矩"，一帮人打一个算什么能耐？打架一旦到了尾声，他们会簇拥主人尽快离去，而不是像旧社会国人狗腿子那样，临走还给被打者两句廉价咒骂，踢几次廉价脚，吐几下廉价口水。

这是为什么近几年的那种敌人一打就倒的抗日神剧，在中国观众中被一片喝倒彩，还受到幸存的抗日老战士口诛笔伐，就是因为那些形成固定套路的编剧笔下的描述太廉价、太夸张、太不合理，所以也太让人瞧不起。如果日本士兵那么容易被消灭，为什么抗日战争打了那么多年？为什么美军动用了人类从未用过，至今也没有再用的大规模杀伤武器才使日本人屈服？

电影《教父》中，下属们对主人直呼其名，可以毕恭毕敬，但决不卑躬屈膝，无论在对内或者对外场合中，依然保持着尊严。你也可以说那些保镖也是"狗腿子"，因为他们替主人卖命，这是他们的职业。但是他们不会点头哈腰，也不见得为其拎包，看着他们懒懒散散坐在那里，自由自在喝着酒。作为外人不明就里，你看上去分不清主仆，可能不知道上下。但是，这些保镖会像影子似的不离主人左右，如果危险真的来临，他们会像训练有素的猎狗一般突然冲出来，用生命来保护他的主人。在那场仅有的街头枪战场面中，保镖以一当十，尽管身中数弹，还英勇地向前追杀敌人，直到被疾驰过来的汽车撞倒在地。所以尽管他们平时没事时像猫一样若即若离，爱搭不理的，但是遇到紧要关头会毫不畏惧，最怕的是那种平时阿谀逢迎像哈巴狗一样，关键时刻却像与己无关的猫一样，不知道躲到哪里的那种人。

那些在下级面前处处显摆自己架子的那些人，在上级面前则可能表现得像奴才一样，都是没有自信的表现。就像不尊重别人的人，自己也缺乏自尊一样。过度自尊则缺乏谦卑，过度谦卑则没有尊严。所以无论在什么场合，都不能失掉自尊。尊严就是你走到任何一个地方，都被当作人物而不是一个东西来看待。

所以要"有尊严"和"会谦卑"，如果该有尊严时过于谦卑，或者该谦卑时过于自尊都会适得其反。过去讲的为人民服务就是一种谦卑，值得提倡，对领导服务也要谦卑，但不能没有尊严。

自尊与尊他

自尊指的是自我尊重,是一种修养、一种品格,也是一种对人不卑不亢、不俯不仰,对他人价值充分肯定的处世态度。尊他指的是尊重他人,学会尊重父母,是对父母的孝敬;学会尊重知识,是对智慧的向往;学会尊重生命,是对生活的热爱;学会尊重环境,是对自然的崇拜;学会尊重简约生活,是对奢华生活的一种替代。他尊指的是受到他人的尊重和敬爱,中华文明是受到外国人尊重的,孔孟之道是受外族尊重的,儒学是受社会尊重的。人首先要自尊,之后要学会尊他,内外兼修,只有做到这两者,才能得到"他尊"。

顾名思义,自尊指的是自我尊重,不向别人卑躬屈膝,也不允许别人歧视和侮辱自己;同理,尊他指的是尊重他人,进而指尊重周围所有群体,再进一步指尊重自然环境,因为这是我们自己的生存空间;他尊指的是受到他人的尊重和敬爱,或者是周围人群的,或者是远离自己的,甚至是外族外国的尊重。

具有"自尊"、"尊他",最后赢得他人尊重,也就是"他尊"的人能够更好地遵纪守法、廉洁奉公。因为这些人把这三种尊重当成一种品性,当成一种习惯,当成一种契约,当成一种荣誉。因而是高贵的。

自尊是一种品性

20世纪80年代我刚进中信时，彩色电视机也刚刚进入国内，拥有一个屏幕较大的彩电是许多家庭的梦想。那时我在中信业务部门做中外联合投资国内企业，用现在通行的说法叫作并购。而每个并购几乎都需要引进国外大型设备，都经手几百上千万美元，为此需要货比三家，决定权在进口商中信手中，诱惑因此而来。

当一家香港代理商在多次谈判、报价和出国考察后，私下提出给我买一台彩电时，我第一反应就是自尊心受到伤害，马上拒绝了他的建议。因为不想在谈判桌束缚了自己的手脚，成了吃人家嘴短的坡脚鸭，从而使国内厂家利益受损。这位港商在遭到拒绝后，反而对我更敬重，认为我与众不同，愿意和我交朋友，在多年后去美国时还专门请我吃饭。

以后被中信集团派往国外，我独立在法国和美国工作多年，受总公司委托，也曾经掌管过巨额资金准备收购欧洲企业。在对一家瑞士制表企业进行尽职调查后，我提出终止收购建议，与当时中信欧洲公司领导的建议相左，因为这家A企业资不抵债。

通过这个收购案我感受到：发达国家之所以肯接受来自发展中国家的投资和设厂，看中的不仅仅是他们所带来的投资，更重要的是看中了他们所带来的市场。所以西欧国家接受来自中国的投资和自己去中国投资的本意是不一样的。后一种情况下是以资本为代价，开拓一个新市场，是为它本国的产品找出路；前一种情况下，他也不想向中国企业让出一部分欧洲市场，以符合中国投资者的意图，反而希望中国投资者在中国为其产品找新销路。他们缺的是市场而非资金,不像中国人当时缺的是资金而非市场。A公司如果想走向企业的良性循环,只有:注入新资—寻求贷款—开发新市场。三者缺一不可。瑞士清债专员和银行之所以接受减免债的计划,也都是看中了潜在的中国市场,所以不是注入新资,而是在提供新市场、新订单的条件下,这个项目才有可能盈利。

但作为来自发展中国家的新股东介入后,注资—贷款—开发新市场三任务全背在中信身上,无形中给自己套上了枷锁。我们即使有多余资金,也不见得有为其产品在中国拉订单的能力,也没有这个义务。这个项目明显的特点是,如果投资的话,瑞士企业本身不赚钱,能卖产品到中国则可赚钱,以国内养国外。A公司在中国的两家伙伴用户,都是有影响的国有公司,但它们以国内规定烦琐不能对外投资为由,自己不投资,却极力鼓动我们投资。如果开发出国内市场的话,这两家公司会与我们瓜分国内利润,如没能开发出国内市场,则只有我们一家赔钱。为此我极力建议公司总部撤销这一投资计划。

在这期间,我经受了国内外几方面多重的压力,一方面来自中信欧洲公司,他们已经决定投资,不希望见到反面意见;另一方面来自瑞士企业,他们当然不想放过这个吸引资金填补窟窿的机会,所以不断给我提供进一步的材料,催我再次去考察;当然最有诱惑力的是国内项目介绍人给我的暗示——只要我同意继续收购,他什么都能答应。

我不为所动,继续用数据和分析向总公司领导汇报,最后国内终于采纳了我们的意见,使公司免遭经济上和名誉上的损失。几年后再见到中信欧洲公司领导时,他主动提及此事,感谢我当时的坚持，说当时真是投资的话，投多少亏多少！

尽管我为中信服务大部分时间是在国外，也有相当的决定权，但是在西方国家还是比较好修炼的。我工作过的美国和西欧许多国家都比较廉洁，像我刚访问过的丹麦，那里的人最不能容忍政府官员贪腐或享有特权，他们对公家和公款都自动实施监督职能。多年前丹麦发生了一件移民官员收受中国留学生贿赂的丑闻，涉案金额相当于七万多人民币，也就6位数的水平，和我们国家现在暴露出的贪官相比简直是小巫见大巫，却被这个世界上一流富裕的国家称为"丹麦三十年最大宗的贿赂案"！

诱惑最大的还是国内，一旦贪腐经常上7位数甚至10位数，令人瞠目。回国后我在为公司介绍信托项目时，也多次碰到过资金需求方明确和暗示好处费的时候，有的人在关系搞熟悉后直接挑明，我只好很坦诚地拍着对方的肩膀，告诉他那6位数或者7位数对我来说没多大诱惑力，因为已经过了容易被诱惑的年龄了。

或者说，我不想让我们正式的商务合作蒙上阴影，我不想束缚自己在谈判桌上的手脚，更重要的是我希望自己获得足够的尊重！同时，双方平等相待，互敬互重，而不是留下把柄，没签合同前自己先掉了身价。一句话，自尊和尊他！

尊他是一种习惯

说的习惯，首先要学习，之后才能习惯。尊重他人本来是中华民族的优良传统，但是这种习惯不能被曲解，不能被滥用。更不能将"尊他"当成只对上不对下、只对权贵不对平民、只对富裕不对贫穷的单向手段。

改革开放后伴随着这个社会日益富裕和生活水平的不断提高,享乐主义也开始盛行,阶层分化也越来越严重,以至于一些人过着需要多人服侍的生活,尤其是那些权力大的人。

八项规定之后,反腐败运动进一步深化,一些领导开始重新学会自己端茶水、自己拎包、自己写报告,其实人们对他们要求不高,只是希望他们的日常生活能够自理而已。习近平总书记就痛斥过共产党干部不能成为别人的家奴!这句话直指当下官场中的陋习,切中要害。下级面对上级,如果像奴隶面对奴隶主一样察言观色曲意伺候,慢慢地就真会被领导视为奴才,更为严重的是领导的生活能力就会慢慢退化,他们就会把自己当成个奴隶主,凡事都要有人伺候,直到工作生活都不能自理。那时候一件事就得两个人甚至更多人来干,机构就会变得庞大臃肿,人员就会人浮于事。关键的是这些本来应该为人民服务的共产党干部就会腐化堕落,廉洁奉公就会成为空话。

在旧社会的中国,有钱有势的被称为土豪,有势有功名也做过官的往往被称为绅士,比如说一些退休官僚,比如说乡绅。而当年清廉而又遵纪守法的共产党人看不上他们土里土气的作风和为富不仁的处世态度,称其为"土豪劣绅"。六十多年过去了,今天中国因改革开放富裕起来的人比比皆是,那些为富不仁的暴发户仍然被称为土豪;因权钱交易卖官买官时有发生,那些中饱私囊所谓人民公仆依然是劣绅,而且比旧社会的还恶劣。

如果这些人当道,如果党内腐败分子长期得不到清除,这个社会的弱者就不能获得足够的同情,周围人和环境就不能受到应有的尊重,空气、水源和土地,这些大自然就不能得到足够的敬畏。

进而，我们中华民族五千年历史上那些富贵不能淫、威武不能屈的优良传统就不会被很好地坚持。

在这一点上，西方人已经走在我们的前面，他们通过二次分配，通过税收和各种优惠政策，缩小了贫富之间的差距，体现着劫富济贫的骑士精神。他们不仅在物质层面上，还在精神层面上划定了先后秩序：在汽车与行人之间行人优先，在健全人和残疾人之间残疾人优先，在老人和青年之间老人优先，在男人和女人之间女人优先，总之是一个强者让行、弱者优先的社会秩序，只有这样才能达到社会的和谐和正义，以及在此基础上的可持续发展。

其实，养成"尊他"的习惯其实不难，比如：学会尊重父母，是对父母的孝敬；学会尊重知识，是对智慧的向往；学会尊重生命，是对生活的热爱；学会尊重环境，是对自然的崇拜；学会尊重简约生活，是对奢华生活的一种替代。这些都是日常小事，只是要有好的心态面对。

比如我在公司附近经常骑自行车，面对周围以车代步的同事吃惊的目光，我以微笑对待，因为在国外生活时也常常骑自行车。公司附近西方使馆很多工作人员也自行车代步，中午有时候我骑车路过荷兰大使馆，那里外出吃午餐的个头很高、大腿修长的西方红头发女士每人一辆自行车，从馆内蜂拥而出，潇洒自如，成了亮马河畔的一道风景。

但是我不会指责那些开汽车代步，甚至家里买两辆车以便应付单双号和按号限行的同事，毕竟北京公共交通过于拥挤，不够舒适。每个人都有自行其是的习惯和自由，我只是不愿意开车蜗牛般地爬行在三环上浪费时间，没有"要堵大家一起堵"的心态而已。

朋友问我在北京骑自行车安全吗？我回答不安全，所以我尽量在人行道上骑，免得妨碍那些目中无人的驾车者。但是骑车在附近办事是最方便和廉价的方式，为什么不呢？

比如我基本不用一次性筷子，自备餐具去公司食堂吃饭已经坚持8年，吃完饭简单冲洗放回随身带的餐具盒子中，省水又省人工，到现在和戴手表一样习惯成自然。按照每天早午两顿、一年200天计算5年下来就是2000双一次性筷子，至少节省了几棵树。后来食堂中这样的筷子渐渐少了，大部分都是可以重复使用的筷子了。在我看来，每个政府部门，各大公司，都可以给员工买几个精致的筷子盒作为福利，就是筷子和勺子都有的那种，然后领导带头使用，就像中央领导带头节约那样。同时，食堂要对一次性筷子实施收费，鼓励节俭，惩罚浪费，毕竟细节决定成败。

自带餐具坚持多年，看到独自行动没有影响到周围同事，我就自费买了一批精巧实用的餐具送给他们，以此带动一下节俭的行为。但我尽量避免说教，也避免将自己标榜为环保主义者与大家拉开距离。只是希望"尊他"，也就是尊重环境、避免塑料制品白色污染、尊重自然的风气能够盛行。

我也劝同事们少用食堂的一次性勺子，因为那种又薄又小、质量差的塑料勺经不起热汤侵蚀，那次和集团一个部门的领导早餐时说起这个意思，暗示那勺遇热还会散发塑料味道对身体不好，这位中年领导从善如流当场弃用，直接端着碗喝完剩余的热粥。

他尊是一种荣耀

古代时，中华文明是受到外国人尊重的，孔孟之道是受外族尊重的,儒学是受社会尊重的。战争年代能文能武的叫作儒将,和平年代有学问的商人被称之为儒商,学问之大家则称之为大儒,也就是具有大智慧之人。而儒家文化则最讲自尊,比如子路在战死前还要整理头盔,他们都懂得尊重,都讲究自尊,都尊重他人,从而得到他人尊重。

共产党人更应该讲自尊,讲尊他,并赢得他尊。在战场上,即便面对生死搏斗的对手也是如此。记得有一篇报道讲,解放战争期间孟良崮战役结束打扫战场时,国民党军队的被俘将领要求向战死的长官张灵甫做最后的告别,共产党军队的领导经过考虑同意了这个要求,专门为这个也曾经是抗日将领的国民党悍将,举行了一个安葬仪式,让战败者有尊严地离开,我想当时场面一定令人动容。

千百年来,儒家文化一直受到周边国家包括日本、韩国、东南亚甚至西方人的尊重,对我们历史文化的"他尊"存在已久。而作为这个文化传承人的国人,在改革开放三十多年后,时至今日却被视为蛮族,这对富裕起来的国人真是个讽刺。曾经的我们因为没钱而受到轻视,现在的我们因为太有钱却不获重视,自己是不是需要反思一下?

朱熹认为"义利之说,乃儒者第一义"。"义"是人基于仁爱之心而具有的行为道德准则,"义者,宜也"。"利"则是指人的利益或功利。"义利之辩"是儒家道德价值的核心,关于义与利之间的关系,儒家主张以义制利,强调利益的获取要在道德规范的制约下有秩序地、合理地进行。"富与贵,人之所欲也,不以其道得之,不处也"。

第四章 尊严来自契约精神

中国古代有许许多多令人敬仰的故事，描述了人在"义利"之间进行的选择。比如三国时，即便奸诈多疑的曹操也说过"云长封金挂印，财贿不以动其心，爵禄不以移其志，此等人吾深敬之。"所以才能在其过关斩将、沿途杀人之后，还能力排众议任其自由出境。而"傲上而不忍下，欺强而不凌弱"的关云长也能投桃报李，日后在华容道放曹操一马，自己敢做敢当，回营房甘愿受军法处置。

"义利"面前，每个人的选择是不同的。像关云长的让天下敬仰，万古流芳。而有些人的选择却是遗臭万年。前者获得尊重，后者遭到唾弃。面对利益的诱惑，我们应该首先想到如何做人，其次才想到如何做事，尽管比起那些叱咤风云的人来说，我们是小人物，也要有"穷亦独善其身，达则兼治天下"的胸怀。

因为自尊自重是一种修养，一种品格，也是一种对人不卑不亢、不俯不仰、对他人价值充分肯定的处世态度。我们没有理由以高山仰止的目光去对待领导，也没有资格用不屑一顾的神情去嘲笑下级。假如别人某些方面不如自己，我们不要用傲慢和不敬的话去伤害别人的自尊；假如自己某些方面不如别人，我们也不必以自卑或嫉妒去代替应有的尊重。一个真心懂得尊重别人的人，一定能赢得别人的尊重。而一个自尊自重、尊重他人又获得他人尊重的人，就不会因小利而失大义，就不会跌入利益的陷阱。

所以，贿赂者不应该受到尊重，因为他用见不得人的手段获取先机，从而违背了社会公正。受贿者更应该从道德上予以唾弃，从法律上予以严惩，以维护社会正义。

"自尊"是一种天生的人性也是一种自身修炼。"尊他"则主要靠教育和规则，比如父母和学校的教育，以及对人类社会性的认识,对社会道德和规定的遵守,甚至还具有一定的强制性,比如法律的约束,尊他是更高一层的自尊,人首先要自尊,之后要学会尊他,内外兼修,只有做到这两者,才能得到"他尊"。

从小费谈起

我们为什么要给小费？为什么当地人敢向中国人、而不敢向西方人索要小费？富裕了的国人究竟应该怎样从容过海关还保持着尊严？边检人员公然索要小费也就是近些年的事情，发生地基本都是东南亚国家。小费起源于感激、感恩和怜悯，是对尽职的服务人员的一种奖赏。小费出于自愿，这是一种事后的奖赏，而不应该提前支付。小费不是用来通关的。即便所在国提供了通关方便，也不能以小费的形式作为报答。这是一个常识，也是国际通行的尊则。面对索贿，国人应该具有全民觉悟，群起抵制。

几十年来，随着中国经济的不断增长和人们消费习惯的逐渐改变，世界各地出现了越来越多花钱大手大脚的华人游客，在给当地国家增加旅游收入的同时，也带来了越来越多意想不到的问题，因而受到各路媒体越来越密切的关注。

使人催悲的信息

遗憾的是，这几年进入我们视线的常常是负面的信息，比如在西方国家富丽堂皇的殿堂中公然让孩子撒尿，当地管理人员傻眼不知道怎么处罚；比如在韩国国际机场免税店乱扔包装搞得一片狼藉，害得韩方工作人员只好在那里默默打扫；比如在飞机上争抢座位动手打架造成延误，最后被所在国荷枪实弹的警察押下飞机。

我们同胞有时候像被惯坏了的独生子女,到别的国家也像在国内一样乱扔垃圾,随地吐痰,排队加塞,不遵守秩序。

其他的听着就挺悲伤,比如 2017 年春节期间马来西亚沉船事件,当然最悲惨的当属 2016 年中国台湾地区旅游大巴起火事件了。那次,大陆旅行团整车被烧成一团,二十几人无一逃生。照片上看到那是个白天,公路上车来车往,有不止一个路过的驾车者拍打车窗提醒车内人自救,也试图救援。生命就在车外,只隔着一层玻璃。那辆车的司机或许想自杀并有同归于尽的企图,但是车内应该有些青壮年,也应该找到些利器,从火苗燃起到一切为时已晚至少有几十秒甚至几分钟的黄金自救时间……在那个洒满阳光的日子里,他们却全部丧失了生命,无一生还。

还有一些事情看着就令人匪夷所思,堂堂大国公民出游时被周边小国腐败官员公然索要小费,敢于起来抗争的国人游客居然被当地国边检执法者当众羞辱甚至群殴,被打得住进医院,也不见对方道歉,也无人探视,视我方尊严为无物。这不能不让我们思考:我们为什么要给小费?为什么当地人敢向中国人而不敢向西方人索要小费?富裕了的国人究竟应该怎样从容过海关还保持着尊严?

事出有因的新闻

边检人员公然索要小费也就是近些年的事情,发生地基本都是东南亚国家,像印尼、泰国、柬埔寨和最近愈演愈烈的越南。在 2017 年春节前夕广西东兴口岸那次尤为严重,越南边检不仅层层设卡索要小费,还将中国游客打伤,一时引发国人众怒。

我自己本人多年前去印尼巴厘岛也碰到类似问题,不过当时不是当地人索要,而是从北京陪同我们去的导游同胞发起的。他告诉大家是当地土族风俗,付费后出关方便,免得被问来问去耽误时间。因为要的不多,好像几十元人民币,大家也就没说什么,都爽快地付款。到达巴厘岛后,觉得没有什么异样,给小费与否一样通关,但是和导游已经认识,又被自北京沿途照顾一程,也就没觉得什么。

以后在网上看到越来越多的国家海关需要收取小费,也成了国人去东南亚旅游的一个习俗,也都有共同的特征。首先,缴纳这些所谓的小费都是国内导游发起的,开始于个别国家、还有点照顾地方原住民的意思;其次,这些小费都是缴纳给当地边检人员,而这些坐在岗亭上的都是国门的守护者,换句话说,他们是政府公务人员,代表其国家形象;最后,这些貌似商业行为基本来自我们国内同胞的单独行为,而不是其他国家游客的惯例。比如说,同样去一个东南亚旅游景点,经过同一个边检岗亭,中国人可能缴纳小费,而后面排队的美国人就不交。反过来讲,当地边检人员敢于向中国人讨要而不敢向美国人提及。

源于感激的行为

如果追根溯源的话,小费习惯起于西方,而不是共产主义理想教育下的中国。小费起源于感激、感恩和怜悯,是对尽职的服务人员的一种奖赏。比如餐馆吃饭时食客之对服务生,旅游景点时游客之对导游,坐出租车时乘客之对司机,等等,都是前者对后者工作的一种肯定和奖励。这里也有三个特征:一是所谓小费,说的就是为数不多的现金甚至零钱，有时付费时跟出租车司机说不用找了，也是这个意思；二是给小费既然是一种奖赏，那就是一种自愿行为，做得好才给，做得不好可以不给，因为在此之上前者已经支付了费用，食客付了饭钱，游客付了旅费，乘客付了车费；三是这种行为都是商业行为之外的支付，换句话说，首先得有商业行为，之后才有小费。如果没有商业行为，小费就没有存在的理由。

现在我们明白了，首先一点是，既然给小费出于自愿，而且是事后的行为，那就不能让别人引导、诱惑或者强制。即便导游可以建议给小费，但是不能以此作为要挟，或者作为交换，因为这是一种事后的奖赏，而不应该提前支付。

其次，小费流行于商业领域而非官场，接受小费的是提供了服务而不是表示了权威。从来没有别人表示了国家权威之后，人们还要支付小费的！游客面对的是当地国海关边检人员，他们行使的是公权力，代表的是国家意志，给他们小费本质上说是商业贿赂。想想看，说的是小费，一个20人团队每人50元就是1000元，如果每天通过100个旅游团，那得有多么丰厚的油水，尤其是对这些东南亚国家！

再次，经过多年实践，中国人在东南亚一些国家支付小费通关已经成了陋习，自愿成了任人宰割的羔羊。而且，支付小费后并没有给自己带来什么特殊优惠，该安检还得安检，该排队还得排队。几年过去了，一开始就拒付的西方人继续拒付，一开始就乖乖交的中国人就继续乖乖交，交后还不受尊重，那我们就要问：为什么要支付小费？难道任由外国人把我们当成傻子一样？

令人不齿的行为

说起来,给小费的习惯目前世界上美国最为流行,也是我在美国工作期间一直入乡随俗却心有芥蒂之处。因为之前在法国工作期间习惯了欧洲人的方式,他们也给小费,但是很随意,想给就给,不想给就不给。即便给了,也经常是象征性的,比如吃了一百欧元,留下几欧元零钱。经常是结账后的小费放在那里半天也没见服务生来取。美国就不同,每餐必付小费,而且金额越来越大,现在晚餐已经涨到百分之二十几以上,就是吃掉一百美元得至少支付二十美元的小费,其实也没获得什么像样的服务。关键是在美国一些餐馆收银处,收银员会提醒你支付小费,万一忘记支付,服务生甚至会追出门外讨要,有时会令人感觉不爽。

即便如此,美国人决不会支付小费给边检人员,因为他们鄙视贿赂。边检人员更不会接受,因为他们要保持尊严。吃人家的嘴软,拿人家的手软,在哪里都是这样的道理。而且,美国是个执法严厉的国家,真的碰到这种情况,边检移民官不仅不会接受,反而会将你扣下,再指控你试图行贿。于是成了一种刑事罪行,行贿者会吃官司甚至有牢狱之灾,而不仅仅是罚款了事。

现在我们明白了,小费不是用来通关的。即便所在国提供了通关方便,也不能以小费形式作为报答。这是一个常识,也是国际通行的尊则。实际上,这种做法是赤裸裸的索贿和行贿,其行为是其国际同行所不齿的。而那些提议支付小费的国内导游往往出于个人私益,或者他希望讨好当地官员达到某种目的,或者他可能直接从中分一杯羹,获得额外收入。当然他不会和游客这样说。

碰到这种情况，如果是旅行团就应该集体达成一致，统一思想，索贿的海关人员一般不敢把事情闹大。如果被同行导游逼迫则可以拍照录音，事后投诉旅行社，免得养虎为患。假如独自出行碰到索贿，最好将其录音，留下证据。如果来不及，至少可以做做样子，斗智斗勇，假装无意中掏出手机，从一个兜慢吞吞放到另一个兜，甚至拿在手中若有所思，让对方误以为你是在录音，起到威慑作用。至少让他心里犯嘀咕，收钱收得提心吊胆，有时候这样一些小伎俩还挺有效果。

面对索贿，国人应该具有全民觉悟，群起抵制。这时候需要我们的宣传机器来号召民众，警告对方。索贿带来的金钱损失还是小事，它会影响人们旅游度假的心情，还有损于国人形象，如果我们不去认真面对，坚决抵制，那今后索贿的可能就不只这几个东南亚国家海关，还会蔓延到非洲一些腐败严重的国家，甚至拉美。让支付小费后还不受待见的中国人成为世界各国边检人员的笑柄。

出国要"三尊"

越来越多的国人将出国旅游作为一种消费习惯,也就碰到越来越多的问题。在执法严格的西方国家,过关最好不要挑战那些边检官员的权威,冷静交涉,少说为佳。如果质疑的话也要有合适的理由。出国在外最好不要扎堆,尤其过关的时候。出门在外要自尊,就是不向别人卑躬屈膝、也不允许别人歧视和侮辱自己。只有我们国人受到应有的尊重,不再受欺负,才真算大国崛起了。

国人既不能成为麻烦的制造者,也不能成为对方找麻烦后的受害人。不论面对的是东南亚小国还是西方大国的边检人员。人是有人格的,具有三尊:"自尊"、"尊他",最后赢得他人的尊重——也就是"他尊"的人,能够更好地遵纪守法。

沉着应对的方式

其实,随着改革开放带来的收入提升,越来越多的国人将出国旅游作为一种消费习惯,也就碰到越来越多的问题。东南亚某些国家索贿只是其中一部分而已,更多人经常去的北美遇到的形形色色的问题更大,也更为严重,比如美国对移民倾向的长期盘查,加拿大海关近年来对手机的抽检,以及2018年即将在全球范围内开始的实施的CRS(Common Reporting Standard),即"共同申报准则"。

纵观世界各地入境机场口岸，美国边检是世界上最强势的，和钱无关，和索贿无关，而和其价值观有关。这是一个本国不同机构相互制约，是一个世界少有的边检移民官员可以否决其使馆有效签证的典型国家。只要机场入境大厅移民官几句盘问后觉得你有移民倾向，或者来访目的和办理的签证的种类不相符合，就有权拒绝你入境，之后直接带到小黑屋核查，然后这些佩戴枪支的移民官员兼警察就会像押解罪犯一样将你押送到购票处，让你自己掏钱买一张最早的回程机票回国。我认识的人就有被这样直接从机场赶回去的，还是大公司高管。那可是一次彻头彻尾的蒙羞，比之东南亚索要几十元人民币损失不知道大多少。

加拿大边检在这一点上虽然比美国人柔性，但在执法时同样有较强的独立性，可现场做决定，直接采取强制措施并遣返刚飞到加拿大的旅客。这些CBSA（Canadian Border Services Agency，加拿大边境服务局，简称CBSA）的官员穿着统一制服、防弹背心，配警棍、手枪、辣椒喷雾器、手铐、对讲机，经常摆出如临大敌的场面。近几年来，除了行李，他们开始抽查入境旅客的手机，如果发现其中有未成年人淫秽视频，不仅手机没收，还会将人羁押。他们玩手机的水平堪比国内高手，可以迅速浏览微信，连其中表情包里会收藏的"裸女跳舞"动画都会关注并提出质疑。已经有不少入境加拿大的国人遇到这类问题了。

一旦被加拿大边检列入"黑名单"，则6年无法翻身。这些幸运中选的人之后每次入境都会受到严格检查以至于单独搜查，而且CBSA的官员有权不必提前告知本人，还无须说明原因，这些蒙在鼓里的人也不会因之后被检查时表现良好而缩短其在黑名单

第四章 尊严来自契约精神

中的年限，黑锅一背到底！

此外，全球一百多个国家已经签署了 CRS（Common Reporting Standard，"共同申报准则"）。参与国承诺其本国金融机构将会把他国税务人在本国的账户信息自动汇报给其税务所属地，以此打击跨境逃税交易。从 2017 年开始分步实施，大约在 2018 年年底，中国政府将掌握中国籍居民在 CRS 参与国或地区的金融账户信息，包括存款账户、托管账户、现金价值保单、年金合同、持有金融机构的股权/债券权益。比如在加拿大的投资者，只要不是加拿大公民，加拿大税务局（CRA）将把以下信息交给中国政府：姓名、身份证号码、住址、生日，以及账户号码、账户余额，房产，股票持有、其他实物资产等。披露内容还包括相关账户中每年出现的重大交易情况。所以这些国家不再是国内富裕人士的避风港，实际上，中国人在国外尤其是北美涉嫌逃税、洗钱的事时有发生，被起诉时往往损失惨重，不仅要补税、接受巨额罚款，还免不了牢狱之灾，尽管这些钱是通过正常渠道过去的。

所以，在这些执法严格的西方国家，过关最好不要挑战那些边检官员的权威，冷静交涉，少说为佳，一旦他们做出决定，经常不容置疑。如果质疑的话也要有合适理由，比如种族歧视，性别歧视，等等，用这些国家经常发生的案例，以其人之道还治其人之身。

简易可行的窍门

出国旅行就得过关，人人都有过关经历，但是有人顺利有人就不顺利。对于国人说来，要学习的地方还挺多的。因为到什么山唱什么歌，不能拿国内的习惯比对国外。如果有什么告诫的话，首先建议出国在外最好不要扎堆，尤其过关的时候。因为扎堆在一起常常不顾周围环境大声讲话，引起反感。在国内排队大家都有从众心理，专门找短而细的队排，在国外尤其是西方国家则不一样，短的队伍可能不是你应该去的，而那些蜿蜒如蛇的队伍才是你应该去的地方。因为那些短的队伍往往是其当地国公民排队的地方，他们的护照有单独的处理方式，处理得快、窗口又多，所以往往比较短。国人经常乱排一气，之后发现错了再重新排队，耽搁的时间更长。

其次，上下飞机尤其是过边检时一定不要蜂拥而上，好像晚了一点就没座位似的。中国人上飞机还能按秩序排队，下机时往往跟屁股下有弹簧一样，飞机刚停稳就腾的一下集体起立，之后全体一致瞪羚一样盯着前方开门处，再急匆匆奔向边检。空姐只得一遍遍提醒舱门还没打开，请大家坐着等候。也多次看到美国和加拿大边检人员在中国航班入港关口加大警力，几步一岗，那些边警身着黑蓝色制服，腰挎手枪，一个个神情严肃指示着方向。这时候需要的是从容。如同超车快了几分钟、遇到连续不断的红灯可能等候更久，出了事故则更加得不偿失。俗话说欲速则不达。不要东张西望，你的每一个举动都可能被严密监视，大厅里遍布摄像头。西方人鄙视加塞行为，也对那种行事匆匆的做法不以为然，他们习惯于慢慢来。

再次，要提醒的是过关其实有窍门，就是过查行李的海关时应该放慢脚步，看看前面发生了什么，是否有人被查而牵制了一些海关人员，这时过去是最好时机。比如入境美国和加拿大带肉食是禁止的，当地边警都会用中文问是否带了"牛肉干"。如果碰到带着警犬的边警,肉干即便在塑料袋中都会被闻到。这时只需要绕道而行,离它远点,或者等着有人行李被抽查吸引了警力和警犬,就从旁边大摇大摆走出就行了。毕竟带点小吃没什么大不了的,而警犬也有懒惰怠工的时候。

自尊自重的习惯

长途旅行,尤其是在飞机上睡了一觉后,下机前最好整理一下仪表,避免蓬头垢面见那些面无表情的边检人员。同时最好想一下如何应对盘查,尽管自己觉得没有携带什么违禁品,也没什么违规之处,但是到了人家的地盘就由不得自己。下机后则要察言观色,沉着镇定,因为没什么大不了的。

比如入关加拿大时,接受边检第一线工作人员的问话并查验身份,他们平均对每名旅客的问话时间是几十秒,不到一分钟。他们要在这么短暂的时间内,决定旅客的申报是否有撒谎、不诚实的地方,从而决定是否需要请旅客留下来继续询问,以及是否要检查其携带的行李。他们是透过简短的问题观察入关者的反应,而其提问经常是千篇一律的,事先在网上做好功课会大有裨益。

保持平常心很重要。同时无论在哪里都得有自尊和尊他的心态,只有做好了这两点,才能赢得他尊。出门在外要自尊,就是不向别人卑躬屈膝,也不允许别人歧视和侮辱自己。同理,尊他指的是尊重他人,进而指尊重周围所有群体,再进一步指尊重自然环境,因为这也是我们自己的生存空间;他尊指的是受到他人的尊重和敬爱,或者是周围人群的,或者是远离自己甚至是外族外国的尊重。

假如个人做到了这点,仍然成为对方欺辱的对象,就要现场提出抗议。如果在北美碰到边检人员有不公平、不礼貌、太过分的举动,最好的办法是立即要求找上司解决问题,当然也可以事后投诉,只是一个礼拜之后无论谁都很难查清当时的情形究竟如何。西方国家有这个相互制约的机制,这时候需要勇气来捍卫自己的尊严,也不用害怕对方给自己穿小鞋,只要正义在自己手里,他们就不敢。

至于在东南亚某些国家发生的大规模公开索贿,已经不是单纯的个人行为,我们单个旅行团也独木难支。那样就需要国家在背后的支持。就是适度报复,不能让其他国家肆无忌惮羞辱国人。外交抗议是一种办法,但不是唯一的办法,我们总是听到外交部提出抗议,之后就没了下文。因为这种廉价的外交辞令不会让对方有切肤之痛,只能起到敲山震虎的效果,要让对方实实在在感到痛楚。行政手段一样可以利用,比如拦截对方过来的人员,就像相互驱逐对方外交官一样,简单粗暴,没有原因,也不用多解释,让对方自己想去。

就像湄公河惨案后,我方军警越境抓捕毒贩,越境打击一样。对缅甸毒贩杀害中国船员的组织者要以牙还牙,甚至深入其国外的老巢,像美国人常搞的那样定点清除。美国和俄罗斯都这么干,为什么中国不能?比如对那些以网络电话诈骗国人血汗钱、养老钱、治病救命钱的人不能手软,直接对其进行审判,而不理会其他国家和地区的抗议。至于对愈演愈烈的索贿行为,抗议没有效果的话就应该实施制裁,让他们感到痛了。

现在我们常常说大国崛起，只有我们国人受到应有的尊重，不再受欺负，才真算大国崛起了。

医德和患德

当患者是真的不易,当患者得低三下四,因为不仅要面对生理上的疾病,还要面对心理上的痛苦。当医生其实也不易,医生一天得看几十个病人,他得有多强的脑力和体力,以及精神上的抗压力。我们作为患者只是偶尔有病才去医院,而医生则天天面临这个乱哄哄、被病人折磨的环境。西方国家的医院,诊所安静,护士礼貌,医生耐心,让你觉得受到尊重,所以病人尊重医生,也尊重护士。讽刺的是,我们国家医疗环境嘈杂,但医生们反而比国外西方同行更有经验,毕竟做过上千例手术的感觉和只做过几十例的不可同日而语。其实西方国家医院有很高的误诊率,这也和他们患者少、医疗经验不够有关,误诊率是客观存在的。医者有医德,患者有患德,这个社会就会更加宽容,就会更加安定。

看病就医,病人选择了医院,医院同意治疗,就形成一个契约关系,医患双方都有尊重与被尊重的权利和义务。医生要有"医德",就是当医生的品德,尽心治病、尽心负责,负有救死扶伤的精神。患者则要有"患德",就是当患者的品德,信任医生,宽容待人,接受失败的结局,具有契约精神。如果双方都各自有德,中国医院就不会出现那么多医患冲突,那么多异军突起的"医闹",那么多家属不签字、不交费,医院就不施救,导致病情恶化甚至丧生的可悲案例。

第四章 尊严来自契约精神

医者和患者的难处

在我们国家,当患者是真的不易,因为不仅要面对生理上的疾病,还要面对心理上的痛苦。即便生理上的顽疾可以忍受,心理上的压力也难以消除。当你走进比菜市场还喧闹的门诊大厅;当你面对数也数不清的攒动人头;当你寻找一个个标注不清不楚的窗口,当你面对毫无表情的医生,当你吃惊地看到那些直接推门而进根本把他人隐私视若无物的患者,当你被那些收银员把钱和卡扔来扔去,当你被药房工作人员像傻瓜一样训来训去,你真的会诅咒这辈子再也不来医院了——不久后你还不得不再去!

我们在北京工作、生活,有幸去的都是大医院,即便如此,经历也好不到哪里。那次滑倒后手掌割破一大块肉,被朋友送到朝阳医院,在他和其他北京人一样辛苦找车位时,我捂着流血的伤口,从问讯台开始排队,到去急诊问询医生,之后挂号、缴费、取药,再找医生缝合一共排队六次,前后将近一小时,还是急诊。我当时就在想幸好是壮年,也只是一只手受伤,还有一只手可以缴费取药,但是如果我腿伤了,走不了怎么办?这么多窗口和那么多队要排,连需要打针的麻醉药,都要自己专门排一次队,买好后亲手交给医生,否则就不予医治。

为了抢时间,我也曾经和前面排队的人商量能否插下队先缴费,毕竟手伤流血,一片肉已经脱离、再待一会就超过6小时最佳缝合期了,之后即便缝好,也不见得长上。结果那个妇女冷冷地说,她父亲患的是尿毒症也不能等,我就乖乖回到队尾了。毕竟我手术延迟后果也就是落下个大疤痕,而她父亲那个病则有生命危险！

不过，在国内当患者得低三下四，当医生其实也不易。因为病人面临的环境，同样是医生面临的，即便他穿着白大褂不会被收银员和医护人员呼来唤去，但是正在看病中，被人不打招呼就进门问询，也会感到不爽，他会觉得缺乏起码的尊重。想想看，医生一天得看几十个病人，且天天如此，他得有多强的脑力和体力，以及精神上的抗压力！此外，我们作为患者只是偶尔有病才去医院，而医生则天天面临这个乱哄哄、被病人折磨的环境。

所以，既然患者都不尊重他，他为什么尊重患者！

所以，自尊和尊他是这种医患关系的基础。

医生和医术的悖论

西方国家医院的人态度友好，诊所安静，护士礼貌，医生耐心，让你觉得受到尊重，所以病人尊重医生，也尊重护士。我在欧美生活期间都住过院，西方国家的医生和护士都会微笑，那种嫣然微笑，然后俯身注视着你，让你觉得温暖体贴。此外他们都有幽默感，时常轻松化解难题。其实我们中国台湾地区的医患关系也很好，那里的年轻女护士，操着闽南腔普通话软语轻轻询问，连打针前都会跟你柔柔地说"只有一点点痛哦"。不少北京去的男性患者还没看上病，心灵就被这些白衣天使融化了，这时候想让他们和医生吵架都难！

讽刺的是在我们国家嘈杂的医疗环境中，医生们的医术并不差。事实上他们中的不少人反而比国外西方同行更有经验，毕竟做过上千例手术的感觉和只做过几十例的不可同日而语。西方国家医院有很高的误诊率,这也和他们患者少、医疗经验不够有关。要不就是医者不认真,或者没有用心。但是西方人有一个好习惯,可以在某种程度上弥补他们经验的不足,那就是在同一家医院建立单一患者病例,长期如此,这些年还都是电脑记录。这样,医生在接待病人前就已经翻阅病例了,而不是每次都由病人主诉。因为病人完全可能忘记病症关键点,另外他对自己不同时期的症状和病由不能建立有机联系,从而不能给医生提供判断的依据。

有一次在谈及国内医生看病匆匆,几分钟打发一个患者,有时不能准确判断时,我的一位医生朋友,建议我以后有病先请专科医生吃饭。这个听上去有点另类:去医院因为有病而不是用时间去交际,有的病还吃不下去饭,怎么能为此先行请医生?再说了,即使病人有心境和条件,医生也没时间和你吃饭,明知道这是鸿门宴!不过细想起来,这却是一个让医生了解你的合适方式,因为一顿饭下来至少一个小时,人家既然来了,就不好意思吃完就离席而去,总得坐着天南海北聊一会儿吧,之间能让其知道你的生活习惯,以便找出病因。而且席间还有其他人插话或者恭维,让医生有时间思考,甚至引入其他相关话题,令其举一反三,将病症和生活习惯建立起联系,从而对症下药。

唤醒医生的良知

中国人有句俗话叫会哭的孩子有奶吃,如果碰上无良无德医生,当然要申诉,还可以诉诸法律。除此之外,即便诊断错误也最好不要医闹,而是讲道理摆事实,唤醒他们的良知。有时候这样做是要付出代价的,就是病没看上还惹一肚子气,也说不定还有意想不到的效果。因为他们的无良并不是出自本身，而是这个社会环境，恶劣的就医环境不仅让国人患者，还让医生的良知逐渐麻木不仁，如果他开便宜的药品治病，则可能遭到同事指责和医院罚款。

但在那次协和医院西城分院，我还是忍不住教训了那个大个子医生，因为他那种漫不经心的态度，对病人那种居高临下的气势。和这个医生几句话之后，已经都让我很不爽，就告诉右腿因为静脉曲张手术过，现在站立久了右腿发沉。他听后竟然像遇到传染病患者那样，让我挽起裤脚，然后从距离一米之外的桌上探头看了一眼，之后就不再理睬，拿出笔准备写两句病历打发我了。瞧病前后不到两分钟，对话三句，而且当时已经中午无人排队，我是最后一个患者，他多问两句也无伤大雅。

大个子医生冷冰冰的态度最终使我不由得怒从中来，心想一定得让他像个真正的医生那样，至少用手摸一下静脉曲张的位置。于是我不再谦卑，挺起胸来正色告诉这家伙，自己的工作比他忙多了，以为你比我尊贵吗？今天我不要你看病了，但是要让你知道如何面对患者！在我突发气势和淫威之下，那家伙慌了神，顺从地低下头，口里直说，"对不起"，"对不起"。

结果那天我一边跷起二郎腿让他亲手查验，一边痛快淋漓地数落他，发泄心中对医院的怨气。这个倒霉的大个子医生知道碰上厉害的患者了，老老实实蹲下来看我没什么大毛病的右腿，一边恭谦地听我教训，不住地点头称是。我则低头看着这个大个子，心里想如果真的打起来，自己还真不见得是他的对手。

既要医德也要患德

在这个医患关系紧张的社会，人们呼唤良医，人们指责庸医，人们更痛斥那种医德尽失只顾赚病人钱的黑心医生。不过，凡事都有因由，都要一分为二，如果医患关系不好，病人难道没有问题，没有改善的空间？俗话说一个巴掌拍不响，为什么几十年前人们吃不饱穿不暖的时候这种关系不紧张，现在大家都有钱了，关系反而紧张了。

医德和患德是一种对立统一的关系，究竟先有医德还是先有患德？如果只有医德没有患德，或者只有患德没有医德该怎么办？在相互信任的人际环境中，这种对立会比较容易化解，关系不至于紧张，如果相敬如宾，双方关系就会呈现螺旋式上升越来越融洽。否则就会呈现螺旋式下降，两者之间的对立越来越激化。

医德和患德的生存环境，既和外部生存环境有关，也和自身修养有关，对医生来说，有德才有医德；同样，对患者来说，有德才有患德。如果本身无德，也就谈不上医德和患德了。这时候，就需要社会纠偏，社会纠偏有多种形式，法律的、规定的、舆论的，比如口碑的、乡里乡亲的、口耳相传的。

我们一生中不会每个人都有医德，因为我们当不了医生；但是我们这辈子一定会当患者，因为我们一定会生病，一定会被救治。同样的道理，即便自己也是医生，也不见得能够医治自己的病，所以也是患者。既然我们早早晚晚都会当患者，就应该学着做个好患者，理智地对待病情，宽容地对待医生，即便他犯了错误，只要不是有意为之，就要有容错的心态。

如果我们都是好患者，就不会有那么多的医闹，就不会有那么多医生被打被杀，而我们自己的病情也会得到恰如其分的诊治，也会得到医生的尊重。如果我们都是好患者，医者有医德，患者有患德，这个社会就会更加宽容，就会更加安定。

家庭的秩序

老教父告诫在场所有做丈夫的:"一个男人如果不照顾家人,不花时间陪伴家人的话,就不是个真正的男人。"真正的男人是顾家的,会施爱于每一个成员。家庭是个人最温馨的社会单元,家庭是唯一能给人最初和最后慰藉的港湾。老教父对婚姻是忠诚的,贫困也好,富裕也好,始终和他的意大利妻子相濡以沫。有家庭观必然有责任感,尽管责任感则不只是来自家庭观。老教父的人生观受到尊敬,电影中的台词被人背诵,就连他们讲话的意大利口音都让人模仿。你很难想象一部电影,而且还不是多大成本拍摄的电影,受到如此广泛的追捧,经久不衰,历久弥新。

专业外语的人都知道,看书学习中有精读和泛读的说法。顾名思义,精读就是仔细阅读,理解文中意思,记住其中词汇,甚至能够背诵其中段落。泛读就是泛泛阅读,粗略知道大概,温习一下常用的词句,看过就过去了。

其实读书也是如此,如果有时间最好多看,就像那句古语说的:"读万卷书,行万里路。"没有太多时间的话,就要选些自己喜欢、难度又不大的书籍阅读;如果脑筋好,记忆力佳就读些杂书,各种领域都涉猎些;如果时间不足,精力不够,脑筋也不灵光的话,建议读些历史上的名著,拿出有限的时间和有限的智力时常温习之。就是说,只读那些能提起个人兴趣的、耐读的名著,之后最好不断地精读,重温经典,直到有所收获。

比如我鼓起勇气用英文读第一部小说《教父》,之后多次重读部分段落甚至全书,不仅在阅读中享受了乐趣,还学习了外语。至于之后改编成好莱坞大片风靡全球的那部电影,从20世纪80年代引入国内后就看过很多遍了,欣赏了白兰度、帕西诺等人出神入化的演技,享受了跌宕起伏的情节,还学习了那么多的人生道理。

家庭观

和许多人一样,我也是从《教父》这部电影,而不是其原著开始着迷的。不过电影和原著一样,描述最细致、给人感受最深的就是家庭观。序幕刚刚拉开,由白兰度饰演的老教父表达了对大儿子托尼的不满,因为后者结婚后还和别的女人鬼混,在对其不检点行为公开表示轻蔑后,告诫在场所有做丈夫的:"一个男人如果不照顾家人,不花时间陪伴家人的话,就不是个真正的男人。"

在这个不怒自威、一言九鼎的老教父眼里,家庭是个人最温馨的社会单元,比在此之上的任何社会组织都值得信赖,无论什么警方、议会甚至法院,所以要花时间维护,花时间陪伴,花时间交谈。瓦解男人意志的或许是情场,也可能是职场,社会可能过于冷酷,但家庭则是唯一能给人最初和最后慰藉的港湾。

《教父》这部小说出版于1969年,改编成电影是在1972年,正是中国灾难深重的"文革"时期,在那个时代,所谓的革命意识代替了家庭意识,所谓的党性代替了人性,人们缺乏亲情,缺乏人本的那种东西。直到现在,那些以自己工作忙碌,以至于无暇看望年迈父母,陪伴妻子和照顾幼小子女的还大有人在,大众媒体还热衷于宣扬这种理念。每次看到这样的报道,心里都忍不住要咒骂他们,事实上好多贪官污吏都声称太忙无法陪伴家人,但是他们可以整晚陪同领导去吃喝玩乐毫不含糊,更不用说那些在外用公款长期包房供养小三的,他们当然没有时间回家。按照老教父的说法,他们都不是真正的男人。

真正的男人是顾家的,会施爱于每一个成员。即便像老教父那样,冷酷表情之后也藏着深深父爱:当对行为莽撞、情绪冲动,和纽约毒枭谈判时多嘴的大儿子,不动声色地指责时;当对性格懦弱、在危机时刻不敢冲上去保护自己的二儿子宽容以待时;当在婚礼现场,小儿子迈克不到场就拒绝拍全家福时;当重伤住院又面临黑帮再度谋杀,突然看到冷静沉着,和自己年轻时一样的迈克,孤身前来保护自己流下眼泪时;当听到养病期间心爱的小儿子为救父亲,涉嫌杀人亡命海外为之心碎,向手下示意自己想一个人独处时,这个铁一般意志的老教父展示出来的男人式的爱,无法不令人动容。

在生命最后的时光,阳光下的家中花园,枪击后身体没有完全恢复,疲惫不堪的老教父和小儿子迈克,也就是未来的小教父坐在一起,说出了自己本来的期待,同时也留下了看似简单却让其后人终生受益的格言:"我费了一生的精力,试图不让自己变得十分粗心。女人和小孩子们可以很粗心,但男人不可以。""我为自己的家族工作,拒绝成为大人物手下的傀儡。"

因为在那种警匪勾结社会中,男人粗心的话,丢掉的可能是身家甚至是性命。因为在那种贪腐成风的官场中,成为傀儡的话,丢掉的可能是尊严,而这正是黑帮老大最看重的地方,也是这场硬汉与硬汉之间最温柔的对话中，长辈能给予子孙的最诚挚的教诲，家庭和血缘关系是永恒的，父子的亲情在这里显露无遗。

忠诚度

对家庭的看护还意味着忠诚。

老教父对婚姻是忠诚的，贫困也好，富裕也好，始终和他的意大利妻子相濡以沫。在外他掌握生杀大权，对内则是称职的丈夫，在打打杀杀成了家常便饭的黑社会中，他没有向妻子动粗甚至大声骂过，因为"她没给他这样的理由"。小教父也是忠诚的，社会上那么多的诱惑，他也掌控了赌场、声色场所和那么多年轻貌美女人的命运，但是和父亲一样，认为在情场和性生活方面的随意会瓦解一个男人的意志，从而影响其作为决策者的判断力。

他们对友谊是忠诚的。只要成为朋友，他们可以拔刀相助，替女儿被施暴打断下巴的朋友解决在法庭上解决不了的问题。既然那几个很有来头的打人者，无法在公开场合被处以公正的惩罚，那就在私下里让他们断胳膊断腿，住院时间比受害人还长，从此以后他们就会胆战心惊，不敢正视受害女儿一家。

如果对家庭不忠，那么最轻的处罚就是严重警告了，即便是自己的亲人。拉斯维加斯的那场疯狂派对，在视美女如无物的小教父迈克的坚持下戛然停止，最终变成一场对手之间的激烈较量，迈克当着众人的面告诫自己的哥哥："尽管我爱你，但不要联合外人对抗自己的家族，永远都不能。"

那是一种明白无误的警告，看上去不带威胁，却暗藏杀机，无视警告之人将会受到严惩，背叛者将会丢掉性命。保利是家族中备受器重的打手,因为替对手通风报信置老教父于死地而被处决。那场戏拍摄于哈德逊河西岸一片深秋的芦苇荡中,远处是帝国大厦和纽约自由女神的巨大塑像,报应就是如此简单,有时连警告都可能没有。

至于勾结外敌、暗地里设下圈套害死兄长的妹夫卡洛,自然罪不容赦。但他毕竟是妹妹的丈夫和自己教子的父亲,即便掌握了一定的证据,小教父迈克还是循循善诱,安排了处决前的家庭审判,让卡洛自己亲口承认犯罪事实,之后在行驶的汽车上的绞刑让人胆寒。那是一场家族内男人之间半公开的处决,由相互熟悉的人来执行,让家族主要成员都亲眼见识一下:背叛者就是这样的下场!

责任感

对家庭的看护还意味着责任。

有家庭观必然有责任感,尽管责任感不只是来自家庭观。小教父迈克去空荡荡的医院看望身负重伤的父亲,俯下身来亲吻父亲的额头,眼泪从老教父的眼角慢慢沁出来,这个意志如同钢铁般坚定的男人,这个时候显得那样无助,身边所有的保镖都被对手设计赶走,但是他在钟爱的小儿子身上看到了希望,因为儿子冷峻而刚毅的神情,表明他感受到了什么叫血缘,什么叫责任,在血缘和责任面前,让所谓的美国价值见鬼去吧!

当你看到他只身在空荡荡的医院,面对布满杀机的漆黑夜晚,面对整车的荷枪实弹黑社会打手的沉着和坚毅,而那个碰巧前来探视的邻居,被他改造成临时保镖,则吓得连烟都点不着,看到这里,你内心会感到震撼。

走进医院前,还是一个循规蹈矩、遵纪守法的大学生,走出医院的迈克就像受到了一次腥风血雨的洗礼,迈出了他人生中最重要的一步,做出了一次决定他后半生的转折。一个"二战"英雄,曾经视捍卫祖国为己任,对黑社会做法不屑一顾,积极向上的青年,由此告别光荣的美国公民,义无反顾地成为一个未来的教父,在"保家"和"卫国"之间,这一次,他选择了前者。

之后他果然不辜负期望,力排众议,冒着有去无回的风险,单枪匹马干掉了谋杀父亲的凶手和同谋的警察局长。在谋杀行动前他只是深情表示,很高兴为养育自己的父亲做点什么,有所回报,就像一个知恩图报、懂得如何偿还债务的人一样。只是,他肯用生命来报答这个养育他的父亲,尽管之前他那么不想与黑帮为伍,那么不想继承家业整天打打杀杀,但是当家族危难时刻,在个人兴趣和家族利益面前,在个人前途和家族荣誉面前,他不再迟疑,挺身而出,遏止住乱局。

电影放映后,老教父的人生观受到尊敬,电影中的台词被人背诵,就连他们讲话的意大利口音都让人模仿。在这部电影面世的几十年后,我来到纽约工作,发现人们交谈时,还时不时地用其中的语句,你很难想象一部电影,而且还不是多大成本拍摄的电影,受到如此广泛的追捧,经久不衰,历久弥新。

杜甫说"读书破万卷,下笔如有神",这句话说的道理至少在我这里没有应验。我读过的书多,写过的文章也不少,但是二者之间似乎并没有直接联系,至少我没因为书读得多而下笔如有神助,倒是看到过不少人喝酒后如有神助,话说得多还挺精彩。

每个人的时间和智力是有限的,没有多少人能像撒切尔夫人那样一天只睡几个小时,其他时间都可以精力充沛地用来学习和工作。不一定读书破万卷,有些书不读也罢。但是要了解经典,重温经典,精读经典,因为那里有人类共同的价值观。

失德的骗子

面对这个咄咄逼人、毫无畏惧又信念坚定的骗子,我无计可施,无奈之下只好自己挂断电话,就像在一场辩论中,理屈词穷败下阵来的选手一样。我作为一个消费者,身后是一个强大的国家和富裕的政府,却还是险些跌入陷阱,我想在陷阱旁竖个警示牌子提醒后人,让其他无辜人士避免受害,却无法做到,可谓道也无道。别人是盗亦有道,我则是道也无道。

那次在加拿大航空公司买了票后,还想打电话订个座位,通常我预订个右腿靠走道的位置,以便进出方便,毕竟长途飞行十多个小时是件辛苦的事。于是我上网查找加航电话号码,结果在百度前十项信息中,首先冲入眼帘的,净是些不知道来路的机票代理,而非加航网页本身,尽管加航是全球最大的航空公司之一。就是说那些众多自称加航的中介在网站中的地位,比偌大一个航空公司本身还高,要不就是他们在搜索引擎上支付了比加航还多的佣金,甚至开发了比加航还先进的技术,使得他们的信息比加航显示得还要迅速,还要靠前。你一不小心就点击了他们的网站,不仅被他们广告,增加了他们的点击率,还浪费了你自己的时间,更惨的可能落入意想不到的圈套。

精心设计的局

那天我像大海捞针一般挑选了几个看上去像加航的网站,点击查看不是，退回来继续寻找，终于找到一个400开头的加航电话。我知道400开头的电话，通常是具有一定规模且是机构的电话，因为它们对客户免费。因为只有大公司和政府机构才能承担费用，提供免费服务嘛。

让我稍有些疑惑的是，电话只响了几声就有人接听了，而不是像以前那样，先是电话音乐后是电话录音，让你按1选普通话，按2选英语的那种。一般的航空公司电话都比较难打，得忍受好多句废话，考试般地通过好几个选项按键，还可能被迫听完其广告，才能和客服人员对上话。所以这次没经过漫长的录音等待，很快接通还让我觉得挺庆幸。

电话那一头有个中年男子操着广东口音，很客气地问好，我知道不少机构把他们的呼叫中心，或者说电话中心设到深圳等地，带着当地口音的人接听电话是很正常的事。

广东口音男向我确认他们就是加航客服后，问我有何要帮助的，口气相当专业。我解释自己之前购买了机票，想提前订个位置而已，像往常一样。他听后表示理解，让我稍等一下，敲打几次键盘后说，现在是春节期间，电话太多忙不过来，预订飞机座位要收费，而且要我自己去ATM自动柜员机操作才能订上。

我听后觉得诧异，加航在北美上空长途飞行不提供免费午餐，想吃饭要付费的事我见过，那是出于节约成本的考虑，所以我都有随身带饭的习惯，以后航空业发展下去，没准飞机上喝水都要钱，但是现在连订座位都收费啦？还要自己去自动柜员机上操作？

于是他耐心解释，过节期间旅客太多，航空公司于是颁布了新规定，要乘客自己选位置，以减少电话线路占线，至于像我这样不太会操作电脑的人，只要听客服人员的一步步指引就可以了。他说得煞有介事，让我觉得繁忙的中国春节期间，个人订航班座位就像一家人订餐厅位置吃年夜饭一样，要提前预订并要付费。至于去 ATM 机操作，如果没有行李要交运的话，在机场不也是让旅客拿着身份证自己到自动柜员机那里打印登机牌吗？

镇定的骗术

他说得滴水不漏，只是模糊了银行的 ATM 机和机场那些长相差不多的自动柜员机之间的界限。但是我生性警觉，有点吃不准，为了证实我的疑虑就请教了他几个问题，像什么航班号了，机型和飞行时间，等等。见他对这些敲敲键盘就可以看到的信息，都支支吾吾不愿意回答，我就横下心来，决定即便位置订不到，也要戳破他的伎俩，于是严肃地对他说：

你是个骗子！

其实我说这话时并未完全确定对方真的就是骗子。让我更为诧异的是这家伙并没有生气，反而相当沉着地回道：

你为什么觉得我是个骗子？

我也没有怒骂，而是冷静地告诉他：

因为你让我去 ATM 机订位，哪有连航班号都不问，就直接让客人去 ATM 机的道理？

他沉默了一下，并不像一般骗子一旦被识破，就立即撂下电话再无回答那样，反而耐心地开导我说：

就是骗子又怎么样？你有什么损失吗，不就是费些唾沫吗？

我开始确信自己的判断，心里暗自感叹这家伙不仅骗术新颖，

应对沉着,还有点幽默感。但是我不想让他们继续骗别人,于是虚张声势地说:

我要去告发你们!

他听后依然不急不躁,反问我道:

你到哪里告我们?你觉得你自己有能力告我们吗?

他这句话让我无语,我还真不知道去哪里告发他们!我家旁边有一条规划中的南北向的道路,却被停车场占据,多次向当地管理部门申诉,却无人理睬。另一处本来是公共交通站,却长期被去保定的黑车生生霸占,不仅协管管不了,连警察也管不了,这就发生在伟大首都北京。实体经济中一些企业有理有据,真正受到伤害的申诉都无法解决,虚拟经济中的网上欺诈就更多了,对于没有成功的骗局,我不知道去哪里申诉,真的没那个能力。面对这个咄咄逼人、毫无畏惧又信念坚定的骗子,我无计可施,无奈之下只好自己挂断电话,就像在一场辩论中,理屈词穷败下阵来的选手一样。

无奈的业者

通了好几分钟电话,啥事都没办成,还差点被骗走银行密码,放下电话我不甘心,经过又一遍认真筛选,最终在百度网找到了加航的真正电话。他们电话录音让我像往常一样又等了好几分钟后,才轮到客服接听。我刚开口就急忙把和骗子的对话反映过去,告诫他们加强网站管理,向有关部门汇报取缔他们,免得使加航形象受损。对方是个男士,也很镇静地听完我的陈述,最后叹口气,告诉我说:

我们知道这事,也向有关部门反映了,没有用!

为了使我更能理解其含义,他加重语气说:

这是在中国!

他说这话时就像在美国有时也听到"Only in America"一样,但是说"只是在美国"这句话时,表述的大部分是美国独特的地方,比如说他们对执行法律特别严格,比如商家可以打电话报警,让很快赶来的警察把无理取闹的顾客抓走,比如他们可以在酒吧里,把不满18岁却偷着喝酒的青年直接抓进拘留所。虽然很多时候以调侃口气,还有些贬义,但指的都是一个国家强势又独特的地方。而加航工作人员"这是在中国"这句话却显得无奈,意思是说在这里什么都可以做,包括坑蒙拐骗!

想起在北京的银行大厅,经常听见广播告诫人们,不要轻易听信陌生人电话,不要轻易按陌生人要求在取款机上转账,不要轻易透露银行账户和密码。那一遍遍的广播使人不安,因为它隐含的意思是骗局到处都是,除了你自己时时警惕,否则谁都帮不了你!连国有银行都成了骗子的牺牲品,其设备也成了他们的犯罪工具。作为银行,他们也没有能力打击骗子,只好一遍遍提醒储户个人识别。

我不禁想到,以后网上业务越来越发达,骗局的手法可能日新月异花样翻新,春节打电话订餐、情人节打电话订花,都可能被告知去ATM机自己操作,社会上还是有许多人轻信别人的,善良是很多人的天性,我就经常提醒年迈的母亲,听到陌生人电话说我被车撞了住在医院,也千万不要寄钱! 只是这个社会骗局遍布,使人难免中招。可恨的是这些骗子得不到应得的惩罚,以至于他们嚣张到根本不在乎谁去告发他们!

道高一丈还是魔高一丈

我想起在网络刚开始兴起的21世纪初期,在纽约工作期间,常常收到一些五花八门的来信、传真和电邮,有的信说你中彩了,要你去领奖;有的说自己是某个非洲国家千万富翁的女儿,父亲飞机失事留下一笔财产要缴税,她想转移出去和你对半分;还有说自己在银行工作知道某秘密存户突然死亡,却没有继承人,留下一大笔资产无人领取,只要你提供账号就把钱转到你账上,还给你三分之一的佣金。这些国际骗子承诺的佣金一般都要几十万美元之多,而需要做的只是提供账号。他们设局主要以骗取转账费、手续费这种小钱为目的,不像现在国人碰到的那样吓人,一旦得手被害人的账户将被洗劫一空。

在美国时,这些信息主要发自非洲等国,尤其是尼日利亚这样无法律的骗子的天堂,没有一个是在美国本土。假如有的话,我打一个电话报警,美国刑警甚至FBI就会迅速介入让其骗局无法完成,而不是等到受骗人真有了确凿的损失并拿到了证据。而现在我们碰到的骗局不少是在国内,这些家伙公然行骗,不畏公权,知道你不能把他们怎样。这让我想起法国大革命三巨头之一丹东的一句名言:让法律再严酷一些吧,这样秩序就会重建!

我是在巴黎最古老而且最有名的一家餐馆里看到写在房梁上的这句话的,它让我背诵到如今,而且每次去巴黎时,我常常带人到这里吃饭并重温这话。社会需要宽容,法律必须严酷,否则社会就没有秩序,劣币就会驱逐良币,地沟油就会驱逐正常油,而且从容不迫！就像我碰到的一样。

广东男虽然是个骗子，却骗得不紧不慢，不怒不气，不慌不乱，不仅会忍辱负重地询问，究竟哪里出现纰漏让我识破，以便帮他改进骗术增加成功率，他还启发我别管闲事，因为那样只会浪费更多的唾沫！我怀疑碰到的是骗子公司老板，受到过西方教育，闲来无事亲自接听的电话，而不是手下那些按照通话守则应对受害者的小雇员，所以骗起来经验丰富，被揭穿甚至被骂也能用平常心待之，还能对我以礼相待，可谓盗亦有道。

相比之下，我作为一个消费者，身后是一个强大的国家和富裕的政府，却还是险些跌入陷阱，我想在陷阱旁竖个警示牌子提醒后人，让其他无辜人士避免受害，却无法做到，可谓道也无道。别人是盗亦有道，我则是道也无道。

两案的深思

美国西雅图学生车祸案和北京青少年强奸案轰动全国，这两个案例中，无论孩子还是家长都缺乏"知耻近乎勇"的精神，在错误发生后不思改悔，使得自己成了社会的对立面。在舆论火苗刚刚燃起时，没有足够的勇气和智慧，将其扑灭在萌芽中，避免形成熊熊大火，最后成了星火燎原，只能眼巴巴接受最不利的结果。

从个人角度说，舆情需要管理；从机构的角度说，舆情需要管理。因为二者面对的都是公共关系。事故一旦发生，如何处置，如何面对媒体，既反映了管理者的心态，又考验着他们的智慧。

不能既花钱又让人小瞧

2013年春节刚过，两个年轻人的案件引发全国关注，成了舆情管理的实际案例。其中一个最引人注意的信息是中国留美学生在国外引发的，那个富家子弟驾驶者，刚买来的豪车驰骋在美国西部西雅图一个小路上，在几十公里限速的路段开了115公里的时速，并以这个速度冲过一个有"stop"标志，按交规必须停下来，让横向车先行的路口，结果正巧撞上一个去参加婚礼的车，将一个25岁花样年纪的女孩子当场撞死。这场事故令人唏嘘，但开始并没有引发多少国际关注，毕竟中国富家子弟在西方闯祸的事件太多了。

让这件纨绔子弟的交通事故成为一个国际新闻，是因为当地检察官鉴于事件的严重性,将保释金定为惩罚性的200万美元,没想到从中国赶过去的留学生父亲居然真花了200万美元将儿子从监狱中保释出来,令当地美国人咂舌,也使得这件事引发了广泛的讨论,成为舆情管理的负面案例。

我当时就想,当地检察官要求的天价保释金或许主要想教训一下当事人,毕竟他违反了最基本的路规,超速超得狂妄,将其他人的安全视为草芥。检察官完全可以定一个10万20万美元的保释金,而不被人诟病。而从另一方面讲,如果肇事者来自美国人家庭,父母可能放弃保释,宁愿让儿子待在狱中自我反省,痛定思痛以便重启另样人生。毕竟只是一场交通事故,肇事者属于过失,没有被判死刑的危险,即便入狱也不会太久。而这个检察官对华人留学生开出的200万美元天价保释金,显现出事地对当事人的不信任,也多少反映出当地人的反感。

当肇事者父亲爱子心切、自认为豪气地拍出200万美元现金时,不仅让检察官傻眼,而且在当地掀起轩然大波,使得这个本来只是地方新闻的消息,爆发式膨胀成为一条国际快讯,在互联网时代迅速传播到世界各地。本来可以止于一次伤害的,结果造成二次伤害;本来可以止于一次污染的,结果造成二次污染,让美国人觉得暴富后的中国人以"不就是花钱吗"的心态对待这件事,跟在中国一样,既亵渎了死者,也亵渎了死者家人的感情,遭到当地舆论的唾弃和检察官的鄙视。

如果他父母低调应对,公开发表声明,表示即使能够募集到这笔巨款,也不追求保释,要让儿子身陷囹圄在狱中反思,这样反而能获得受害家人的尊重,获得舆论同情,从而获得法官的轻判。

不能既失德又失义

同一个春暖花开的季节，2013年2月初春，媒体突然一浪一浪地报道国内著名某歌唱家的儿子，一个未成年很有才气的青年，李某某仗势把别人打了，被放出没有几个月，又合伙犯下轮奸罪行，再度被捕入狱。当时我浏览了几篇报道，感到舆论已经有所倾向，虽然对这个屡教不悔的青年开始厌恶，也并不是没有转机。就在受害人沉默以对、舆论界希望听到施暴者道歉的声音时，其母亲却反向发力，公开呼吁人们对她屡次犯罪的不肖之子宽容，使得蓄势待发的舆论顿时有了新的话题。

之后的报道就像口水仗，一方是国内各大媒体和网络信息争相爆料，一方是嫌犯母亲不屈不挠地抗争。她反驳的不仅是舆论的谴责，不仅是自己律师的反水，还能反驳同案犯的招供，那架势就像案发时她本人也在现场似的。

那些天铺天盖地的报道后，人们反倒觉得，犯罪的虽然是尚未成年的孩子，其背后的家教则是深层次的原因，因为无论受害者律师如何还原事情经过，无论同犯已经招供数次，无论曾经想聘请的律师怎么公开案情，这位母亲都认为自己的儿子没有犯罪，儿子是善良的。因此施暴家庭对受害人没有探视，也没有提出和解。她后来才发现，自己其实是以一己之见，对抗全国十几亿民意，而且无比坚定地对抗了几个月时间，最后结局就是儿子不仅没有像她期待的那样被释放，还遭到重判。

不久后我在网上看到一封署名"一位父亲的来信"，信中剖析了家教对少年成长的影响，指出这位偏执母亲其实是真正的罪魁祸首,是她亲手将自己年幼的儿子送进监狱,而不是别人。由于溺爱,使得这位琴棋书画俱佳、争强好胜、本来可以有很好未来的孩子目中无人一再犯错;由于溺爱,使得这位少年犯,在本来还来得及悔改时拒绝认错,以冷酷无情的态度对待受害人,一次次错失良机。而这位本来因为歌唱出名的母亲因为其偏执,在本来应该灭火时却添加了干柴,在本来应该谦卑时显示出了傲慢,做了最糟糕的公关,成了个人舆情管理最糟糕的案例。

给人的教训就是:溺爱害人害己,儿子首先失德,母亲之后失义。

知耻者近乎勇

孔子说过:"好学近乎知,力行近乎仁,知耻近乎勇"。对当下社会时弊,这句话最该铭记。因为国人现在最缺乏的就是社会伦理知识,缺乏实践这种知识的典型实例和人物,缺乏知廉耻并勇于改正这样一种美德。过去我们宣传雷锋,也号召大家向雷锋学习,社会风气是以做好事为荣,做坏事为耻。现在我们出现这么多令国人蒙羞的事例,无论在国内还是国外,这其实是反映了当下社会风气日下,对中国几千年儒家文化的极大蔑视,所以无论个人、社会、监管机构还是执法者都应该反思:作为孔孟之道的继承者,我们不应该让自己的后代如此嚣张。

西雅图撞车致死案,其实就是一次交通事故,尽管结局非常不幸。检察官开出天价保释金虽然违背常理,但它就是一种惩罚,是对普通交通事故背后的恶劣性质进行处罚。如果是聪明的家长应该认识到这一点,老老实实接受,让儿子待在狱中而不是逍遥法外,就会被认为态度好。而美国受害者家属也没有"挟逝者以抬高要价"的习惯,社会价值观没有这个土壤,司法也不会支持这种做法。但是事件发生后,如果被你轻易逃脱,则容易被看成对司法的藐视,而藐视司法,就得出手更重的处罚。

想想看,当那个家庭还沉浸在丧女之痛中,却听说肇事者居然花那么大代价,高调走出拘留所和家人团聚,会有什么想法?美国舆论会有什么反映?

肇事者家庭显然对美国文化缺乏了解,将一个讲情陋习带到了一个法治社会,同时,他低估了媒体尤其是互联网的作用,引起社会民意反感:本来只是一场交通致死事故,结果演变成一次人生价值观的讨论;本来是一个地方事件,却让全世界舆论哗然,让我们无辜的国人蒙羞;本来开始只是要面对检察官和法官,200万美元砸进去后,他们还得面对公众,面对媒体,不断地被曝光,不断地引起义愤。

在美国,犯一次罪可能被检察官分解为多宗罪而遭到起诉,那时候你会惊讶地发现自己本来只做错一件事,却一下子被指责犯了好几宗罪,比如打一次架可能被同时起诉成暴力袭击、二级伤害、恐吓、暴力抗法等四项罪名。罪名被检察官追加越多,应付起来越困难,需要的律师费用也就越高,代价越大。此外,检察官还可以出于义愤,顺便查查肇事者身份是否合法,申请居留材料是否作假,是否有其他犯罪前科。总之,他有权将你的背景调查个底朝天。

至于美国法官,他不得不考虑舆论压力,接受检察官要求将羁押期或者保释期延长。假如其父母还想左右舆论,贿赂法官那则会罪加一等,不仅帮不了子女的忙,自己都可能锒铛入狱。美国法官则深受"衡平法精神"的影响,他们可以引用过往的案例,不拘泥于司法条文,而根据自己的良心判案。因为法律只是良心最低的底线,而良心则是最高的法律。这就是为什么美国的司法判决时,法官有时会当场发表感言,对无辜受害者真诚道歉,对嚣张违法者严词斥责,这个时候,你甚至会感受到有些道德审判的味道。

西雅图撞车致死案当事人缺乏认错精神,家长的无知造成了国际上危机公关的反面案例,不仅受到了美国司法的惩罚,还成了千夫所指。李某某强奸案也缺乏认错精神,家长的狂妄也造成了国内危机公关的反面案例,不仅受到国内法律的严惩,还毁了一个青年的未来。如果说那个车祸肇事者的父亲给人的是暴发户形象,这位强奸犯的母亲则显得更加偏执,都是溺爱惹的祸。

这些案例中无论孩子还是家长都缺乏"知耻近乎勇"的精神,在错误发生后不思改悔,使得自己成了社会的对立面。在舆论火苗刚刚燃起时,没有足够的勇气和智慧,将其扑灭在萌芽中,避免形成熊熊大火,最后成了星火燎原,只能眼巴巴接受最不利的结果。

孟子说,"人不可以无耻,无耻之耻,无耻矣。"这句话批评的是无耻、缺乏道德的行为,同时告诉人们,只有知耻,才能激发起洗刷耻辱、捍卫自己尊严的勇气。记得那位公众人物高先生因酒醉驾车被抓,也是媒体跟踪报道,但电视画面中他没有回避事实,没有顾左右而言他,而是坦率承认错误,还打出一个大大的条幅"以我为戒",以其智慧和勇气做了个漂亮的公关,很快就平息了舆论关注,出狱后依然受人尊重。

第五章　做契约精神的守护者

学做一名好官员

当御史上级召见时,其他部属都伏地跪拜,唯海瑞长揖而礼。他禁止属下大肆吃喝招待和不必要的迎来送往,以减少政府开支。他废除官员进京摊派费用给老百姓的习俗,轻车简从进京朝拜。海瑞给母亲祝寿只买了两斤肉,让奉命找他麻烦的官员都为其廉洁所感动。得知海瑞要来任职,地方官员有申请离职的,有提前退休的,有主动调往他处的。这个社会多一些海瑞,那些尸位素餐的人自己就会主动提前离去,就不必强制他们退休;这个社会多一些海瑞,官员们就会自己主动离开肥缺到艰苦的地方工作,轮岗和挂职也不会流于形式;这个社会多一些海瑞,国内公款旅游就会自动减少,因为地方不给做好吃的,不给住高级酒店,不陪同游山玩水,去那里还有什么意思?

那次去海口市转了几天,访海瑞墓园感受颇深,我在那里独自坐了半天,仔细阅读墙上的文字介绍,让陪我的人在外面等得有点着急。这不仅是因为对儿时那场《海瑞罢官》全国性批判的回忆,也是奇怪生在偏僻海岛、远离京城从来没出过国的海瑞,举止却跟西方人似的。或者说几百年前他就为西方人树立了廉洁奉公的榜样,以至于到现在,西方人还是像他那样直面领导,像他那样招待客人,像他那样做寿,像他那样为官……

像海瑞那样面对上级

海瑞是明朝时代出生的人，通过乡试中过举人，相当于现在的硕士毕业。以后到北京参加全国性的统考，待了六年，却始终名落孙山，快四十岁了才候补了个小官，从此步入仕途，大器晚成，当了现在人称的公务员了。

在当时阿谀奉承的年代，为官不久的海瑞马上显得与众不同。当御史上级召见时，其他部属都伏地跪拜，唯海瑞长揖而礼，因为他觉得"到御史所在的衙门当行部属礼仪，这个学堂，是老师教育学生的地方，不应屈身行礼"。

跪拜其实是中国历史上一个不好的习惯，它矮化了人的形象，也就矮化了人格。见到皇帝跪下也就罢了，一见比自己官大的就像哈巴狗似的随地下跪，显得卑躬屈膝。封建社会时代大部分国人腰都比较弯，和这个坏毛病不知有没有关系。夸张点说的话，那时候除了皇帝一个人腰直，其他人全是弯的，至少他们有这样的习惯。因为总有比自己更大的官，即便在部下面前挺直腰部，也要在更大官员面前弯下去。

旧时的男人弓背，女人也弯腰。中国人甚至以弯曲的腰为美，形容女性好看就会说溜肩膀，水蛇腰，像《红楼梦》中弱不禁风的林黛玉一样。现在想想看，一个人腰要是跟蛇似的，都弯成那样了，不就和有颈椎病差不多了吗？

同样是封建时代，西方人的腰就不弯，相逢之际他们会点头示意，见到女性他们会把帽子摘一下，或者只是按一下表示敬意。西方曾经有过见国王单腿跪下的礼节，但那是面对最高领导，又不是双膝跪下,也不会长跪不起。至于见到贵族和上级,骑士的风度是将自己的大檐帽摘下,向前划一个 S 形状的弧线以示致意,和海瑞的长揖而礼的方式异曲同工。

至于女性之间,直视对方恭敬地点头示意就行了。当然见到国王和王后,她们也会行屈膝礼,比如见到英国女王。但那只是弯一下膝盖而已,随后又马上站直,就是稍微单腿半蹲一下又马上站直,而不是跪在地上仰视,那是种相当优雅的姿势。

所以,古装电视剧里我们看到的那些中国大员在皇帝面前都缩头缩脑、不敢直视,而那些洋人个个都挺直腰板、气宇轩昂。西方国家派来的使臣见中国皇帝时不愿意行跪拜之礼,因为那根本就不是他们的习惯!

像海瑞那样迎来送往

身为政府官员,进京朝拜的事不能避免。在海瑞那个年代,地方官员进京差旅费和送京官的礼金要各户摊派,所以进京一次扰民一次,出差多了老百姓吃苦就多。海瑞于是颁布地方性规定,下令废除这个习俗,自己以身作则,进京轻车简从,不搞大开支,即便这个有限的费用也由他自己的机构出,不转嫁给百姓。

同时他禁止属下大肆吃喝招待和不必要的迎来送往,以减少政府开支,进而减轻百姓税赋。还不许官员新造房子,也不许他们装修,房中各式家具也不准添置,有了他也不给报销。

至于接待来访要员,海瑞也有自己的办法。上任不久中央一位要员将要经过其辖区,浙江地方其他官员个个摩拳擦掌,备好银两准备好好孝敬一把。结果海瑞一封信写过去,问这个要员究竟是"素性简朴,不喜逢迎",还是别人误解其意,否则为什么他每到一处地方官都要花费几百两银子为其置办酒席?那个官员接信后很恼火,索性绕道而行,不从海瑞管辖地段走了,于是节省了当地宝贵的公款。

现在地方官进京跟玩似的,坐飞机当天就可以打个来回,可是每省都有驻京办,北京北三环就有几个省驻京办扎堆,花在"跑部"的地方税收就不知道有多少了。后来发展到地级市都在京搞办事处,直到2010年一道国务院的命令,这些地县级的驻京办才得以逐步取消。驻京办绝对称得上中国特色,意味着地方政府要为此负担长期开支。本来在海瑞年代交通不发达,进京朝拜的官员不普遍,次数也不多,而现在地方官员即使不进京,那钱也花掉了。

西方国家没有驻京办,他们对迎来送往这类事也看得很淡,不会从头到尾地陪同来自首都的领导,宴请也没有山珍海味。而花公款出行的部委大员们更是轻车简从,不敢住高级酒店,打私人电话都自己报销,看电视也不敢选收费的色情片。因为他们要面对众目睽睽的选民、独立的媒体和等着抓小辫子的反对派。

像海瑞那样置办宴会

海瑞是个孝子,幼年丧父,成长得益于母亲谢氏,那可是一个身处茅庐眼观天下的女性。他小的时候,母亲身体力行为其营造一个读书学习的环境,等他成人后还时刻叮嘱他谨慎为人,廉洁奉公,一直是他的良师益友。

海瑞和母亲感情深厚,去各地任职一直带着母亲,也有过开几桌家庭宴席为母亲祝寿的想法,招致了上级的调查。查来查去结果出人意外,这个万人之上的父母官,为母亲过生日只买了两斤肉!让奉命找他麻烦的官员都为其廉洁所感动。

现在国人富裕了,过生日摆宴席成了家常便饭。不过好像为父母做寿还不太夸张,为孩子过生日的排场不小。我见到好多报道,在有些地方,一些级别很低权力却大的小官借此动辄设下几十桌、几百人的宴席,部属悉数到场,利益相关者更是心领神会,接受的贺礼钱财自然数量可观。

而西方人庆祝生日一般都是家宴,收贺礼不收钱,贺礼也都是一盒巧克力、一瓶红酒这类的玩意。如果有人借此收钱会遭到鄙视。

在西方生活时,我观察到那里节俭的人已经不少,更多的人则不浪费。他们重视盘中餐,看不上糟蹋食物的人,掉到盘子外面的菜他们会捡回来继续吃。无论给谁过生日,如果两斤肉够用,他们一般不会买三斤。而且他们买两斤就吃两斤,绝不会吃一斤倒掉一斤。比如瑞士人,在节约食物上,他们个个都像海瑞。

一位公关公司的副总裁跟我说起曾经陪同瑞士人去江浙一带访问客户,当地主人好酒好菜招待过后,瑞士人却不买账,因为那种叫来一道道菜吃不了几口剩在那里还不打包的习惯,让这个首富之国的来访者深恶痛绝。

为了维持商业关系,外国企业倒是送礼,但都是小礼品。他们送礼时就不情愿,因为要面对外部审计,如果是上市公司还要对外披露。美国对商业贿赂有严厉的处罚,一百美元以上就算贿赂了,没人想自找麻烦。但是他们在中国经营业务,要适应当地国情,所以就为了应付,买最便宜的红酒当礼品送,估计那些行政大款都不屑于喝！相比之下，中国公司往往挑贵的送礼，认为那样才够档次。

像海瑞那样治吏为民

海瑞那个年代，在江浙为官，"三年清知府，十万雪花银"，不用太贪就会挣足下半辈子的钱。所以官员恋栈，和现在一样能不隐退就不隐退。

可是当得知海瑞要来任职，地方官员却怕得要死，就顾不得那么多了，有申请离职的，有提前退休的，有主动调往他处的，那些飞扬跋扈的土豪劣绅赶紧把自家的朱红大门漆成黑色以示没有与众不同，有的宦官也赶紧将八人大轿改为四人小轿。

当我独自坐在海瑞墓园的展览厅里，读到这个文字时，心里觉得既感动又好笑：一个简单的局级干部任命，竟然引起政治生态这么大的变化。看来那些贪官污吏还是天良未泯，有自尊心的。我也钦佩当政者的英明，不用发动反贪运动，不用大动干戈，没有树立典型，没有事迹宣讲团队，当地为官者就自清了。

今天如果多几个海瑞，反腐倡廉政策就会顺利而轻松地进行，有贼心还有贼胆的贪官就不敢继续贪，有贼心没有贼胆的就不敢尝试贪，许多党的好干部就不会被糖衣炮弹击中落水，就不用要求人提前退休，也不用中纪委双规，更不用检察院法院动用公共资源发起一个接一个的诉讼。

在战场上有不战而屈人之兵，仗没有真打，对手就屈服了，免得牺牲战士生命。政坛中也应该有不免而减人之举，职位还没有撤，贪官自己就跑了，免得浪费公共资源。所以需要任命更多的海瑞。

海瑞有句名言翻译成现代文就是："假使所有地方官吏都不行贿，是不是就没有人调升京官了？假使所有地方官吏都行贿，是不是就没有一个人降职或获罪了呢？"

海瑞身体力行，他真的做到了。拒绝行贿，他最后当到部级干部，比很多花钱买官的人职务还大；粗茶淡饭，他活到了古稀之年，比很多锦衣肉食的人寿命还长。古语道，忠孝不能两全，在精忠报国和恪尽孝道之间只能择其一，尽忠就不能尽孝，尽孝就不能尽忠。但是海瑞做到了忠孝两全，他携母为官以报养育之情，恪尽职守以报知遇之恩，最后不仅自己被皇帝册封，连母亲都被追认为四品夫人。

以他一个那么大的高干，去世时除了海南老家几亩地外，箱子里只有几两银子，加上旧衣和杂物财富不足十银。让办理丧事的官员落泪。"不怕死，不爱钱，不结伙。"则是后人对他一生最好的总结。

做一时的海瑞容易，做一辈子海瑞难。

在别的地方官鱼肉百姓的时候，他鱼肉士大夫。因为士大夫可以被鱼肉，他们减肥后生活还是好好的，就像那些乡绅把大门涂成黑色并不影响他们的居住水平，那些宦官改乘四人小轿也还是高人一等一样。但是百姓却不能鱼肉，因为他们已经瘦得皮包骨头，挤不出多少油水了。

几百年后，当西方国家海瑞式人物比比皆是的时候，我们的国家却涌现出大批和士大夫一样有权，还比他们富裕的干部；当西方国家开始征收"暴富税"鱼肉士大夫时，我们依然用正常税收鱼肉低收入者；当西方人不断修建廉价公寓给贫困者入住时，我们却频频出现"地王"；当香榭丽舍大街的绝对房价开始低于长安街时，我们却认为北京的房价还会上涨。

仔细想了一下，西方国家官场大批大批的清廉之士，我们国家则海瑞式的官员太少。所以我们今天在秉公执法上应该向西方学习，在克勤克俭上应该学习海瑞，而不应该太鼓励消费。消费最多的美国人出了大问题，现在人们才知道原来他们很多的消费其实是浪费！

这个社会多一些海瑞，那些尸位素餐的人自己就主动提前离去，就不必强制他们退休；这个社会多一些海瑞，官员们就会自己主动离开肥缺到艰苦的地方工作，轮岗和挂职也不会流于形式；这个社会多一些海瑞，国内公款旅游就会自动减少，因为地方不给做好吃的，不给住高级酒店，不陪去游山玩水，去那里还有什么意思？

学做一名好顾客

食客进入餐馆,支使服务员团团转上菜成了一种心态,认为进来后就得为我服务,慢了一些就是怠慢,就要挑剔,就要找茬,就要引发矛盾。在大家同声谴责餐馆服务员服务意识差的同时,我则提及这个社会缺乏尊重。从一个人对待服务人员的态度上可以看出其素质,看出这个人的社会道德观和慈悲心。我们这个社会应该学习的是中国历史上宣扬的那种"傲上而不忍下,欺强而不凌弱"的骑士精神,以及"退一步海阔天空"那种宽以待人的绅士风度。

现代商品社会,人这一生中不见得都能成为店主或者雇主,可能打工一辈子,到了退休也是如此,即便是高管也是打工,因为其服务的公司不是自己的。但是人的一生中,我们一定会成为顾客,而且可能在很小的时候就是顾客了:在商场我们是购买商品的顾客,去外面就餐我们是餐馆的食客,在医院我们是购买服务和治疗的患者,乘飞机我们是航空公司的旅客,坐公交就成了市政巴士公司的乘客了。即便什么都不干,坐在家里我们也可能是物业管理公司的顾客。就是说我们无论如何都会是某些机构或商家的服务对象,说上帝也好,说下人也好,反正这种服务与被服务实际上已经形成一种契约关系,而且和我们日常生活脱不了干系。

中方食客的问题

有一天晚饭期间和大家谈及一个新闻,讲的是一家餐厅男服务员被一个女顾客多次呼来唤去后,服务慢了些,被那位女士用手机在网上投诉后、哀求其撤诉未果,就怀恨在心,将一盆热水直接浇到女顾客头上,造成后者大面积烧伤。事件发生后,网上谴责声一片,那个男服务员也遭到了法律严惩。

在大家同声谴责服务意识差的同时,我则提及这个社会缺乏尊重。因为那个服务员之前被女顾客大呼小叫来回支使好几次,早已心生怨气,即便服务慢一些,也不见得是他本人的责任,因为他只是最底层,位卑言轻说话不算,上面还有领班、厨师、经理,上菜慢了或者炒得不合口味真可能不是他能解决得了的。在国内,尽管服务员直面顾客,最能体会食客的各种需求,但是他们的职责就是服务,除了端茶倒水上菜撤盘子,只能扮演倾听者的角色,而不能升华为既能倾听又能解决问题的角色。而这只是困境的一面。

服务员困境其实主要来自另一方面,那就是形形色色的顾客。在我们这个急功近利的社会,人们吃个饭都没有放慢节奏的心态,在饭店中我们最多的抱怨就是"上菜慢",其实客人刚坐下来没十分钟,而且即便上菜很快,客人吃完了也不见得马上走。支使服务员团团转上菜成了一种心态,进来后就得为我服务,慢了一些就是急慢,就要挑剔,就要找茬,就要引发矛盾。

其实比起欧美等西方社会,我们国家无论大小餐厅上菜速度都算快的,有的餐厅炫酷,用POS机点菜,这边点着,一旦下单,那边厨房屏幕上就会显示,厨师就开始备案。有的时候快得令人咋舌,菜单刚下,胃口还没有调动开,一盘菜就上来了。其实国人会养生、吃饭细嚼慢咽的人不少,尤其是女性。不过,尽管她们吃得慢,仍然让菜快些上,然后放在那里。

所以,同样是服务员,为什么年轻人喜欢到西餐厅去打工?其中原因就有餐厅气氛好,客人文明。想想看,西餐本来就是一道菜吃完再上下一道的,中间空闲一段时间很正常,习惯吃西餐的人都知道这一点。而且一般就是个前菜、主菜和甜点三道而已,不会像中餐一样摆满一桌子。最后也是最关键的就是客人讲究礼貌,一般不大呼小叫,服务员感觉到自己受到尊重。所以即便没有小费,挣钱也不多,他们仍然愿意留在那里。北京三里屯有一家叫福七的法式餐厅,菜品不错,价格又便宜,关键是气氛好,那里的服务员流动性小,很多人都一干好几年。

对服务员尊重与否反应食客的心态,其实还代表着一个人的素质。

西方侍者的歉意

纽约市的中城有一家著名的牛排店叫史密斯·瓦伦斯基,巴菲特拍卖和自己吃午餐的地方,外面看着不起眼,里面古色古香。那次去吃牛排时吃出个塑料片,应该是蔬菜袋子的一部分,被混在前菜中,被我嚼了几口仍然无法咬碎,觉得不对劲才吐出来看看,那块塑料片已经被我咬得皱皱巴巴,上面布满牙印。拿在手心中我还仔细欣赏了一下,上面至少有七八个被我咬的痕迹,像鸡蛋槽一样高低不平。

我也可以将这个小意外扩大化,就像在国内那样,让侍者请饭店经理来到我们桌前,举着那片塑料袋向他直接表示不满,大声指责他们居然在巴菲特进餐的地方这么疏于管理,进而说明自己如何重要,这个事情如果解决不好,将如何影响这家著名老店的生意。自己得表现出像土豪一样的气概。

当然我也可以忍气吞声,毕竟和当地朋友会面是更为重要的事,而且在那个吃饭几乎没有嘈杂声音的餐厅,挑战他们的权威,人家认不认账也不一定,说不定还影响牛排的成色。不过对我说来,这是个原则问题,无论在哪里,无论贵贱,吃出塑料袋就是厨房管理的失职,何况是这种有名的饭店。

于是我做了个隐蔽的手势,示意侍者过来一下,微笑着让他猜那是什么东西,结果他把塑料片拿在手中捏了两下,马上知道我的意思,摇了摇头,只说了一句"稍等片刻"就扭头走了。之后不出所料,一个经理模样、上了年纪的白人很快来到我们桌前表示歉意,不过人家自始至终保持着尊严,没有谄媚,没有卑躬屈膝,而且他声音太小,讲得又快,估计也怕旁边的食客听到,其实我在他说完离去前,都没太听清他的全部意思。既然让他们知错,解释多少就显得不重要了,之后大家喝酒吃肉,我没有再提这事,他也没有再度出现在视野里。

牛排过后大家已经吃饱喝足,没有多少空间继续进食了,而且我们也没有西方人的习惯,一顿丰盛午餐一定要以甜点结尾。但是还经不住朋友的劝诱,三人只想要一份奶酪蛋糕甜点意思意思,每人一份肯定吃不下,而我最反对浪费。

我也知道,美国人的牛排分量大,甜点分量也大,一般是法国餐馆的两倍那样大。所以在美国,点一份甜点足够两人分享,三个人浅尝而止也行。结果美国人这时候显示出其强悍作风,径自将摆满各式品种的甜品车推了过来,砰砰砰给我们摆了三盘,每人面前一份。我意识到饭店要有所表示,结账时果然如此,全部三大盘甜点都没有计入账单。免费请吃甜点算作给我们的一点补偿吧。

其实塑料袋出现之后,自始至终我没有抱怨,也没有要求他们做什么补偿。他们经理过来后也没有提及,一切都在不言中。坚持原则是重要的,绅士风度也是重要的,结局双方都满意才是最重要的。

我们应该学习什么

同样吃出问题,国内的经历就不一样。向我这样什么餐馆都不在乎的食客看过的多,吃过的也多,至于什么草根、头发、虫子苍蝇等都在各地菜盘中出现过。不过我一般都不会为难服务员,毕竟不是他们的错。尤其是那些街头小店,你本来没有多大期待,盘中出现的异物也经过高温杀菌,一般情况下就得饶人处且饶人,蝗虫和蝎子不是都可以炸着吃吗?不过,我会根据餐馆的水准和品位的高低提些建议,比如说别把汤盛太满,免得淹没了手指头什么的,这是原则问题,按电影《老炮儿》的说法,"得有规矩"。

当然为了避免塑料袋加害于我,在饭店尤其是食堂,我经常吃凉拌菜,黄瓜、西红柿、菜花、芹菜都可以,一来生的菜能够看出新鲜度,能轻易看出腐烂和变色的部分,再一个是碰到塑料制品混进去的话容易发现,而且它至少没有经过高温烹饪散发化学物质,毒性还小些。

就说吃出塑料袋这事,那次在上海大宁国际的一家日式饭馆,也是吃出一块塑料袋,闻声过来的服务员显得谦卑多了,连声致歉,主动提议可以赠送甜品。那时候我们已经吃不下更多东西,就婉言谢绝了。不过既然他们主动提出,就建议她不要追加赠品,把那盘菜退掉就好。结果那个年轻女孩子来回请示了几次,表示退还现金就是不行,自己决定不了。我知道如同国内许多餐馆一样,服务员甚至当班经理碰到类似问题后,为了安抚客人一般有赠送权力,但没有退款权力。国内收银机设置好像就注定一旦缴费,退款难得跟天大的事似的。

这些店的服务员可以许下诸多愿景,承担无数保证,比如请你下次再来,同样的菜免费,甚至可以写个字据,但就是不能退款。当然完全可能下次来时这个服务员早已不见踪影了。

所以,既然知道服务员没那个权力,而经理又躲着不见,何必难为他们。要知道服务员不是我们任何人的仆人,他们也是常人,有自己的尊严,事情一旦闹大了,这些服务员要被扣掉奖金甚至当日工资,为不是他们的错承担责任。

从一个人对待服务人员的态度上可以看出素质,看出这个人的社会道德观和慈悲心。我们这个社会应该学习的是中国历史上宣扬的那种"傲上而不忍下,欺强而不凌弱"的骑士精神,以及"退一步海阔天空"那种宽以待人的绅士风度。

学做一名好游客

巴厘岛当地人喜欢欧美游客,因为他们不仅干净,舍得在饭店和市场上消费,还不会在酒店里大声喧哗、随地抽烟和吐痰。所以当地一些位置好的高级酒店不接待中国旅游团,宁肯不挣这份钱。给小费是西方人延续下来的好习惯,是对劳动的尊重,尤其是对那些表现出色,甚至对你有特别帮助的人。服务是一种付出,体力上的付出和精力上的付出,所以应该受到肯定和尊重。一个尊重劳作的民族肯定是个有教养的民族,一个尊重服务的社会肯定是个文明社会。我们曾经是个有教养的民族,也有文明社会的基因,所以应该从幼儿时就恢复道德教育,使这个基因能够长久地发挥。

以前中国一穷二白的时候,还能赢得非洲一些国家的尊重,现在中国人有钱了,反而让许多人瞧不起,出境的中国游客甚至遭到一些地方的抵制,以至于旅游行政部门不得不颁布出境游的指南,和游客约法三章。实际这样的条文本来应该从孩提时代就开始教育,铭刻在脑海里,融化在血液中。两千多年前,中国的先哲就是这样教导我们的,现在连美国哈佛大学都将孔孟之道当作一门重要的课程,而作为炎黄子孙的我们自己却将其抛在脑后。

想起这个题目,是因为那次去巴厘岛旅游,到了地方发现中国人住的酒店虽然高级但比较偏远,最好的临海酒店仍然是西方人为主,他们不愿意与中国游客为伍,嫌我们太吵。而中国人却希望能挤进西方人多的酒店,因为那里意味着文明。

遗憾的是具有五千年文明的中国人一旦有了钱,出境游时最不习惯做的是入乡随俗,最想不起来给的是小费,最学不会的是尊重他人。

不好惹的风俗

巴厘岛是印度尼西亚众多岛屿中最美丽的一个,水质清澈透明,海滩整洁白净,民风朴实,服务西化,是个度假旅游的好去处。

巴厘岛是西方人开发的,那地方土族人可不好惹。并不是因为他们强悍,而是他们面对强悍外来者而采取的令人惊讶的态度。几个世纪前,荷兰人远渡重洋占据了这个海洋中风景如画的绿洲,当地土族曾经进行了顽强抵抗。当面对强敌抗争徒劳时,他们出人意外地选择了集体自杀,以此惩治那些远道的殖民者,让他们没有食物供应,没有人服侍,没有同伴,孤零零地待在岛上,而率先自杀的就是他们的族长,也就是当地的国王。

历史上,人们为保卫自己世世代代居住的家园不被侵略,往往会殊死抵抗,但是以自杀的方式还击侵略者,我还很少听说。而且这种方式还切实有效,它触动了侵略者,使其以后奉行怀柔政策,这样就没有了以暴制暴。

想想这个岛上的居民曾经有以自杀方式拒绝外来者的历史,要是真不喜欢,他们是有办法应付的,所以根本不是钱的问题。有人以为像国内一样,无论什么事情都可以用钱来摆平的话,那就大错而特错了。

巴厘岛华人导游阿杰告诉我,当地人仍然喜欢欧美游客,因为他们不仅干净，舍得在饭店和市场上消费，还不会在酒店里大声喧哗、随地抽烟和吐痰。所以当地一些位置好的高级酒店不接待中国旅游团，宁肯不挣这份钱。

他的话让我想到马尔代夫，这个世界上著名的珊瑚礁岛屿构成的旅游国家，蓝天碧海，空气清新，加上海中热带鱼无敌海景，这几年成了中国人热衷的旅游目的地。但是那里的食物和水都比较贵，于是中国游客带着方便面，以便少花些钱。那里被辞退的中国裔雇员曾经爆料说为了加强消费，一些高档酒店撤掉了热水器，免得中国游客泡方便面吃。马尔代夫一个酒店经理还公开挖苦中国人是 CN（cup noodle），意即泡面杯之意，颇有贬义，激起国人义愤。

小费的神奇

阿杰还提及西方人出手大方，尊重服务人员，给小费慷慨。不知道他这样说是否有暗示我们要多给小费的意味，但我知道他讲的符合实际情况。

在去卑尼达岛途中，和船上的导游聊家常，他的英文能对付简单的对话，告诉我中国游客已经上升到第一位，支撑着这个岛屿在西方游客淡季时段的几乎半壁江山。听他说的话让我深有感触：这么大的游客量，却依然得不到应有的尊重。接着在船上的娱乐节目中，我看到中国人占用舞台唱歌后，想不起来给主持人小费，结果那漂亮的印尼姑娘几次向我们同胞用汉语高喊：小费，小费！当然她面带笑容，一脸调侃的架势。我因此知道国人游客经常不知道享用服务后给小费，当地人也知道，所以连这个词都会用汉语说。

之后一个中年韩国人，长得像金日成一样个头不高却气宇轩昂，唱了一首很好听的歌曲，赢得小小韩国团队的共鸣，他们随着音乐举起双手来回做波浪式的动作，之后应该很慷慨地给了小费。

给小费是有好处的。朋友说起他们20世纪90年代随团去澳大利亚访问，晚上想打麻将，想在酒店借一个方桌，就派了翻译去前台，因为他英文最好。结果无论如何解释，前台服务生都表示不解其意，那个翻译无功而返。可是大家瘾大，不打还不行，于是有位去过几次澳大利亚的同胞自愿去试试。这家伙根本不会讲英语，但是会直接掏出20美元塞给服务生，口称"麻将"、"麻将"，结果那个服务生不仅心领神会，不大工夫自己扛着方桌送到了房间。原来这个经常接待中国代表团的酒店，知道中国人有这个癖好，所以都有准备，服务生只是随心所欲，看心情决定是否提供方便，有钱能使鬼推磨。

给小费还要选择时机。《泰坦尼克号》电影中反映了这点，当那位住在头等舱的富有丈夫听说是三等舱的穷小子救了他妻子后，本来想掏出一把现金表示感谢，后来为了表示尊重，邀请穷小子到头等舱和那些富有的旅客一起共进晚餐，就是为了表示尊重，像自己人一样平等对待，而非像对待下人一样给点钱就打发了。

给小费是西方人延续下来的好习惯，是对劳动的尊重，尤其是对那些表现出色，甚至对你有特别帮助的人。

尊重的方式

人们知道国内交通台经常播放遗失物品信息，事主的酬谢金额不断上扬,从开始的百十块钱涨到几百以至几千块,我就在出租车里听到丢东西的失主开出三千元奖金的信息。当时问出租车司机的看法,他不屑一顾,说这些信息都是不实之词,有的司机送去遗失物,本来广播说的是给上千元甚至几千元酬谢,结果失物送到,失主可能随便拿出一百元打发,还有的事主急于翻看里面的东西丢没丢,甚至连道谢的话都没有,伤了不少出租车师傅的心。做好事得不到应有的尊重,像打发下人一样,所以他们宁可捡东西不还。

我曾经在被一家意大利餐馆主厨多次关照后,在一个圣诞节前夕去午餐,和其打招呼握手时,顺便把一百元的钞票塞在他手里,那是个开放式的厨房,主厨周围都是年轻的厨师在忙碌也在相互注视着。他在握手的一刹那表情有些惊讶,但马上恢复笑脸,手抽回后很隐蔽地将钱插进裤兜,周围人没有丝毫发觉,如果我明目张胆地给小费,恐怕会给他造成麻烦,影响和周围同事的关系,毕竟别人也在努力工作。

或者,我如果公开给小费他自己可能拿不到那么多,因为以国外的习惯,餐馆小费是服务生统统交出来后均分的。不动声色表示感谢,他有了面子,因为我进门后穿过餐厅第一个和他握手,同时又有了实惠,还不被发觉。我不想对其他服务生有所表示,因为没有被他们特殊关照过。

结果,以后每次去这家餐馆,主厨都要送我点什么,或者甜点或者开胃菜,假如我说羊排块小了,他会主动再赠送一份,搞得我以后不敢提意见了。

低调的优点

所以在饭馆吃饭,我一向尊重厨师和服务员,从来不像国人一样对他们大呼小叫,也以此劝诫同胞朋友。有一次和来自西安的朋友在纽约吃牛排,他有点不习惯那里服务员点菜慢吞吞的方式,见我们落座后聊天,不着急点菜就有点坐不住了,催促我们尽快点菜,点完菜还想催促侍者尽快上菜,在其要扬起手臂时被我制止,因为在这种餐厅几乎没人这样做。

因为在西方国家人人平等,侍者不是仆人,不能说我花钱了想要怎样就怎样,在餐馆吃饭要察言观色,你在和有经验的侍者对眼时,他会理解你很多意思,即便一个眼神。比如用眼神示意要菜单点菜,用动作示意要添加冰水,用轻声询问的口气索要甜品菜单以及结账什么的。不能喊叫,连轻声叫人都不多见,别说扬臂而呼了,那是没有教养的举动。

在西方国家,你不这样做的话,服务人员可能故意冷落你。你受到冷落可能像国内一样要找其领导申诉,其领导可能根本不理睬你,反而觉得你缺乏公共道德。法国一家奢侈品店经理就曾经公开表明不愿意接待中国游客。当巴黎那个叫老佛爷的奢侈品商场挤满了买名牌包跟买菜似的中国人时,没有人否认我们的富裕和因此而转化的购买力,但是那些同胞和在国内一样排队加塞还大声喧哗就让法国人侧目。

当然服务员反应过分的极端例子也有,有个美国大片中,一个几次受气的侍者端着盘子送菜时,故意在走廊中处将牛排滑落在地,然后四下看看没人发现后捡起来放回盘中,再若无其事地端上去给那个没教养的食客。

服务是一种付出,体力上的付出和精力上的付出,所以应该受到肯定和尊重。一个尊重劳作的民族肯定是个有教养的民族,一个尊重服务的社会肯定是个文明社会。相反,一个不知道尊重劳作的民族就不是个有教养的民族,一个不懂得尊重服务的社会就不是个文明社会。

我们曾经是个有教养的民族,也有文明社会的基因,所以应该从幼儿时就进行道德教育,使这个基因能够长久地发挥。

学做一名好患者

在医学手术这个问题上,其实失败的几率和成功的几率一样大,前者甚至大于后者。在这个前提下,容错观念或者说容错机制就很重要,允许医生和常人一样犯错误,即便是救死扶伤。犯了错误改正就是了,即便没有什么补偿。或许有人会说,在医生那里,手术失手即便是小概率事件,在患者这里就是百分之百的失败,就是百分之百的不幸。但要知道,什么是契约精神,就是说你签下的字就要认账,俗话说要有愿赌服输的精神。

在一个医患关系紧张的国家,当一名好医生不容易,当一名好患者也不容易。但是我们无法不生病,无法不去医院,既然这样的话,就尽量为自己营造个好的环境,好的语境,也争取个好的结局。想做到这一点首先得学会沟通,当然有点幽默感最好;其次得学会忍受,包括忍受痛苦和时间成本,毕竟在医生面前我们都是弱势群体,信息也不对称,他掌握的你大部分不知道;最后也是最重要的是要有契约精神,说到做到。

虎口拔牙的经历

我在北京前后不到十年中种植了三颗牙,第一颗一次成功,第二和第三颗都是首次宣告失败,补种第二次成功的。算下来总共三颗牙种植却两次失败,失败比率超过百分之六十五,记得十年前咨询种植成功率时,医生告诉我他们的失败率百分之五左右。当时就想,我不至于运气如此不好,落到那百分之五的境地。

结果我还真是这"百分之五"中的倒霉蛋。第一颗成功后,后两颗种植牙在失败前都有征兆,一般地说如果种植顺利,疼痛在两周后就会消失,那颗种植体就会在牙槽骨内自然被包裹直到足够结实,就能镶冠了。如果不成功,痛感就会一直持续,或者一直不舒服,就是那种觉得牙有问题、疼但还能忍受的那种复杂感觉。第二颗牙种植后一直感到不适,它始终以特有的方式提醒我其存在,让我不得不想它,惹得我经常用手去摸,感到那个已经植入牙骨的金属螺丝逐渐长出。这其实是自身排异的一种功能,当身体不接受这个种植体、与牙槽骨不能融合在一起的话,就会被一点点顶出来。到了最后,我感到这个种植体冒头越来越长,用手试着动一动,结果像拧螺丝一样将其拧下来了。

拿下这个一直"蒙在骨里"的假牙基根,在阳光中我仔细观察,它就是个螺丝,只是看着像那种精密仪器上那种、制作细致而已。这已经不是我第一次给自己虎口拔牙了,小时候就曾经不借助任何外力,连医院都不去,自己将活动的牙揪下来扔到房顶,只不过那时候是天然蛀牙,活动得厉害快掉了,这个是人造牙而已。

给我种植的是北京著名医院的牙科主任,朋友介绍的,听说我自己将种植体拔下后都不吃惊,淡定地告诉我没关系,等他空闲下次再约,进行二次种植。幸好几个月后二次种植还比较顺利,于是我就有了两颗牙却手术三次的经历。

其实人工牙种植过程最痛的不是种植本身,那时候医生就像工匠一样,拿着一把精细的电钻,伏在你脸上晃来晃去,在缺牙的地方找个合适位置,然后一钻下去,跟在墙壁上打洞一样。之后就会听到钻头在你嘴里呼呼的响,洞口打好就安上一个螺母,专业术语叫种植体,然后缝合,等上三五个月,让牙槽骨和螺母长成一个整体后,装个牙冠就大功告成,至于是否真能成为一体就听天由命了。

两次失败的口气

跟在墙体中打膨胀螺丝以便将热水器挂上一样,墙体必须得是钢筋水泥建造的承重墙才行。如果这颗膨胀螺丝打在石膏板墙上,只能挂些没有重量的干毛巾等杂物。建造跨河大桥也是一样,桥墩必须打在坚实的地基上,如果碰到的是烂泥滩,只能再往下打或者下面加固,两者都不行的话只好另外选址了。牙齿是同样的道理,牙槽骨必须长得丰满结实,在此基础上,种植体得打正,就跟桥墩得打得笔直才能成功一样。地基没选好或者桩打歪了,都可能造成种植失败。

打桩之前得麻醉,那几针最痛,因为医生要在这个牙两侧位置打至少三针麻药,针头进去后,像缝衣服般挑起来扎进另一处,所以那一针可能是好几针,连我这个曾经有过不用麻药直接拔牙经历的抗痛男士都能痛得出汗,被长针在牙床肉骨之间挑针,想想那滋味得多么令人难忘。

第三颗牙种植再度失败,宣告前我已经预感到了,毕竟有上一次的经验,种植后就一直隐隐作痛,有种不祥之兆,之后又请我们公司的牙医拍片,帮我分析。公司的王医生和蔼可亲,每次都仔细观察片子,让我张大嘴实地查看后再说出自己的意见。那时就知道已经种歪了,种植体最下方几乎和我外部牙面持平,而正常情况应该是在里面正中。我自己不甘心,希望有校正的希望,能用就用,歪了就歪了,对付能用几年是几年,免遭二茬罪,因为打麻药太痛了,时间也拖得太久。

牙科主任看后也在犹豫,看得出他知道这次又失败了,既然患者不在乎,对付着用也是个选项,之后他又找个同事来会诊。我就在那里张着大嘴听他们做讨论,也时不时参与分析。后来那个女医生说即便就这么装冠,用不了多久也会掉的。于是主任就下决心拔掉种植体,我知道马上又面临至少三针麻药的考验了。

拔出种植体后,主任送我出手术室,双方都比较尴尬,他甚至没有提醒我什么时候再来做二次种植,可能考虑到我作为患者经验相当老到了。由于对失败早有预期,内心沮丧的日子已经过去,我于是表现得好像无所谓一般,一句抱怨没有,拍拍他肩膀说:"都怪我这口牙不争气!"

计算方式的差异

对于我远超正常的失败率,牙科主任却另有算法。第三颗牙宣告失败后,他主动表示下一次应该成功。只是他算得不是牙数而是种植数,告诉我的情况是一、三、五成功,二、四失败,就是每逢单数成功,逢双数失败。具体说第二颗牙种植第一次失败,二次种植成功;第三颗牙的第一次种植(他为我种植的第四次)失败,第二次种植(他为我种植的第五次)预计成功。这样算下来,居然种植成功率超过百分之六十,和我理解的差距很大。如果按此算法,无论种植多少颗牙,只要是第一颗是一次性成功,以后的概率统计都超过百分之五十,就是说成功率总是会大于失败率,意味着医生资格和专业性都会受到肯定,而不是遭到质疑。

听后虽然觉得这个算法奇特,我有点晕,但是仍欣然接受。事实上,我确实种植五次成功三次,成功的就是主任讲的第一、三、五次。但是十年前说得是按每个牙算成功率,这样在我身上只有百分之三十多一点,那是个非常低的比率。如果开始知道是这个成功率,我可能根本不会选择种植,转而寻求装假牙这样的解决方案。毕竟低于一半的成功率不能算是成熟的技术。医院和医生都不会推销这样的不成功的手术方式。

他在走廊跟我认真说这个奇葩的计算方式后,我当然认真倾听、频频点头表示理解,计算方式不同出现结果不同的事情多了去了,制订规则的是医院和医生而不是患者。我必须明白这一点:倾听不同意见,理解不同解释! 毕竟我在医学案例计算上只能算个业余爱好者,主任则是专业人士!

医生出错的概率

和这个世界上的所有事情一样,不能指望着医生每次都判断正确。每次都能妙手回春。他们也是人,也有我们正常人的七情六欲,也有正常人的爱恨情仇,也有性情不好或者状态不佳的时候,他们犯错误的概率和我们一样。我见到一份医学界调查讲到误诊率,从百分之三十到百分之五十甚至更高,西方国家也是如此。如果达到百分之五十的误诊率,意味着去医院看专业医生和向我这个只凭感觉的江湖医学爱好者问诊结果几乎相同,在对与错之间,都是有一半可能误判! 信口开河闭着眼睛瞎说误判率也是百分之五十。

种植牙更是如此，打桩就跟工匠一样，选址错误会导致失败，钻孔时手哆嗦会导致失败，眼神不好老花了也能导致失败，和老婆吵架心情差注意力不集中更会导致失败。想想看，在医学手术这个问题上，其实失败的几率和成功的几率一样大，前者甚至大于后者。

在这个前提下，容错观念或者说容错机制就很重要，允许医生和常人一样犯错误，即便是救死扶伤。犯了错误改正就是了，即便没有什么补偿。为我种植的牙科主任是个正直之人，成功就是成功，失败就是失败，当场很痛快地告诉我，并不在意被簇拥在旁边的实习医生和护士们知道，所以即便第二颗牙失败过，我第三颗牙种植依然找他，再次失败后没有想换医生。人非完人，孰能无过？

或许有人会说，在医生那里，手术失手即便是小概率事件，在患者这里就是百分之百的失败，就是百分之百的不幸。确实如此！那又怎样？既然牙科主任和我事先有约定、失败后免费进行第二次种植，那就祈祷第二次成功好了。既然种植前就知道失败的可能，既然已经认可并签字，就得按此执行，不要再废话。什么是契约精神，就是说你签下的字就要认账，俗话说愿赌服输的精神。

学做一名好医生

叶先生的劝诱让我想起来西方医生的做法，就是告诉你真相，而不是只挑好的说，这是我对协和的第一印象；协和不仅有国内一流的设备，其医生消除病人疑惑的态度，那就是认真，世界上就怕认真二字，协和医生讲究认真，这是协和给我留下的第二个印象；医生讲理，名医甚之，即便被冒犯，被教训，他们依然秉承医德，从患者角度而不是从自己私心来判断，这就难得了。这是我对协和的第三个印象。真相、认真、讲理是我对协和的三个印象。患者来协和会诊，就是想知道真相，想见到认真的态度，想听摆事实讲道理的医生。

在我们招聘博士后的过程中，一直想招到个协和医科大学的毕业生，就是那种本科就考上协和、之后连读八年以上、出来就拥有博士学位的那种学生。因为，对我来说协和就是中国医学院的圣殿，其百十年来造就的崇高地位难以撼动，其学生值得培养，其医生值得尊重，其医院值得信赖。

要紧的是告诉真相

在北京工作生活那么多年，和协和的因缘还是从看病开始的。当时我在法国工作，回国出差期间，因为疑似鼻炎或者过敏而通过同事叶小姐，找到其在协和医院变态反应科的父亲叶主任。那次看病，叫老先生温文儒雅，慢声细语，但是判断果断。他戴着一个可以夹在眼眶上的小型放大镜。拿着一个尖嘴金属钳子伸到我的鼻腔里仔细观察了一会儿，告诉我鼻中隔弯曲及鼻夹肥大是个经常现象，很多人都有，手术治疗可以改善，但是也有负面作用。他也让我第一次知道世界上还有螨虫这种和人类长期相伴的动物。

这次看病让我知道这种毛病不容易治愈，也应该找到过敏源。过敏源则可能千变万化，从春天的花粉、雾霾、尘土到伴生的螨虫——也就是那种长期蛰伏在被褥床垫和沙发地毯中、个头只有不到零点一厘米、肉眼基本看不到的微型害虫。螨虫与我们朝夕相处，有几十种之多，最常见的是尘螨，权威资料上说百分之九十以上，也就是几乎所有人天天被螨虫感染。螨虫的尸体、分泌物和排泄物都是可以致病的过敏源，也就说几乎每个人都有这种毛病，只是反应程度不同而已。

至于雾霾和尘土则不可小觑，现在许多朋友久居海外，短暂回国几周都感到不适应，或者过敏或者感冒，见面时一把鼻涕一把泪，吃饭时纸巾全程不离手。但是他们一旦回到其长期生活的北美或者西欧就自然好了，不治而愈。相比之下，已经被污染严重的我们倒没事，长期生活在尘土飞扬、雾霾经常光临的北京反而比较适应了。

之后我知道给我瞧病的叶老先生出身江苏一个富裕大家庭，从小到大一直都接受良好教育，大学毕业于上海圣约翰大学，那是新中国建立前一所西方教会学校，有"东方哈佛"的美誉，创下过民国教育的多项第一，曾经培育过林语堂、邹韬奋、宋子文和贝聿铭等中国历史上杰出人才，1952年院系调整时被解散。他在退休前已经是国内变态反应学科泰斗级的人物，和我们备受尊重的领导，同样是圣约翰大学毕业的中信公司创始人、前国家副主席荣毅仁先生熟识。所以我也能借着和叶小姐同事那层关系，以一个很多人都有的小病能看到大师级的协和医生，占用了叶先生察看疑难病症患者的宝贵时间。

叶先生的劝诱让我想起来西方医生的做法，就是告诉你真相，而不是只挑好的说，这点符合教会学校的理念，在法国经常看到天主教会医院，和美国那些基督教医院始终秉承着治病救人的精神，即使患者没钱，他们都会告诉你真相。

可贵的是认真态度

还是因为叶先生的缘故，我几年后又一次接触协和医院。那年因为胸闷，总觉得有些不舒服，回国后去哈尔滨市，顺便找了个熟悉的医院和熟悉的医生查了多普勒，结果这个医生查验后告诉我左心室偏大，得追加检查看究竟是功能性的还是气质性的。这个结论令我不安，因为心脏是人身体中的发动机，无论何种病变都会产生严重后果。

回京后请叶女士麻烦叶老先生介绍个协和的著名医生，记得好像姓李，是个中年妇女，一脸干练。由于介绍人德高望重，我也享受了一般患者没能享受的待遇，她让我躺在那里，自己一面不停地移动着鼠标查看着我貌似左心室偏大位置的多普勒图像，一面给我科普，讲解心脏构造和左右心室的差别，还像鹦鹉一般，嘴里不停地操着南方口音说："大什么大？大什么大？"之后她不仅直接否定了哈尔滨医生的结论，直言心脏没有问题，还指导我不少医学常识。

我知道在医生操作多普勒仪器观测心脏影像时，从不同角度切入就会不同的直径，也就意味着不同的尺寸，毕竟心脏不是圆的，所以从远距离切入和近距离切入当然结论不同。而心脏大小也就是毫米间的差距，大的超过一毫米就可能是病变。同样的仪器，操作者熟练程度不同，技术好坏不同，经验不同，都会导致结论不同。这是问题之一。其他造成差距的问题还很多，比如国内一流三甲医院进口的设备都是新的，调试规范，维修也规范，参数自然规范，误差不大。而地方医院为了提升地位勉强进口自己不熟悉的设备，却不重视人员培训和设备的定期维护，硬件有了，软件跟不上。有的医院甚至直接进口二手设备，那样造成的误差，以及由此产生的误诊更大。

协和不仅有国内一流设备，其医生消除病人疑惑的态度给我留下的第二个印象，那就是认真。世界上就怕认真二字，协和医生讲究认真。

难得的是明事理

第三次印象深刻的事则更戏剧性。那次因为胃肠不适，特意请同事叶小姐在网上预约了协和医院肛肠科一个有名的中年女医生。这次不认不识，我按照规定时间到场，等候了三个多小时，从清晨等到午间，看到她几乎七八分钟一个，连续诊断了二十几个病人后。我心想一定不能浪费这几分钟时间，于是像在面试前备考一样事先想好如何主诉病情，将症状归纳，尽量少说废话。不过进门后虽然我小心翼翼地陈述病情，还没说几句，女医生就打断我说："不要说以前的，就说现在怎么回事。"讲话中途被打断，原来背的台词不能说,我只好重新组织思绪,结果之后再度被她打断。这个情绪激动的女医生那天或是累了或是不知道什么原因,还夸张地放下手中正在记录的笔,不厌其烦地教训我:"挑关键的说,没看到我都接待那么多病人了吗?"

被几次抢白、恼羞成怒的我于是不再恭谦,荣誉感也就是爱面子的毛病又犯了,这时候的我可以不顾自己所处的不利地位、求人的地位,而会脱口直言反客为主的。那时候我已经气到胸口、不管不顾。我沉下脸挺直身体严厉地对她说:"别以为只是自己忙,知道我工作比你还忙吗,知道我知识比你还多吗,已经等候三个小时啦!你看病与否,至少说话得客气些吧?"

可能求她看病的人没人敢于这样直言犯上,可能教训人是她的家常便饭,可能病人们都毕恭毕敬不敢反驳,但当时的我目光炯炯,直视着她。这个小个子女医生愣在那里,知道碰上个厉害的患者,也猜不出啥背景,估计想发作又不敢,沉思了十几秒钟后,气得一把将自己已经写了好几行的病历笔记撕掉,呼出一口气,闭嘴不再理睬我,目视前方,像泄了气的皮球似的坐在那里待了半响。

我见势当然知道见好就收,也赶紧住嘴,目光于是变得温和,又说了几句恭维话,绅士风度重现。毕竟她是名医,网上很难预约,我其实也不想意气用事,白白浪费一次机会。她居然也很配合,缓过劲来之后,和颜悦色重新听我主诉,并再度认真记下病情,又写了大半页。之后她觉得没有什么大问题,反复告诉我不用再预约胃镜肠镜(尽管她表明马上就能给我开处方约)免得遭无谓的罪,吃点药先试试,可能就好转了。之后吃她开的药果然有效,名医手到病除,激将法果然管用。

于是,我的病历本就缺了一页。对我说来,尊严更为重要,病可以不看,药可以不吃,尊重不能没有!

不过我得承认,那个女医生一上午不间断看几十个病人,面对形形色色的患者和五花八门的主诉,普通人都会吃不消,难免情绪激动恶语伤人,所以能忍则忍,要知道在中国医院,尤其是在那些三甲医院当医生真不容易。假如不能忍受,就像我这样直言不讳,语带机锋,碰到个正直的医生可能会有意想不到的效果,当然你得做好连病都看不成的准备。为什么北方患者都喜欢协和医院,为什么中南地区患者都喜欢湘雅医院,为什么西南地区患者喜欢华西医院,一个具有悠久历史、具有信仰、教会背景、在乎自己信誉的医院是有医德的。时至今日,这里的医生尽管也难以抵抗现代社会的诱惑,尽管他们也收取红包,但是他们有荣誉感,有使命感,救死扶伤的观念根植在他们的脑海中。所以患者们宁愿千里迢迢从各地赶来重复医疗确诊病情,即便排几天队,缴纳几千几万甚至更多的医疗费用都在所不惜,简直就像朝圣一样。如果各地医院都秉承这个理念,如果各地医生都具有这种精神,我们还会出现那么多医患冲突吗?真相、认真、讲理是我对协和的三个印象。患者来协和会诊,想知道真相,想见到认真的态度,想听摆事实讲道理的医生。医生讲理,名医甚之,即便被冒犯,被教训,他们依然秉承医德,从患者角度而不是从自己私心来判断,这就难得了。所以我一直想招聘个协和医科大学毕业的博士,推荐他做医院管理工作,弘扬救死扶伤的精神。

学做一名好孩子

　　日本孩子游泳，在教练指导下行为规矩，鞋子都不会乱放，而是在最不影响泳客的位置摆成双排，摆放得整整齐齐，留出人行过道，毫不阻碍交通。要知道他们几乎一样的鞋码，游泳用鞋也大致相同，如果不按照顺序，摆乱之后就很容易穿错。这些游泳教练男女都有，也很年轻，几个教练在岸上，几个教练在水中，水中的教练以肢体动作教学，岸上的则用语言大声指导，各司其职。看到这个场景，你感受到的就是敬业！每次游泳课结束之后，这些孩子快步跑到游泳馆室外，集结后，列队向教练们鞠躬，齐声用日语大声喊出感谢。教练们也笔直站在那里答谢，像军队出征仪式一样，神圣而庄重，次次如此致意，回回令人动容。

　　北京市内有个二十一世纪中日友好中心，位于新建的日本大使馆对面，在东三环燕莎商场东侧，是一个庞大的综合设施，既有酒店又有体育馆、操场以及网球场，还有个 50 米的室内标准游泳池。这个中心建于 20 世纪 80 年代，是日本政府援建给中国的。建成之后为北京人提供了一个常年运动场所。在 2008 年的北京奥运会举办期间，政府专门出钱修缮，之后的这个地方成了奥运会游泳参赛人员的训练场所。沾上奥运会的光，整修之后的游泳池水质清澈，循环系统良好，深受京城各路泳客欢迎，我也是其中之一。

不知道从哪一年起，这里也成了日本学校小学生游泳课的场馆，差不多每周都可以看到他们蜂拥而来又一哄而去，还都是在一个固定时间。在孩子们身上，我看到了一个有纪律的团队，一种责任心，以及尊重长者的习惯。

守纪律的儿童

这些孩子看上去十岁左右，个头差不多，男女各半，有四十人左右，光是男生就有将近二十人，每次都是那么多，应该是同一个学校甚至同一个班级。当看到更衣室门口摆放的小鞋成排，我就知道又遭遇这些孩子了。

刚开始时，我无意与这些孩子为伍，想换时间游泳避开他们，毕竟他们会占用过道，占用泳道和更衣室。后来逐渐发现，这些孩子在教练指导下行为规矩，鞋子都不会乱放，而是在最不影响泳客的位置摆成双排，摆放得整整齐齐，留出人行过道，毫不阻碍交通。要知道他们几乎一样的鞋码，游泳用鞋也大致相同，如果不按照顺序，摆乱之后就很容易穿错。几十双鞋，想想看，如果穿错得花费多少时间？

因为我游泳时间和他们大致相同，入池前还经过他们的训练区域，就常常近距离观察一下，看看这帮孩子泳技如何。每次都看到他们在教练指挥下，只占用两个靠边浅水区泳道，绝不踏入旁边深水区。所以每次挨着他们游泳，只觉得浪大一点，旁边欢声笑语多一些而已，并没有被打扰的感觉。

几次下来，我发现日本孩子的游泳课只有一小时，和我出水时间也相同。开始我想抢先一步出水，进浴室快速洗浴，免得碰上他们占据喷头误我的事，后来发现没这个必要。因为他们只用两个浴室之中的一个，绝不去另一个，不会影响别的泳客。而且孩子们冲洗神速，和国人泳客淋浴得花费十几分钟相比，他们用水实在是很少，一个人只用几十秒时间，相当一部分孩子还根本不冲洗，毛巾擦干身体后直接穿衣服。几十个十岁左右的小学生，像一帮欢快的麻雀，一窝蜂冲进更衣室，又一窝蜂冲到门外，前后只有几分钟时间。我在常去的泳客中属于洗澡穿衣速度快的，每次都是落在他们的后面。

许多朋友知道游泳是一种最好的运动，但是嫌换衣洗澡麻烦，觉得游泳池用药净化水，对皮肤不好，所以游后得认真冲洗。日本人是一个整洁爱干净的民族，他们的孩子应该和我们的孩子一样金贵，他们是明知道这点也不惯着子女呢，还是他们以此表示对环境的尊重，对泳客的尊重？

具有责任心的教练

中国人有句老话叫作"有其父必有其子"。孩子们的良好习惯来自父母、老师和其日常生活中的教练。

这些教练男女都有，也很年轻，全部操着流利的日语。我估计他们之中有的是兼职，因为在北京这样的城市，光靠当游泳教练维持不了生计。这些人目不斜视，所有的目光都集中在孩子们身上，几个教练在水中，几个教练在岸上，相互距离不超过十米，一旦有事，他们会在几秒钟赶到。水中的教练以肢体动作教学，岸上的则用语言大声指导，各司其职。看到这个场景，你感受到的一个词就是：敬业！

第五章　做契约精神的守护者

在水中这些人是教练，出水后他们则成了监督员。和孩子们一样，他们也几乎不冲澡，而是监督孩子们更衣换鞋，尤其是监督这些天真少年不要影响到其他泳客。如果孩子们扎堆挡住通道，或者将湿衣服堆满椅子，这些教练就会过来纠正错误，马上改正，并礼貌地向我们道歉。其实我们这些人自从回国后已经习惯国内的脏乱环境，并没觉得孩子们有何不当之处，教练的致歉往往让大家受宠若惊。

国人泳客这时候都很知趣，纷纷躲在一边擦拭身体，让这些小家伙从容地脱裤穿衣，大家都对他们称赞有加，知道他们训练有素用不了多少时间，绝不会因为他们突然占据大部分换衣服的椅子而恼火。不过他们一旦离去，中国泳客又恢复原状，我不止一次看到泳客之间因为占位、碰撞而发生争执。

日本小孩从小就知道自己的事自己办。他们坐着校车，在教练带领下冲进泳池，自己换衣穿鞋，没有父母看护，没有爷爷奶奶陪同。相比之下，我常见到中国十岁左右的孩子被父亲带着、被爷爷带来换衣服时的场景，他们恨不得亲自帮孩子洗。那次一个同样大的男孩子让爸爸陪他从更衣室一直到浴室，坚持让爸爸帮忙打开水龙头，他老爸则躲在旁边怕淋一身水，两人僵持了好一会，男孩才在父亲的训斥下不情愿地自己拧开水龙头。

我见到的父亲还是会教训孩子的，碰到的爷爷则不是。这些爷爷来游泳池，基本上都是一种功能：帮忙穿衣服。我也见到自己也游泳，顺便帮孙子穿衣服的那种，但是为数不多。大部分爷爷都有的是时间，和蔼可亲，轻声慢语，对孩子呵护有加，将其抱到椅子，认真地将其擦干，而那孙子则一脸享受的样子。我想到的也是一个词：溺爱！

尊重长者的习惯

当然，这些日本小学生也会像同龄中国孩子那样丢三落四，我只见过一次。当我叫住最后那个孩子，告诉他凳子下面遗漏一件儿童泳衣时，他表示了感谢，捡起这件泳衣。之后让我印象深刻的是，他随即像猎犬一样将每个凳子下都弯腰看了看，确认没有其他遗漏才跑出去。他们的教练其实每天都是这样，最后一个出去，走之前都要四下看看孩子们忘记什么没有。结果就是他们每次旋风般经过更衣室后，就什么都没有了。没有遗留泳具，没有塑料瓶，没有塑料袋，没有任何垃圾。如果是十几个中国小孩子经过这里，管理人员要清理的东西会很多。

我知道这是为其他人着想的举动，是一种利他行为。如果大家都有利他之心，行利他之事，想利他之想，那我们的居住环境就会大为改善。

结果就是21世纪的泳客都对这些孩子称赞有加，有人欣赏他们把鞋子摆放得整整齐齐，像军人一样；有人啧啧称奇，说他们出水后竟然不洗澡，不妨碍任何人，直接穿衣服就跑了，继续之后一天的课程。

不过最让大家感动的是每次游泳课结束之后，这些孩子快步跑到游泳馆室外，集结后列队向教练们鞠躬的场景。他们齐声用日语大声喊出感谢。教练们也笔直站在那里答谢，像军队出征仪式一样，神圣而庄重，次次如此致意，回回令人动容。

我自己其实早年学过日语，长时期不用都忘光了，自觉得无能

第五章　做契约精神的守护者

力和这些孩子们交流。不过，有一次正在换泳装时，旁边一个男孩子用稚嫩的童音问我："叔叔，能不能帮我脱下泳衣？"他说的一口纯正北京话，在一群叽叽喳喳用日语吵闹的孩子中就特别显得突出。我帮他扒泳衣时，发现这种连身泳衣虽然可以起到保暖作用，但是太紧，别说小孩子，连我这个力气大的成年人将其脱下来都十分吃力。

高个日本教练听到我们谈话，径自走过来向我表示感谢。我怀疑他是过来查看发生什么情况，是否孩子有任何扰民现象。发现不过是帮个小忙后，他也用标准的普通话告诉我，这些孩子中不少家庭是中日合璧，中方妻子、日方丈夫，所以孩子们从小就说至少两种语言，中文普通话也很标准。我知道只要中日通婚，夫妻双方即便在北京生活工作，必定上日本学校，而不去中国学校。

这孩子听到后很自豪地说："我妈妈是中国人，我姥爷也是中国人！"

我一手向上脱泳衣，另一只手还得压着这孩子，因为如果我双手向上提拉的话，男孩就得卡着脖子被我提起来，整个脸就会被紧身泳衣严密裹着，我真担心把他的小脑袋一起也连根拔起。那游泳衣紧身得连小孩子的每条肋骨都能看出来，弹力极好，感受不到一点松弛。相反，我买的国内游泳裤开始都一样紧身，但是过一段就自己松弛，最后屁股部位松弛得像老人肚子，每拉下来就显得很难看，只能扔掉。经过好一番折腾，终于将泳衣脱下，我告诉他："回家后跟你妈说说换一件泳衣吧，这个有点小了。"

结果他回答："游泳衣是在日本买的。"换上衣服后想了想，他又加上一句："日本的便宜！"

我听后为之一震,小小年纪已经知道比较,知道日本产品质量好,关键是还便宜!

第六章　契约精神比财富重要

财富错觉是一种幻象

财富错觉和货币错觉有相同之处，那就是错觉均产生于货币形态，都是对个人资产和收入的错误判断，并导致类似的消费行为。不同之处在于，货币错觉误解的是货币实际购买力，它产生于名义工资和社会物价波动的差异。财富错觉来自三个方面：获取货币的能力，总资产的预期以及货币购买力。产生错觉的人虽然知道自己的收入水平，扩大了对自己消费能力和投资能力的错误判断，进而使消费和投资的数量、金额都失去控制。我们的错觉在于经过三十多年的持续增长，人们固执地觉得，没有经过大萧条，所以就认为不会有大萧条，没有碰到经济危机，就不会有经济危机。昨天能赚钱，意味着今天也能赚钱，今天能赚钱，意味着明天也一定赚钱。错觉本身并不危险，问题出在错觉产生后引起夸张性消费导致的后果。所以财富错觉也大于货币错觉。货币错觉可能导致个人和地方财政崩溃入不敷出，财富错觉则可能导致个人破产和财政崩溃。

财富错觉和货币错觉

经济学中有一个概念叫货币错觉（或者说货币幻象），讲的是人们对货币心理上的估价，而忽视了它的购买力。这个错觉的产生是由于人们只把货币同其表面价值相联系，对其实际购买力的变化却没有足够的认识。有货币错觉的人在工资加倍、物价上涨也同样加倍、实际工资保持不变的情况下,仍有富裕了的感觉。

西方经济学家认为货币错觉的作用是很厉害的:因为人们的工作行为和工作意愿在很大程度上基于他的货币工资水平,而不是他的实际工资水平。所以,在一个人的货币工资下跌时,即使物价水平也下跌使其实际工资保持不变,他也会拒绝工作表示抗议。反之,当他的货币工资不变,物价上涨使其实际工资降低时,他却没有亏损的感觉,也不会停止工作。

同时货币错觉对居民消费会产生影响,在工资和物价同比上涨而实际工资不变的情况下,仍然会扩大购物,使实际消费水平增加。也就是说,人们在钱多些的时候会增加自己的消费,却忽视物价上涨,从而会使自己的储蓄降低。

财富错觉和货币错觉有相同之处,那就是错觉均产生于货币形态,都是对个人资产和收入的错误判断,并导致类似的消费行为。同时,产生两者的原因和背景都类似,它们都更多地出现在发达国家而不是非发达国家、现代社会而非传统社会、年轻一代而非年老一代。

但是在发展中国家向发达国家过渡、传统社会向现代社会演变时,也会出现财富错觉,比如在储蓄率高涨的中国。甚至在年老一代也会有这种现象,尤其是在富裕社会,比如在储蓄率极低的美国。这一个特征还与一国政府的经济政策、银行的信贷政策、社会保障体系以及个人性格和生活习惯有关。

货币错觉和财富错觉两者不同之处在于,货币错觉误解的是货币的实际购买力,它产生于名义工资和社会物价波动的差异。出现货币错觉的人,已知自己的名义收入水平,知道自己借贷能力有限,对自己消费能力的错误判断有限,所以他们扩大消费的数量和金额也是有限的。

财富错觉则出于一个人对其获取货币的能力和对自己总资产的预期。财富的概念大于货币概念,货币只是财富的一种表现形式。对个人说来,工资、存款和收入是其财富的一部分,而其财富还包括股票、房产、借贷能力和未来获得收入的能力。所以财富错觉也大于货币错觉。

由于长期以来形成的消费习惯,在股市上涨,自己账面价值增加时,他们就会扩大消费,而当股市下跌时,却不愿意紧缩开支。这符合杜生贝的假定,就是个人消费支出的变化往往落后其收入的变化。因为消费者的错觉已经形成,消费习惯已经培养出来了,改变它需要时间。如果不能减少储蓄,他们就会用借贷来维持已有的支出。

比如房地产市场,尽管房地产是用贷款换来的,房子已经抵押给银行,但仍在消费者的名下。消费者在估算自己的房产时,印象最深的是它值多少钱,然后才是欠银行多少钱。前者是算给自己的,后者是算给别人的,当然计算时靠后。这可以是财富错觉的第一个特征。

预期收入常常是财富错觉的另一个特征。现在人们已经习惯收入以年薪计算,会使人高估自己的财富。从原来月薪几百几千的计算习惯,改成现在年薪动辄几万十几万的计算方式,让人顿时觉得很有钱,现在百万甚至千万年薪的也不让人惊讶。而仅仅二十多年前,万元户还寥寥无几。如果认真想想,十几年前我们把多年的积蓄凑一凑还是可以付清房款的,现在可能倾尽所有还不够首付、必须要去银行借贷！所以我们手中的财富只是个数目，其中充满幻象。

财富错觉更意味深长的是汇率。对消费者说来这是个明显的财富特征，而且是国际比较出来的，似乎也更具说服力。多年前外国比中国便宜的是汽车和高档消费品，如今国人出国旅行度假发现其实很多商品比国内便宜，比如美国市场的维生素和非处方药品，西欧市场的奶制品，日本韩国市场的营养品和化妆品。财大气粗的国人现在在国外出手大方豪气，让这些国家的店家越来越依赖中国消费者。其实，并非这些国家的商品便宜了，他们的价格原来就是那样，而且还上涨了，只是我们的物价上涨得更快。原来我们在物价上涨前去市场尽量多买些东西存着，现在我们有钱了，作为这个发展中国家的消费者，还得花国际旅费远道去西方发达国家抢购！

人民币持续升值带来的问题还在于，人们越来越倾向于将消费转移到国外，直接出国购买原装的外国产品或者通过代购持续进行远程消费，就像现在大家都蜂拥去香港采购奶粉一样；人们也越来越倾向于将财富转移到国外，购置比国内条件好又便宜的房产，送子女出国留学。这将使得我们国家的消费品声誉继续受到打击，导致内需不足，也会使国民财富大量流失。

至于那些没有能力转移消费和转移财富的广大普通百姓说来，他们只能用更多的现金换取更少的商品。他们的感觉是现金多了，但是性价比却没有更好，甚至花了更多的钱买到质量比以前更不好的商品。

如果说以上所讲的消费者错觉，对中国未来经济发展影响有限的话，对现今地方政府来说，财富错觉的危害更大。因为他们的赌注基本上押在土地升值和中央政府担保上了，卖土地成了他们财政收入的最大来源，所以他们不愿意看到房价下跌进而地价下跌的局面。而他们设立各种投资平台，四处借钱期待的就是最后中央不得不为了保增长而放松银根，就像2008年金融危机后砸下的4万亿一样。因为地方政府无论欠多少钱，至今没有倒闭的。他们自认为就是中央政府的一部分，于是就觉得自己在这个国家管辖的地盘上有无限筹资的力量，可以继续发债，以旧还新，把地方债的雪球越滚越大。

只是，经济有其规律，历史有其借鉴，现实有其佐证。当北京城中心地段房价超过香榭丽舍大街周围房价时，当美国一些曾经十分富裕的地方政府资不抵债宣布破产，而国内地方政府欠债不还，还拍胸脯继续大张旗鼓地投资时，我们自己是否要想想在经济实力增长中有多少业绩是注水的，有多少财富可能只是一种错觉？

财富错觉首先是心理上的：有货币的人会有货币错觉，有财富的人会有财富错觉。这两种错觉都有扩大而不是缩小自己财富的倾向。错觉不一定会影响人未来的生活，如果它不被夸大并付诸行动的话。

一般地讲，相对富裕阶层的财富错觉大于相对贫穷的阶层，但并不是每个富人都有那么大的错觉，从而有那么大的消费，它还与个人性格和生活习俗有关。比如说，瑞士人比美国人还富裕，但他们倾向于低调的生活和平民式的消费，他们的财富错觉就很小。美国人的财富错觉很大，因为其人民有借钱消费的习惯，其政府有扩大赤字的冲动，结果他们在2008年遇到了深重的金融危机，至今还在财政悬崖的边缘。但是美国有美元的铸币权,可以大肆印刷钞票,让其他债权国帮着它一道还钱,而美国的政体还有壮士断腕机制,可以让资不抵债的银行和地方政府倒闭,使其不至于拖累整个国家经济。我们国家则只能自己面对可能的乱局。

我们社会的财富幻象

2005年时借用经济学中"货币错觉"的概念,我提出了"财富错觉"的观点,指当时人们对美国人的财富和美国人对自己的财富的一种错觉,所举的例子也都是美国的。后来我写的《财富幻象》一书和其改编版《信用制度的深度透视》一书讲的就是这个问题。现在我倒是觉得,可以将这个概念用在国人自己身上了。因为几年过去了,我们的财富错觉之深已经可以和当年的美国人媲美,我们的借贷和投资倾向也和美国人一样,我们社会中以旧债抵新债的庞氏骗局远多于美国。2007年后美国陷入次贷危机了,我们也应该反思一下自己。

财富错觉来自三个方面:获取货币的能力,总资产的预期以及货币购买力。获取货币的能力又来自借贷、继承和对未来的预期;总资产的预期又来自股票、房产和其他投资;货币购买力又来自名义工资、物价和其他。我把财富错觉(或者往大了一点说就是财富幻象)定义为:人们高估自己的借贷能力或波动性的预期收入,出现比以前富裕了的感觉,由此产生过度消费的冲动,并在实际生活中增加了支出。

目前国人在这三个方面都出现了错觉,错觉之大已经可以称之为财富幻象,而且这种幻象日益严重。

能力的预期

财富错觉首先源于国人对自己获取货币能力的预期,源于长短期的借贷市场的怂恿。商业银行的信用卡和房贷业务是始作俑者,其他非银行金融机构比如信用社、信托公司、私募资金,则像影子银行一般在背后推波助澜。

在短期资金市场,一方面银行信用卡职员在以揽客户为主的绩效机制下,2002年后大肆发卡,使在校大学生和许多不具备稳定还款能力的人也拥有了多张信用卡,让其购买力急剧扩大;另一方面,他们又借口节假日购物提高那些有还款能力的人的临时信用额度,并最终使其永久额度迅速扩张到每月几万甚至几十万的水平,让持卡人顿生豪气,产生越消费越有钱的错觉。

我一个朋友在美国生活几十年了,又在银行里工作,每张卡信用额度也不过几千美元而已。他很吃惊在信用制度不健全、个人信用报告远非成熟的国内,人们信用额度能够在短期内高过美国这个最典型消费社会的水平。

在长期资金市场,由于房贷的随意发放,几十年前一分钱掰成两半花的国人,现在已经完全接受美国人借贷的理念,买房子就找银行贷款,银行还真贷。虽然我们的首付远高于美国人的水平,看上去没有美国次贷危机那么大的风险,但是许多国内买主买的却不只一套房产,背负的也不只是一套贷款,他们在住房上欠债不仅普遍,且投机色彩更大。他们签订的又都是浮动利率的贷款,如果利率上浮,房地产抵押贷款成本陡增,上浮的利率越高,压力越大。

于是,产生错觉的人虽然知道自己的收入水平,却夸大了自己的借贷能力,他首先想到是能支配的金额,其次才会想如何还掉欠款,因此扩大了对自己消费能力和投资能力的错误判断,进而使消费和投资的数量与金额都失去控制。

资产的预期

财富错觉还出于一个人对自己总资产的预期,源于资本市场波动性。

由于国内股市几年来持续下跌,而房地产价格十年中大幅度上涨,使得后者成为许多中国家庭消费者资产负债表上的最大一块财富。而房产价格像菜价一样成倍成倍地增长,消费者就会认为自己的财富也跟着成倍成倍地增加,尽管对其中大部分家庭来说,仍然住着同一套房子,如果不变现就没有增加实际的财富。本来房地产市场也是波动性的市场,而房屋价值和股市一样具有挥发性,通常没有股市波动那样强烈和那样频繁,但也有大起大落。其涨落就跟日月阴晴圆缺一样,生活中不可能永远充满阳光。20世纪90年代的海南和鄂尔多斯以及温州房产的今天,告诉我们当这种挥发性蒸汽般财富被阳光吸干的话,后果会有多么严重!

问题是到目前为止,中国房价只涨不落,而且涨的幅度比菜价还高。政府屡次出台的限制政策不仅没收到太大效果,之后还可能出现某些人期待的"报复性上涨",于是给人们一种中国房地产市场特殊的错觉。

国内房产价格一直在大幅度上涨是事实。但是我们不要忘记另一个事实,那就是西方国家土地是私有的,房子是私有的,是自己的产权,可以祖祖孙孙地传下去。我们拥有的仅仅是居住权而已,而且还有五十年和最长七十年的规定。最初20世纪80年代购买房子的那些人,现在的居住权只剩下四十年左右的时间。换句话说,国人充其量不过用了西方人买产权的钱给自己买了一个居住权而已,不仅花了个比西方人大的价钱,还不能住一辈子!

前一段新浪网上一条带图片的新闻让我震撼,南方一个长蛇般的高铁,竟然建在了只有三年楼龄的楼顶上,就是因为地方政府乱规划,先把地当作商品房用地卖出去,房子建好后规划变了,成了工业用地,这个已经住了人家的新建楼盘就得拆除,买房者顿失资产。在西方私有产权不容侵犯,而我们拥有的不是产权,在地方官员眼中国家利益甚至地方利益高于一切,所以想侵犯就侵犯。

对自己资产预期的错觉还不仅如此。我们家庭的房产一般不上保险,国人现在还没有这未雨绸缪的习惯,而且家家如此。设想一下,即使没发生地震,仅仅是一场大火就可以烧掉一整栋建筑。这样的话就连居住权都没有了。

相比之下,纽约世贸大楼在2001年"9·11"事件中被炸毁,至今十多年过去了,那里依然是个大坑,但是其公司并未倒闭,因为他们为大楼上了保险并获得了赔偿,更让人意想不到的是,这两栋先后倒塌的大楼,虽然受到一批恐怖分子袭击,却获得了两次赔偿,因为他们成功说服了法官,打赢了官司,指出世贸大楼是受到两架一前一后分别从不同方向冲过来的飞机的袭击,所以要赔不止一次。赔付的钱够他们再建两座同样的大楼。

这样说来,以我们70年连保险都不上又没有明确法律地位的房产居住权、30年左右的平均房子寿命、加上周围缺水还逐渐被污染的环境,比之西方国家上了保险及永久受法律保护的私有产权、上百年甚至更长的房子寿命和周围绿化环保又温馨的环境,硬说我们的房子比他们的更值钱,如果说不是错觉、不是幻象的话,还能是什么?

政策的因素

财富错觉虽然是一个主观的概念,反映的却是客观社会,与一国政府经济政策以及相应的银行信贷政策有关。在我们国家,地方政府的急功近利成了一种加速器,使得财富错觉蔓延到整个社会。

如果把资金和土地资源比作水和面的话,没有经过民选的,也就不在乎民意的地方官员,就像一个个斗志旺盛的厨师,相互竞争着做 GDP 蛋糕,还相互比拼看谁的做得大。但他们毕竟没有经过严格的民选考试,因此只有斗志没有经验,货币政策宽松时就水多了加面,国家耕地红线松动时就面多了加水。招商引资搞配套资金就是找钱,能拿出抵押的无非是土地,于是土地和矿产被浪费式地开发,如此循环不已,却不顾由于发展过快失去平衡,关键性的原料匮乏到无以复加的地步,电力紧张,水源供应不足。就像本来做小蛋糕后来头脑发热改成大版蛋糕一样,结果奶油不足,糖也不够,做出来的不像蛋糕只像馒头。

可能最后被他们出笼的只是一个巨大的发面馒头,没人吃得下,过不久就会坏掉,但是坏掉之前他们依然认为那是蛋糕。

这使我想起来 20 世纪 50 年代的大跃进,为了大炼钢铁,人们甚至把家里煮饭的铁锅都贡献出来砸了去炼铁,以便在低水平工艺下造出更劣质的东西,只是为了达到规定的指标。如果每届地方官都这样竭泽而渔,可持续发展从何谈起?

他们的错觉在于,只要引进了项目就会有税收,修建了公路就会有现金流,只要造了房子就能卖出去,即便卖不出去也能熬到地价上涨而凭空升值。这样造成的结果就是大家不用花钱费力地搞科研,企业不用技术更新,大家都来炒地就行了。

他们的错觉还在于,无论欠多少钱,中央政府最后都会兜着。但是他们忘记了在1998年,中央政府因为中国第二大信托投资公司广东信托投资公司不能支付到期债务而让其倒闭,让它自己承担责任以儆效尤。这成为新中国成立以来第一家倒闭的大型非银行金融机构,也是有史以来最大的国有企业破产案例。

中央政府不是万能的上帝,事情并不总是向人们期望的方向发展。经济规律才是被几百年实践证明的客观现象。

习惯的改变

财富错觉和货币错觉有相同之处,那就是错觉均产生于货币形态,都是对个人资产和收入的错误判断,并导致类似的消费行为。同时产生两者的原因和背景都类似,本来,它们都更多地出现在发达国家而不是非发达国家、现代社会而不是传统社会、年轻一代而不是年老一代。

在建国到改革开放,甚至到了20世纪80年代,国人是没有财富错觉的,但是在发展中国家向发达国家过渡、传统社会向现代社会演变时,也会出现财富错觉,即便是储蓄率仍然高涨的中国。因为中国人变了。

中国社会变得更现代,中国经济变得更重要,中国人变得非常有钱,人民币正一步步成为国际货币,中国发生了天翻地覆的变化,相当多的国人比西方人更有钱,许多领域已经是发达国家的水平。于是中国人变了。

本来节俭是中华民族长久的美德,曾经以朴素著称,但是现在变了,地方政府和居民都养成了扩张性消费的习惯,似乎越支出政府越有钱,越消费居民越富裕。透支已经成为日常生活。美国人借贷式的支出和浪费式的生活方式在中国得到越来越多的效仿,美国式的次贷危机也潜伏在我们这个原本收支平衡的社会。

现在看来,美国人的问题是过度消费,中国人的问题是过度投资。美国人乱花钱,中国人乱投钱。但是,过度消费和过度投资都是不正常的行为,不要以为消费就是把钱花掉就没有了,而投资是花出去的钱还会回来,甚至成倍地回来。于是人们热衷于庞氏骗局般的民间信贷,热衷于无理智的高额回报,热衷于股票,热衷于房产,如果事情发展都像期待的那样,就不会有崩盘的集资、崩盘的股票和崩盘的地产商,到处都可以看到的烂尾楼告诉我们:那可能是一种错觉,一种财富的幻象。

我们的错觉在于经过三十年持续增长,人们固执地觉得,没有经过大萧条,所以就认为不会有大萧条,没有碰到经济危机,就不会有经济危机。昨天能赚钱,意味着今天也能赚钱,今天能赚钱,意味着明天也一定赚钱。

在北京同类地段房价开始超过巴黎时,浙江的土地开始贵过日本,就像20世纪80年代东京的地产价值贵过美国整个加州一样,我们的错觉也在进一步加深。就像那梦幻般诗句一样:一半是火焰,一半是海水。而在我们的看上去拥有的财富中,可能一半是真实的,一半或许是幻象……

　　错觉本身并不危险,问题出在错觉产生后引起夸张性消费导致的后果。由于财富的概念大于货币概念,货币只是财富的一种表现形式。所以财富错觉也大于货币错觉。货币错觉可能导致个人和地方财政崩溃入不敷出,财富错觉则可能导致个人破产和财政崩溃。所以说财富错觉比货币错觉的破坏力更大,小到使家庭财富化为乌有,大到使社会为之动荡。

首都红利背后之隐忧

居住在北京的人，享受着作为首都人的一种优势，也可以称为"红利"，而这种优势，是居住在北京以外的国人没能享受到的。北京的房地产就是北京人最大的红利。对北京人说来，只要拥有北京几套房产，就一生衣食无忧。对于外地人说来，既然北京房地产只涨不跌，他们会想方设法在北京买几套房子。既然拥有了保值且不用花什么成本就可以维护的产业，那为什么还要奋斗？既然买个房子就能保证终生富裕，那为什么费大力气干有创意的事情？只要会买房和卖房就能稳赚大钱，为什么还要学那么多专业课？于是人们接受教育的意愿普遍降低，大量具有较高知识水平和技能素质的劳动力被边缘化、贫困化，知识创新因此缺乏机会。如果北京人真是这样坐享红利、为红利而红、为红利而利，又不思进取的话，就会跌入"红利陷阱"。

当下人们喜欢说，改革是中国当前最大的红利，因为改革措施带来了经济发展和社会进步。这种"红利"是指国家通过体制变革和机制创新，给人类社会发展进步带来全部有益成果的总和。

本文讲的是居住在北京的人，享受着作为首都人的一种优势，也可以称为"红利"，而这种优势，是居住在北京以外的国人没能享受到的。这种优势包括：北京有中国最好的教育，比如最好的中小学、最好的大学，比如北京大学、清华大学，北京有中国最好的医疗，比如协和医院和同仁医院；北京有中央政府，所以各个地方政府都纷纷来北京设立办事处，以便随时能够"进京跑部"，为地方争取利益。同时北京有全国最贵的房价，越来越贵，而且无论多贵，哪怕贵过西方国家首都的房价很多，国人都认为很正常。

红利本来是指投资人从股份公司那里分得的利润，或者说是股份制企业给股东的派息，也指集体生产单位的个人所得的额外收益。这几年来，这种说法被扩大了，其内涵也更广阔了，比如"资源红利"、"制度红利"、"人口红利"、"改革红利"。"红利"满天飞，所以本文借用了这个说法，但主要说的北京的房地产，因为这是北京人最大的红利。

红利引发的问题

北京房地产，就绝大部分人（如果不是全部的话）认为是只涨不跌的，因为无论谁都想在首都买房子，以便享受各种隐形好处。而对北京人来说，他们则坐拥房子不卖只等升值，外地人买不到，就只好出高价，于是那些贪官污吏，就十几套几十套在北京购房，既不出售也不出租。我经常看到这种无法探知主人的房子，几年都空在那里。再加上各省市驻京办事处，他们即便被国务院规定处在取缔范围里，摘掉牌子也要继续维持运营。

对北京人来说，既然只要拥有北京几套房产，就一生衣食无忧，那在北京的人们就失去了进取的动力，失去了创业的动力，甚至会失去工作的动力。既然只凭一时的胆略，赌对了方向，那为何辛辛苦苦奔波工作？于是大家的共识就是干什么都没有房地产上涨的利润来得容易，来得让人觉得轻松无比。他们的后代也就失去了创业和奋斗的动力,因为房价永远上涨,只要手上有几套北京房产,就子子孙孙都衣食无忧了。

对于外地人来说,既然北京房地产只涨不跌,他们会想方设法在北京买几套房子,只要有钱就买北京房子,买房子之前动力十足,买到房子之后,则怠惰之心大发:既然拥有了保值且不用花什么成本就可以维护的产业,那为什么还要奋斗?

于是外地人在限购之前,纷纷来北京购房,而北京人赚得盆满钵满之后,就想到去国外购置房产,这样一来中国宝贵的资本就流到国外,为西方国家过剩的地产,提供了源源不断的资金。就像我们长期积累的外汇储备一样,为美国人的繁荣提供了资助,而对方还不感谢我们!

所以在房价上涨还是下跌这种当政者和社会舆论纠结不清的问题中,就得从长期看,哪个好处最大,或者哪个坏处最小。有一点是肯定的:即便大跌的话,对国人来说也就是肉烂在锅里,中国人自己还能享用,但是如果房价继续涨下去的话,就真的是肥水流进外人田了!流进的还是某些地方官员称之为"敌对势力"国家的外人田。

不平等的加剧

在西方,持有房产会付出持续不断的巨大成本。比如在美国,土地税是根据当地情况水平而定的,地段好的税高,地段差的税低,只有收入高的才能支付得起好地段的税负,因为这种税不是像国内一样买房子时一次性缴清,以后就一劳永逸了。美国土地税年年都要缴纳,尽管土地是私有的。所以,即使你有足够的存款和贷款额度买房,也得年年有足够的收入来支撑,收入大幅度下降,就搬出豪宅的例子比比皆是。

而在法国,税负更甚,不仅要收取土地税,居住在房子里的还要支付居住税(当然只是承租者而非房东则只需要支付居住税),第二套住房税负还高。此外还会收取空置税,就是指买了不用放在那里,占了茅坑不拉屎的现象。这种税负就是二次分配调节,一次分配不公正的事情在二次分配中予以纠正,这是政府的职能所在。

有人辩称,在法国南部买的别墅装修豪华,租金很高却自己没收到钱,因为帮其管理的那个法国人,声称维修费用太高,税负很重,所以也没有赚到钱。我想这可能是实情,因为西方国家尤其是平等色彩浓厚的国家,一是要让人人有房住,二是让富人缴纳更多的税赋。法国政府甚至起征富人税,高达70%,有的富人甚至被逼出自己的国家。

这样看来,在这种西方国家,空置不如出租,至少房产可以自行运转,支付得起;出租不如自住,因为维修等事麻烦,再说遇人不淑的话房子被损坏、下水道被堵塞都是扯皮的事。西方国家制订这种税收政策就是要达到让富人缴纳更多的税,同时不让房屋闲置这个目的。

在当今中国,持有房产者不用付出多大成本,在支付一定的土地税后,居住是没有税的,空置是没有代价的,住房拿来出租是没有收入税的,拥有多套住房也没有惩罚性税收。一句话,所有这些在西方国家行之有效的社会再分配政策都在我们国家缺位,于是富者更富,而我认识的在金融机构工作的青年人,挣了上万元工资，还哀叹买不起房子。房价越涨，这些外地留京打拼的青年越买不起。

所以在房产税和居住税之外，政府还要考虑征收空置税，空置越久税赋应该越高，逼得这些房叔房姐卖出房产。因为空置是资源的浪费，是对那些没有家庭背景却努力奋斗的青年人的不公正，还是对社会主义的莫大讽刺。因为西方资本主义国家已经这样认为也这样做了。

创新者的低落

本来中国原来还有个"行行出状元"的说法，现在看来就经济增长角度，只有一个行业能出状元，而且年年出状元，那就是北京房地产。当大家都认识到这一点之后，所有的资金都会投到北京房产之中，没有资格的人会通过有资格的人投入，没有资金的人会借入资金投入。于是一木逢春，余皆枯死。

但是房地产又是个低端的行业，面对其他创新式行业，它加工链很不长，产品又单一，而且占用物质资源太多。比如水泥和钢铁本来可以修建更多的高质量公路和桥梁，却被大量用来做混凝土建筑物，而这些建筑物比起发达国家同类物来说又很短命。建造时它们造成污染，存在时又空置很多，拆除后又造成大量不能再生的垃圾。

更致命的是它挤占了技术含量和附加值高的产品的资金，使得创新行业和高新技术产业的发展资金匮乏，也使得这种靠资源和数量的投资不可持续。既然买个房子就能保证终生富裕，那为什么费大力气干有创意的事情？

同时由于北京房价之高，让人望而却步，其他行业人力资本的投入无法得到额外的收入补偿。只要会买房和卖房就能稳赚大钱，为什么还要学那么多专业课？于是人们接受教育的意愿普遍降低，大量具有较高知识水平和技能素质的劳动力被边缘化、贫困化，知识创新因此缺乏机会。而在现代经济结构中，人力资本是推进经济增长的主要动力，其作用与收益大于自然资源，但是北京房地产行业一花独放般地扩张，同样地把人力资本的积累效应给"挤出"了。

2013年年底的一个大新闻，不是某某房产销售小姐获得几百万奖金的事了，而是某间县级房地产公司开年会，将万元人民币叠成小山，众多获奖者乐颠颠地用面袋子装钱扛着走。如果现行的政策不变，房市上涨预期依旧，今后就会有更多房地产销售人员用麻袋用汽车搬运奖金，贫富差距将再度扩大。

腐败根源

在产权制度不清晰、法律制度不完善、市场规则不健全的情况下，土地和河流湖泊等自然资源还会诱使"机会主义"行为及寻租活动的产生，一方面造成掠夺性征用和建设，另一方面却造成大量的资源浪费。

为房地产造势的不仅有地方官员，更有专家学者。与高房价有关的也不只是贪污腐败，还有顽固的既得利益与狭隘的发展理念。于是被称为"支柱产业"的房地产业，成了腐败官员利益的"支柱"，而且是顶梁柱！

问题还有很多，比如一个国家经济发展的支柱产业却不是纳税的支柱产业,如媒体所透露的,房地产业是名副其实的"纳税侏儒",中国纳税500强排行榜中没有几家是房地产公司,而且最大的几家房地产企业也进不到前百,而国内富豪榜却充斥着房地产商。利润与贡献、权利和责任严重不对称,那么其他纳税人就有权问:钱都到哪里去了?

资源寻租引起大面积腐败,因为政府可以通过集中开采直接获取大量收入,进而滋生一个腐败和掠夺性的地方政府,社会道德因此而进一步沦丧;重视实物投入而轻视人力资本投资,就会造成创新动力不足,可持续发展能力衰退;再加上红利过高,不劳而获越多,人们就越容易期待不劳而获。就如同四百年前清兵入关占据中原之后,那些本来能征善战的旗人之后养尊处优,最后不堪一击失去了江山,"八旗子弟"也就成了纨绔子弟的同义语。

如果北京人真是这样坐享红利、为红利而红、为红利而利,又不思进取的话,就会跌入"红利陷阱"。就如同依靠单一资源发展经济会出现"资源诅咒"一样。

避免红利陷阱

写到这里,美国的一个真实故事引起了我的注意。

那个故事讲的是9岁的纽约男孩泰勒,在纽约一个图书馆"深入阅读"暑期比赛中,能一下子读372本书,整整五年中没人能撼动他"读书之王"的地位。就在他母亲为此极端自豪时,上了年纪的图书馆女主任,却建议泰勒退出比赛,因为其他小朋友都感到永远不可能超过他,连参赛的积极性都没有了。而这位有远见卓识的老太太主任认为,应该让每个人都有机会才对。这件事令人感动的是:在孩子们阅读竞争白热化的时候,这位美国普通教育工作者却没有忘记教育、尤其是初等教育的初衷。

而在投资者疯狂的时代,希望中国的管理者没有忘记经济发展的初衷,那就是:绝不能让一个行业繁荣,而其他行业都倒了下去,包括那些具有国际竞争力、具有可持续发展前景的行业!也绝不能让一个城市繁荣,而其他城市倒了下去;更不能让城市繁荣,让乡村倒了下去。

这也意味着,不能只让北京人独享首都的红利,而全国老百姓都没份!

如同改革红利给所有中国人带来的好处一样,首都红利成果应该由全体中国人来分享,而不是让北京人独占。那么,首都红利也应该让全体中国人来分享,而不是让北京人独占。

房地产可能是"诅咒"

现在房子越多越贵,越贵越造,越造越多,成了一种病态式循环,它吸收的资金池越来越巨大,银行贷款本来应该是多样化的,现在像押宝一样把鸡蛋都放在房地产一个篮子里,而把扶植中小企业开发新技术的责任置之脑后;基金、信托等金融机构,也不得不将房地产作为主要投资目标;地方政府则学会了卖地举债。于是房地产挤占了创意十足的小项目的资金,挤占了无形研发式项目的资金,挤占了虽然冷门却有很好前景的项目的资金,挤占了短期看跌长期看涨项目的资金。这个趋势导致的结果就是,盛产资源的地方,最被市场鼓励的生意就是卖资源,其他非资源型行业都会减少盈利直到不赚钱,直到被击垮或者主动放弃,既然资源这么卖钱,为什么辛辛苦苦做别的生意?房地产不合理的价位如今成了悬在我们头上的堰塞湖。

十几年来房地产对国家是一个财富的集聚地,对地方政府说是个资金来源,对个人说来则是个聚宝盆,而且还是一个不倒翁。因为股市倒了房地产不倒,经济下行房地产不下行。到了2013年的下半年,几乎所有资源型的产品,像钢材、水泥都出现过剩导致价格下跌,以此为基础的房地产却逆势而上,一线城市像北京上海的房产价格还在涨,超出大部分人的预测,超出了西方人的预期。以前,还有一些悲观派看跌中国房地产,还能冷静指出问题所在。

但是自2013年下半年来,看跌派集体失声,看涨派几乎垄断着主流媒体的声音,而社会已经习惯了这样的局面,几乎一致看涨。中国人民对房地产的执着近乎疯狂。这让我想起了"资源诅咒"这个说法。

资源诅咒本来是这几十年来发展起来的现代经济学概念,指与矿业资源相关的经济社会问题,意思是说丰富的自然资源,可能是经济发展的诅咒而不是祝福,大多数自然资源丰富的国家,比那些资源稀缺的国家增长得更慢,优势变为劣势,有点像"物极必反"的中国古训。学者们对此解释虽多样化,有一点共识就是"资源诅咒"之所以发生,就是它通过某种机制"挤出"了其他生产性的组织或经济活动。

就像一条河流,本来它的河水应该自然流淌,滋润沿途的所有土地,却被人为地筑起水泥堤坝,人为地导向一个方向或者一个区域,只成就了房地产一个领域的繁荣,挤走了其他资源,挤出了资金,挤掉了创新机制,直到加剧了社会不平等,还成了地方政府腐败的根源。最后,过多的资金流入房地产这个巨大资金池子却不流走,只进不出,只涨不跌,而且堆积地越来越高,成了悬在我们头上名副其实的堰塞湖!

资源流向

人们知道现在中国房地产都是钢筋水泥的建筑,无论住宅还是办公,无论低档还是高档,只是高档办公楼装上玻璃外墙、高档住宅贴上昂贵磁砖而已。

于是它催生了钢铁制造业和混凝土行业的持久繁荣,进而带动了这些行业以及上游原材料的价格上涨,加剧了世界性的通货膨胀。当这一切像菜价一样疯狂上涨时,我们的房地产也跟着上涨,尽管如此我们作为世界上最大的钢铁生产和消费国,却连铁矿石的定价权都没有。而当这一切又像菜价一样掉头迅速下跌时候,我们的房地产却不跟着跌,反而还继续上涨。

尽管一方面,从正能量角度说,这些资源至少让人们增加了居住面积和工作面积,尽管被建成钢铁大厦的办公大楼都安装了玻璃饰面,成了一面面巨大的反光镜,加剧了城市温度的提升(专家们说反光也是严重污染),加剧了碳排放。

但是另一方面,从负能量的角度看,则问题越来越大,那些被扒掉的楼堂馆所就变成了巨大的工业垃圾,既无法回收又不好填埋,造成了城市周边填埋场的聚集,而这些旧式楼宇本来还可以使用几十年的。同时,国人无论购置新房还是旧房,都要重新装修,甚至拆墙破柱,连承重墙都敢打掉,根本不顾大家的安危,于是产生大量石灰水泥装修垃圾。而人们知道,这种石灰水泥的垃圾是很难回收的。

所以在现行风气下,就是房子越多越贵,越贵越造,越造越多,成了一种病态式循环:一方面它吸收的资金池越来越巨大,越来越不可收拾,而其造成的空气污染、水源的枯竭和对土地永久性的破坏,则越来越不可收拾。

在这种情形下,参考一下这个地球上其他国家的做法是值得的。法国以至于许多欧洲国家,长时期用地下挖出的石块修建房屋,这种黄颜色沙土石块造的房屋,室外不必贴挂大理石板,室内不必刷漆刷灰,不用装修,却里外一样,透气性还好,拆下来还可以继续用在其他建筑上,而且这种石块建造的房屋价格,远高于钢筋混凝土结构的房屋。在加拿大,人们造房子至今还用木料做结构,辅之以预制板,这样的房子体轻还保暖,材料可以回收。

而且在西方国家,装修是不可以随心所欲为所欲为的。家庭装修需要事先申请,物业需要批准,它有权力阻止夸张式装修,尤其是危害公共安全和卫生的装修,因为它肩负维护整栋大楼所有住户利益的责任。装修时间有严格规定,装修材料不能进入住户电梯,至于清理出来的垃圾更不能随便堆放。如果违反规定,物业可以阻止装修,甚至报警。

资金流向

银行掌握着资金,也就掌握着房地产行业的血脉。银行贷款出口本来应该是多样化的,其借出去的资金,即使不能像天女散花一样流向社会各个方面,至少要像涓涓小溪一样滋润那些急需和很有前景的领域,而不是像押宝一样将所有的鸡蛋都放在一个篮子里。但是,在预期房地产价格不容置疑、持续攀升的宏观背景下,银行不得不将房地产抵押贷款当作优良资产,而将扶植中小企业开发新技术的责任置之脑后。

除了银行,基金、信托等金融机构,也不得不将房地产作为主要投资目标。因为几经波折和进退,实在没有什么比这种项目更让人有信心,毕竟土地和大楼在那里摆着,可以实物抵押。而房地产项目一般都比较大,做一个大的顶好几个小的项目。有的业务团队一亿元以下的项目不做,毕竟同样费时耗力,手续费却赚得不多。结果就是金融机构自上而下不言而喻的共识:干小的不如干大的，干无形的不如干有形的，干冷门的不如干热门的，干看跌的不如干看涨的。业内人士知道，业务部门的奖金是按项目总金额的百分比发放的，项目越小奖金越低，项目越大奖金越高。于是房地产挤占了创意十足的小项目的资金，挤占了无形研发式项目的资金，挤占了虽然冷门却有很好前景的项目的资金，挤占了短期看跌长期看涨项目的资金。

地方政府则学会了卖地举债，成立成千上万个融资平台，四处借款。他们的思维方式很急功近利，借钱后搞开发区招商引资将地价炒上去，再把房价炒上去，这样借来的钱就会被自然稀释，还款时价值已经大大缩水。那时候只需要原来地价房价的一半，甚至更少的资金就可以还贷，之后再击鼓传花，用后来募集的资金还掉前面的借款，直到这个游戏没有人接而结束。现在已经有不少地方政府，一方面要面对新建好却无人居住的空城，另一方面还得大肆借款推动地价和房价上涨，尽管他们连公务员的工资都发不出来，反过来还得向房地产企业借款度日。这让人不得不联想到那个多年来的疑问：房地产业是否真的绑架了地方政府？

房地产诅咒

尽管对资源诅咒这个概念有各种解释，但是国外大多数研究，都支持这样一个命题：自然资源如果对其他要素产生挤出效应，就会间接地对经济增长产生负面影响。而且这种影响还很大，其后遗症之大，多少年后还要背着这个包袱。

就好像一个煤矿丰富的地区，煤矿投资者只要把煤挖出来卖了，在经济上行期间就能挣到大笔钱。而这种钱赚得容易花得就快,他们赚了大钱之后花出去,这个地区流通的资金就会大大增加,导致这里的生活成本和生产成本都大幅上涨,比如从房租,到工资,到生活用品,都可能上涨。这个地区的其他行业,比如常规制造业甚至一些创新性行业并未因此受益,反而为此要付出更多的人工成本和生产成本,而其产品并不能相应地提高价格、比其他地方生产的卖得更贵,因为这样一来,它们就处于竞争劣势了。

这个趋势导致的结果就是,盛产资源的地方,最被市场鼓励的生意就是卖资源,其他非资源型行业都会减少盈利直到不赚钱,直到被击垮或者主动放弃,既然资源这么卖钱,为什么辛辛苦苦做别的生意?

本来资源诅咒是指一个国家或地区的某些资源相对丰裕,像20世纪50年代荷兰沿海盛产天然气,并以此为支柱导致其他产业萎缩,最后导致"荷兰病"。几个世纪前,全世界的"海上马车夫"和太平洋地区最早的殖民者,在近代史上几起几落。在工业革命时代,这个国家过于重视贸易,忽视了创新,忽视了工业的整体进步而丧失了世界主导权。到了现代,连他们自身的资源或者说自身的优势都成了社会和经济发展的羁绊,从而成了世界经济史上又一次的反面教材,这对于一个人口密集、耕地相对少的小型发达国家来说教训是深刻的。

而中国土地相对于其他国家尤其是西方国家并不丰裕,事实上按人均占有有效耕地面积来说,中国可能是世界上人均占地最少的大型国家。尽管如此,土地却依然被人为开发成"自然资源",且为大部分地方政府所效仿。卖地成了地方政府的主要收入来源,地价上涨和房地产价格上涨成了他们主要的还债期盼。18亿亩的耕地红线是中华民族的生命线,现在却被地方政府以各种方式侵占,岌岌可危。

房地产不合理的价位如今成了悬在我们头上的堰塞湖,就跟土地不合理的价位成了地方政府头上的堰塞湖一样。挖渠泄洪需要勇气和牺牲,如果没有这份勇气和牺牲精神,只能听任这个湖的水越积越多,直到有一天垮掉,伤及所有无辜,就像20世纪80年代的日本经济一样,之后的十几年甚至几十年仍然萎靡不振。

高端影城重温经典

　　看《教父》电影,每次电影结束、画面消失,演员表字幕徐徐出现后,本来鸦雀无声的观众席上都会突然爆发出经久不息的热烈掌声,次次如此,没人引导,没有主持人,没有演员嘉宾,那掌声发自每个人的内心。直到今天,如果去纽约唐人街附近的号称的"小意大利区",你还可以看到和电影背景一模一样的狭窄街道,参差不齐却透气良好的红砖墙,走上去吱吱带响的木质地板。人们一代又一代来回搬迁生活了上百年,依然觉得舒适和美好,没有必要像现代中国一样,搬一次家装修一次,隔十几年再推倒重来。北京五棵松耀莱影城,如果曹操在世,会在商场电梯门前大书"活"字,会在商场大厅前大书"活"字,会在当代许多中国商场前大书"活"字。

　　得益于那次北京国际电影节推出经典老片,看了几次大屏幕的《教父》电影,十几天内上映,我就重复观看,每次都是人满为患。最后一次在号称全国最大的五棵松耀莱国际影城,能同时容纳六百人观看的影厅,我进去时,离开演还有一会儿,这个少见的阶梯式影院已经坐满,绝大部分是年轻人,俊男靓女。因为只有年轻人手快,在电脑上操作买票速度惊人,而那些老派人士想不到这样的方式,即便想到了也干不过年轻影迷。他们只有提前、早上来电影院排队购票,晚上再来一次观影,多跑一遍。即便这样,才能抢到分配下来的区区百十张票,这已经算上是电影院照顾老影迷了。

低调的优势

事实上,即便主办方在两周内安排连续上演三次,《教父》的电影票我也根本买不到,网上一开始销售就被抢购一空,那架势就像抢购春节期间回家的车票一样。我当然没有小青年那样手快,可也没那么老派,又不愿意早上去排队,只能期待着在开演前有人退票,这样是最节省时间的。好在我运气都不错,三次都能碰到那种约好的朋友没有赶来的持票者。一次有个年轻漂亮的女孩子见我面善,主动问我,小声卖给我一张多余的票,一分钱没加价,结果马上引来在周围游荡、看上去漫不经心、内心却急得要命、虎视眈眈的等票人。这些买卖双方都不是为了牟利,而是真想看这个电影,所以才有这种耐心。

等票的矜持,卖票的低调,竟然让我有些感动:在这个急功近利的社会,在这个上网成瘾、微信发达、人们只看手机不看书的时代,居然还能有这样的情景,那都源于人们内心深层中传统的力量,源于经典的力量。

《教父Ⅰ》的电影长达3小时,有人没有座位,径自坐到台阶上,就像在北大听名家讲座一样。在整个观影期间,我几乎没有看到人们像往常一样吃着爆米花、喝着可乐低声耳语,剧场内全程几乎鸦雀无声,偶尔有人迟到、但是没有人提前走,没有人接听电话,甚至没有人在放映一结束,就迫不及待地站起来,几百人就像训练有素的军队一样,整齐地坐在那里,让你觉得就不是在中国的电影院!

令人惊讶的是,每次电影结束、画面消失,演员表字幕徐徐出现后,本来鸦雀无声的观众席上都会突然爆发出经久不息的热烈掌声,次次如此,没人引导,没有主持人,没有演员嘉宾,那掌声发自每个人的内心。我在国内国外看了那么多次电影,记忆中很少有这样的场景。从这掌声中,我察觉到大家都和我一样,是以一种崇拜的心境来欣赏这部电影的。我们感谢科波拉在三十几岁青春的年纪,就给世人导演出这么出色的大师级作品,我们感谢白兰度、帕西诺和蒂尼罗这些著名影人,演绎了这个史诗般的故事。

主角的作用

只是在这个电影之后,我才知道主角的真正意义。英语中的领衔主演可能有多人,但领头的那个肯定是贡献最大或者最被推崇的,尽管他可能并非是出镜时间最长或者戏份最多的那个。在《教父Ⅰ》中,饰演小教父的帕西诺出镜最多,从头到尾,依然仅仅排名第二。而饰演老教父的白兰度,在电影开始不久就差点被击毙、演到一半时就被安排彻底死去,银幕上的时间可能连男二号帕西诺的一半都没有,但仍然是第一主角,无可争议。这是多年前看这部电影时一直困惑不解的事情。

这个道理好多年后我才明白:因为他大牌,在二号人物帕西诺刚刚出道时,他已经是大名鼎鼎的影星了。就跟到场嘉宾一样,谁大牌谁排在前面,因为他真的做到了,像压缩饼干一样浓缩了教父的形象,尽管他只出现一半时间,但是其塑造的黑帮老大形象已经牢牢定格在观众之中了。以至于三十多年后人们还津津乐道,一提及这部电影时,就会说:"哦,白兰度演的那部!"尽管小教父英气逼人,从影片开始一直演到结束,老教父形象则更深入人心,尽管出场只有十几分钟甚至几分钟时间,依然成为黑帮电影的经典,依然让后人至今无法超越。

就像屠呦呦获得诺贝尔医学或生理学奖引发争议一样,虽然中国医疗团队同样付出了十几年的心血,和屠呦呦一起做了大量工作,但是最关键的发明是她做出的,所以诺贝尔评奖人就将这个奖项颁发给了她。因为人们一提到青蒿素的发明就想到了屠呦呦,就像一提及《教父》就想到白兰度一样。

一个核心的演绎能成就一部经典,一种核心思想则能开创一番事业。这个道理可能需要多年的人生历练才能领会,而且得用心来领会。

传统的力量

电影中,我看到的是20世纪70年代拍摄的纽约街景,反映的是第二次世界大战后,20世纪四五十年代,也就是七十年前的场面。再进一步说,在《教父Ⅱ》中还表现了20世纪20年代,老教父年轻时步入黑社会出道的街景,当你仔细看的话,会发现那么多年中,这些建筑群没什么多大的差别。我在纽约工作时经常经过那里,也觉得那里老旧,现在每次回去感到的是"古朴"。

直到今天,如果去纽约唐人街附近的号称的"小意大利区",你还可以看到和电影背景一模一样的狭窄街道,参差不齐却透气良好的红砖墙,走上去吱吱带响的木质地板。人们一代又一代来回搬迁生活了上百年,依然觉得舒适和美好,没有必要像现代中国一样,搬一次家装修一次,隔十几年再推倒重来。

电影中拍摄的场景现在基本上都在,那些灯光阴暗的酒吧,在当时已经是奢华之处,现在依然如此,每晚都吸引着光鲜四射的青年男女。小教父温情购物的第五大道的街道也没有变化,那个著名的门店还在那里,只是换了名称,那里甚至有上百年的老式电梯。所以,喜欢传统的影迷依然可以遵循《教父》拍摄的脚步,去纽约来一次意大利黑帮之旅。

我就是离开纽约多年后,和当地朋友在曼哈顿南部隔海的史泰登岛上按图索骥找到《教父》家的拍摄地点,就是那个影片开头中,黄色墙壁带有木条的房子。几十年过去了,这个房子还是跟电影中的一模一样,古朴而安静,周围是草地和碎石子铺成的步道,只是没有了拍摄时临时搭建的街口大门。我们流连忘返地在附近转悠,终于偶遇到房子的主人。房主那天从外面踱步回来,大夏天还穿得西装革履,像个绅士般打扮,跟剧中人一样,令人感叹历史的造化。

奢华的代价

相比之下,我坐在北京五棵松耀莱影城奢华的现代化大厅中观赏这部传统电影时,想到进入这个大商场我得小心翼翼,不要滑倒在那些名牌专卖柜台前,成为那些青春靓丽的售货小姐窃笑的对象。地面实在滑,即使不是那么滑也感觉滑,因为地面的大块瓷砖在晚上像玻璃一样反射着强光,走上去像走在镜子上一样,使我不得不放慢脚步,一步一小心。

其实在纽约,像梅西那样的高档店也会吸引许多老年购物者,但地面是经过防滑处理的,如果反射着光影响行走,尤其是导致摔跤的话,那是要吃官司的。而在北京,不仅老年人,连中年人都不适合逛街了，街头汽车横行，与行人争路，老年人过不了马路不说，进到店里地面打滑，把注意力放在脚下的时间比看商品的时间都多。而且，所有电梯都在很远的隐蔽地方，走得辛苦，还要问好几次才能找到。

当我边问边找，好不容易进到那个罕见的高达四米的巨型电梯内时，注意到那里的电梯是德国克鲁勃品牌的。我刚工作时，周围同事们就进口其产品，知道这是个历史悠久的电梯制造商。在德国，每部电梯本来是标准化的，既便于制造也便于维修，但是为了迎合中国一些好大喜功的用户，他们只好特制，做成又宽又大却没什么附加价值的产品，那样成本则会大幅度提高，一旦坏了还不好换，这些成本最终都要转嫁给中国的消费者。

至于影城上下楼梯或者紧急通道，那是不问几次就找不到的，非常隐蔽之处。如果放在美国，这些地方得用醒目的大字明显表明，以便一旦出事，顾客可以迅速逃生。每个现代化大楼都是这样，不是设计师故意和我们当代中国人捉迷藏，而是每个房地产商追求的都是什么"高大上"，大家已经将此作为口头禅，好像除了高大上，别的低调、古朴、小而精都不是要点。

据说这个奢华商城几年内破产两次，之后又重组营业的。我想起《三国演义》中曹操在参观手下为讨好他而修建的花园之后一言不发，临行前在门口大书一字"活"，扬长而去。其他人不解其意，唯有杨修知道门内写"活"就是阔，曹操显然觉得这花园建造得过于奢侈，心生反感。如果曹操在世，会在商场电梯门前大书"活"字，会在商场大厅前大书"活"字，会在当代许多中国商场前大书"活"字。

所以,看《教父》就要看出其中的传统和低调,即便是奢华也是低调的奢华,否则就可能像电影中那位自认富裕程度超过沙皇的影视界大亨,最后落得心爱的种马被斩首的下场。

国际民航走向大众

民航业正在实施大众化战略，使民航从高端型消费向经济型消费扩展，就是使更多的老百姓能够享受到航空运输服务。除了那些中东国家的航班以外，世界上以市场化运作的西方大型航空公司都在节约开支、压缩甚至取消头等舱并以相对舒适的商务舱代替，有的航空公司甚至连商务舱都不设，从头到尾都是经济舱，对待乘客一个待遇，一视同仁，不管你官多大，不管你多有钱。越来越多的人选择民航出行，民航要尊重旅客，提高服务水平，满足旅客日益增长的旅行需求；旅客也要尊重服务人员，遵守航空公司和机场的相关规定，增强契约意识。

飞行中看国际民航业变化

20世纪80年代出国时，乘国际航空公司的航班是个令人兴奋的体验，因为那是一种全新的感受，尤其是对多少年来没吃过西餐的人来说。那时候连经济舱提供的都是金属刀叉，刚出国门的中国人都偷偷藏几个亮晶晶的不锈钢刀叉留作纪念。供餐时提供的餐盒跟饭店的餐具一样，铺设的洁白餐布跟现在的商务舱差不多，坐国际航班有点像平时吃单位大众食堂后突然被请进北京标志性西餐厅——莫斯科餐厅享受大餐的感觉。饭后人们聚在机尾抽烟喷云吐雾，别说火柴打火机，甚至大型油瓶都可以通过安检带上飞机。

那时候坐哪个国家航班就享受哪个国家的特色服务,吃得好,人还少。碰上法国航班,从驾驶员到乘务员都是法国人,一听他们广播讲话就知道。美国航班上就是美国人,北欧航班清一色白人,亚洲航班清一色黄种人,至于非洲航班连影子都没见到过。现在,民航业正在实施大众化战略,使民航从高端型消费向经济型消费扩展,就是使更多的老百姓能够享受到航空运输服务。

单一化还是多元化

几十年全球国际化的结果非常显著,现在连中国航空公司也出现了越来越多的西方驾驶员面孔,不仅是国际航线,国内不少航线都是如此。当他们身着制服列队走过时,你会以为乘坐的是外国公司航班,直到那些美丽的中国空姐出现在面前。

印象中除了俄罗斯这样的国家外,法国人在民航业上的国际化程度和他们的工作效率一样缓慢。法航是发放餐食回收餐具最慢的,一顿饭来回得折腾一个多小时,常常是前排的客人都吃完了后排的还没发到,当然这些经验丰富的法国空乘在慢悠悠工作中不失优雅和从容。发餐最快的当属国航和任何其他中国航空公司,他们为了追求速度甚至经常打乱空中用餐惯例,先上餐食后发饮料,不过这一点不影响国人食欲,来吃的就吃,来喝的就喝,不像法国人那样非得先喝后吃一步步来。

法国空姐原来都是清一色法国白人,后来慢慢出现有色人种,比如阿拉伯人和非洲人,但是长时间不肯雇用中国大陆女孩子,直到21世纪后他们撑不住了,因为不讲外语的中国乘客越来越多。

法航于是采取了个折中方式，雇用中国大陆女孩子作为飞机上的随行翻译，而不是全职空乘，当然她的待遇也不能和全职空乘相比。于是最近几年法航飞机上就出现了这样的情况：总有个讲中国话的女孩子在飞机上走来走去却不必端茶送水，因为她不是真正空乘、不挣那份钱，所以不必干空姐的活，但是她又和空姐们穿一样的制服，一同执机，不明就里的中国乘客理所当然地认为她是正式空姐，交流又方便，于是会向她索要各种饮料，结果常常闹得这些翻译女孩比其法国同僚还忙。

而美国航空公司很早就有华裔乘务员执机，这个移民社会总是比传统老欧洲开放，尤其是在雇用外国族裔担任关键职位和肥缺岗位方面，这点上你不能不为这个大国的气度所折服。不过我见过最国际化的竟然是阿联酋航空公司，一个北京飞往迪拜的航班中竟然能有超过十个国家和族裔的空姐，包括讲汉语的华裔，当然他们会找华裔穆斯林，我们乘坐过的那架航班普通话讲得很好的华裔空姐就来自马来西亚。看来最国际化的不仅是美国这种老牌移民社会，还可以是有钱就能任性的行业新秀。

贵族化还是平民化

无论其他行业如何，十几年来国际上民航业的大趋势是减少奢华，增加客流量以应付越来越多的需求，乘坐飞机毕竟是为了缩短路途时间而不是为了追求享受，而且竞争压力也在促使航空公司一而再再而三地压缩成本。除了那些中东暴发户等国家的航班以外，世界上以市场化运作的西方大型航空公司都在节约开支、压缩甚至取消头等舱并以相对舒适的商务舱代替，有的航空公司甚

第六章 契约精神比财富重要

至连商务舱都不设,从头到尾都是经济舱,对待乘客一个待遇,一视同仁,不管你官多大,不管你多有钱。

有意思的是,这种航空业平民化趋势是从被很多人认为有钱就有了一切,个人主义高于国家利益的美国社会开始的,而社会主义思想一直很普及的法国等西欧国家之后才慢吞吞不情愿地跟进。具有讽刺意义的则是,时至今日这种平民化趋势源自于发达而富裕的西方国家,有些第三世界的航空公司却出现奢侈化的倾向,尽管这种逆势而上的小潮流已经左右不了大局。令中国人脸红的是,崇尚市场经济又实力雄厚的美国富商和其政府高级官员带头乘坐经济舱长途旅行,或者进行更多捐助或者尽量少花纳税人的钱保持清廉形象,而作为人民公仆的很多国内高级官员只要够级别都乘坐商务舱甚至头等舱,花掉更多财政收入而脸不红心不跳。

这种平民化趋势还从飞机上延伸到了机场。相对于北京首都机场T3航站楼豪华奢侈的贵宾通道大楼,一个个大部分时间闲置的国有企业专用VIP房间和众多无所事事的俊男靓女服务人员,西方国家的贵宾通道狭小朴实,因为没有多少人使用。有钱人可以享受免费的头等舱和商务舱休息室,不必再破费使用贵宾通道。另外西方人认为自己和正常旅客一样排队等候、验明护照后被搜身安检是很正常的事情,不必要在这方面显示与众不同,让手下人或者服务人员代办。

前一段我曾经访问过丹麦,这个北欧国家只有5个人有权使用免检的贵宾通道,就是首相、议长和外交部长等极少数人,至于所有其他的部长、省长、市长,无论多忙多重要都得走正常通道过关检查,当地富可敌国的企业家同样得正常通关,和级别无关,和财富无关。相应的,如果别的国家部级干部来访也得如此。所以那些在本国享受特权的旅客在这个北海小国面前没有特殊待遇,都得夹着尾巴做人。但是如果你是残疾人或者高龄行动不便,则可以申请轮椅和陪护送出机场海关,这一切都是免费的。这里没有贵族待遇,人们按照正常秩序而非级别和财富排序,你感受到的是机会均等和普通人的尊严。

俄罗斯这个什么都与众不同的转型国家,则采取了变通措施,其贵宾通道分成A角色和B角色,A角色是高级别的人,包括对等的外国政府高官访客走的通道,既免检又免费。B角色是应对那些有钱有势的乘客,只要花费两百美元就可以使用,也就一千多元人民币,想摆谱的人都花得起,相比我们首都机场贵宾通道还是便宜,后者使用一小时就得这个价格,机场送一次客人随随便便几千元就出去了,比高级酒店的房间还贵。

奢侈化还是廉价化

中东某些暴发户般的航空公司,声称要把头等舱座位改装成双人床小房间时,西方国家的航空公司正在发起"去奢侈化"。法国航空公司因为要降低成本、发展廉价航运,还遭到了飞行员的集体抵抗,这些领高薪的驾驶员带头,硬是罢工一周,让法国航空公司遭受巨大经济损失,以抗议廉价航空实施后面临工资降低甚至被裁员的命运,但是他们依然改变不了这个行业的趋势,因为时代变了。

那种上飞机先提供香槟酒和鱼子酱待遇的航班越来越少,面对日益增长的东方旅客,这些西方人喜爱的食物常常遇到冷落,浪费了又可惜。于是北欧航空公司提供了解决方案,他们在饭后甜点时,给商务舱和超级经济舱旅客提供的是东西方人都能接受的哈根达斯冰淇淋,既带有北欧特色,旅客不想吃拿回去冰冻依然可以供给下一批人。此外,他们实行的政策是经济舱旅客付钱也可以吃。这样一来,不仅亲民,还可以给航空公司带来额外收入。

多少年来,民航班机提供免费餐饮已经成为常识,除了烟酒化妆品等国际航班上销售的免税品外,在飞机上吃喝都是不必自己掏钱的。这是坐火车、轮船、汽车等任何其他交通工具都不能比拟的优势,所以对大众说来,乘坐飞机一直是个奢侈的旅行,其价格也贵,其待遇也高。

但是在全球化竞争下,航空公司日子越来越不好过了,同时在高速公路和高速铁路日益增长的条件下,其利润再次遭到挤压。航空公司必须压缩成本,压缩支出。于是,又是高度市场化的美国航空公司先是开始取消美国国内航班的头等舱,进而取消商务舱,如果乘客坚持要商务舱,就把两个经济舱座位当一个座位销售,让花大价钱的商务舱旅客不显得太挤而已。之后他们甚至试行全程不提供免费餐食,只提供有限饮料,如果旅客饿了想吃饭,他们可以花钱买飞机上携带的汉堡,就像在火车上一样。同时飞机上也不提供免费的耳机,想听音乐花钱买临时耳机。当你看到这些时,就知道航空公司面临的竞争有多激烈!

现在越来越多的西方人旅行时自带耳机上飞机了,就像中国人自带食物一样。时至今日乘飞机出国旅行像家常便饭,原来国人乘火车习惯自带晚餐和饮料,现在同胞们开始在高铁上泡方便面,估计在不远的将来,在飞机上方便面可能成为中国游客的主要食物。

舆情中的隐性契约

> 现在我们知道:青岛大虾不能乱点,你如果忘了记数,那盘虾就能上千;哈尔滨鳇鱼不能乱吃,假如你没来得及看秤,那盆鱼就得上万。在国内,有些商家很有智慧,挖空心思地将商业诈骗和正常经营之间的边界拉近到只有那么一点点距离,简单说就是模糊招揽生意,再精准打击一次性游客。舆情反映着民众的政治态度,其实就是民众对自身利益需求的一种诉求和表达,它不仅包括民众对国家政治的看法、对社会政治的看法,同时还包括对社会事物和事件的看法。公共事件舆情需要管理,个人事件舆情也要管理。谁都可能犯错,但是犯错之后,人们期待的是合理的解释和认真整改的措施,而不是欺上瞒下敷衍了事,更不能强词夺理,甚至贼喊捉贼。

按百度百科的解释,舆情是"舆论情况"的简称,是指在一定的社会空间内,围绕社会事件的发生、发展和变化,作为主体的民众对作为客体的社会管理者及其政治取向产生和持有的社会政治态度。它也是群众关于社会中各种现象、问题,所表达的信念、态度、意见和情绪等表现的总和。外部的舆情环境,构成了一份当事者的"隐性契约"。

简单点说,舆情就是民意,就是大众百姓对一个事件的情绪表达。民意是有倾向性的,所以需要引导,一个好的发言人能够消灭灭火,使得星星之火不至于燎原,一个不好的发言人,则会激怒百姓惹火烧身；民意是有期待的，所以需要管理，一个好的政府能够顺应民意，并将其化为鞭策和动力，从而达到双赢的结局，一个消极的政府官方表态，往往会使事态失控弄得不可收拾，最后两败俱伤。同理，一个负责的态度会赢得民心，一个一推三不知的态度则会失去民意。一个合理的说法会赢得赞许，一个强词夺理的辩解则会招来批评。

随着网络的发达和讯息传播的神速，舆情管理成为一个越来越急迫的问题。因为它涉及形象问题，本来是一方水土养一方人，但是人言可畏，一种流言同样可以坏一方水土。

事情的起因

现在我们知道：青岛大虾不能乱点，因为一盘虾可能按个算钱，你如果忘了记数，那盘虾就能上千；哈尔滨鳇鱼不能乱吃，不仅因为斤两不足，家养的能按野生的卖出天价，假如你没来得及看秤，那盆鱼就得上万；云南旅游景点不能乱去，因为那里石头可能卖到翡翠的价钱，如果你眼神不好，花几万元买个人造石头是完全可能的；香港金店不能乱进，因为进去容易出来难，如果不想挨打的话，那可是花钱买屈辱的辛酸经历。

听上去都是负面的印象，它却掩盖了这样的事实：沿海青岛盛产柔嫩鲜活的大虾，北国哈尔滨人擅长用大铁锅炖鱼，边陲云南著名的就是玉石翡翠，而许多几十年香港老店本来是童叟无欺的。本来的优势成了劣势，经年累月积累下的无形财富就这样成了包袱，在网络发达的今天，可能就一夜之间从天上掉到地下。代价是惨痛的，据主流媒体报道，在2016年春节，去香港的大陆游客下降了一大块，许多商店在这个旺季门可罗雀，而大量熙熙攘攘的中国游客转而到日本和韩国这些信誉更高的地区大肆抢购，人民币肥水外流。

如果从国外的媒体看中国这些事都很难理解，发达国家的西方人搞不明白，因为他们的整个社会鄙视这种欺诈行为。首先是和人们的道德理念格格不入，就是说大家以诚相待的处世态度已经根深蒂固。其次是法律和规定执行严格，欺诈触犯的是刑法，不是罚款就能了结的案件，得被刑拘，需要坐牢的，而且坐牢之后一生都有污点，就像放进档案中一样。所以，欺诈行为在这些国家代价太大，不能去做。

即便在很多贫穷的非洲国家，这种商业欺诈也很少见，甚至没有。一方面当地人民风淳朴，尽管缺钱却不以歪门邪道赚钱。另一方面造假的成本太高，比用真的交易都高，做不起。在马达加斯加岛、南部非洲和西非长期生活过的朋友都跟我说过这层意思，所以他们的生活都很平和。想想看，造假比用真货色成本还低，那不是就是说明真的价格过于高了吗？马达加斯加岛也和我们一样是发展中国家，那里的野生深海龙虾个大肉多，味道极其鲜美，却比我们围海养殖的小虾价格还便宜。养殖成本过高，野生的反而便宜。

诚心的分量

如果不予遏制，天价虾和天价鱼之后就会有更多的天价，比如天价马，上马前看到的招牌是按时计价一元，下马后才知道一秒一元，一分钟就得六十元。这个价格比西欧和北美的都贵，而且没有上限。我在法国和加拿大等几个国家骑马多年,都是固定价格固定时间,即便时间拖延长了一些也不会多算,除非你自己愿意多给。就像西方人买卖房子不按平米数一样,房子是一套一套买卖的,面积可以告诉你,也可以白纸黑字写在合同中,但是不以此定价。这是一种打包的综合价格而无分项报价,跟套餐相同。

而在国内,那些地方商家很有智慧,挖空心思地将商业诈骗和正常经营之间的边界拉近到只有那么一点点距离,还是模糊的。既然国人不精确,经常用"一会儿"、"差不多"等无法量化的语句来表达,于是就采用含糊的、模棱两可的方式招揽顾客,再用精确的算法来榨取外来人的钱。简单说就是模糊招揽生意,再精准打击一次性游客。

但是,谁说大虾不能按个算钱,如果是深海无污染个大肉厚的对虾呢?谁说骑马不能按秒算钱,如果是那种关云长所骑、日行千里的卷毛赤兔马呢?按照我们现在的每年物价涨幅,吃花生米按粒算钱,在不久的将来也可能是常态,至少在上海一带可能如此,那里的人吃得精致,吃得明白。关键是定价者要敢说敢当,敢做敢当。什么叫公示,就是公开宣示,十粒花生米多少钱、一百粒多少钱,假如真是野生鳇鱼或者鲜活深海大虾,就是要价几百元一斤,看你敢不敢吃。

至少我是不敢吃的,想想看,经过将近四十年的不间断开发,我们的荒山野岭,还有多少赖以生存的野生动物?就像多年前春晚小品"不差钱"中被拎上舞台的两只野鸡,看着跟野生的一样,实际是家养的。另外我去餐馆尽量不吃生猛的活鱼活虾,尤其是那些号称温哥华运来的龙虾和帝王蟹,越远的越不吃,不想间接吃进去那么多抗生素、那么多为了让这些鱼虾不死而长期喂食的药物。周围的朋友在我的影响下,也开始避免吃活蟹活虾,大家都不想无辜地增加自己身体的抗药性,免得以后生病了无药可治。

舆情的处理

青岛大虾的舆情管理是不成功的,因为当地执法人员的不作为,使得这一件相对孤立的事件,像星火燎原般迅速蔓延,闹得现在一说青岛就联想到大虾,而当地的综合优势都被忘到脑后。哈尔滨天价鱼的舆情管理也是不成功的,事件发生后,当地执法人员不仅袒护作弊的餐馆,公开表示斤两是对的,标价也是对的,但就是没说明究竟哪里来的野生鳇鱼,之后在持续舆论压力下,形势急转直下,披露出来饭馆以家养鱼冒充野生鱼,这些行政管理人员受到惩处,但是不良影响已经扩散。

2016年两会期间,鹤岗煤矿的舆情管理则令人印象深刻。黑龙江省省长在第一次说起不欠薪引发异议,之后网上晒出鹤岗煤矿工人讨薪照片后,马上召开记者会,承认工作失误,承诺马上整改,于是在网络尚未发酵前事件很快平息,也成了个两会期间舆情管理的经典案例。

从传统社会学角度上讲,舆情本身是民意理论中的一个概念,它是民意的一种综合反映。从现代人角度上讲,舆情本身并不是对民意规律的简单概括,常常是对"民意及其作用于执政者及其政治取向规律"的一种描述。而在毫无边界的网络面前,舆情和其影响力常常会以几何级数迅猛增长。所以,舆情管理就成为每个地方政府必须面对的问题。成也萧何,败也萧何。

可以说，舆情是民意集合的反映，民意是形成舆情的始源，没有民意，就没有舆情。舆情反映着民众的政治态度，以及对执政者及其政策取向的看法。这种社会政治态度其实就是民众对自身利益需求的一种诉求和表达，它不仅包括民众对国家政治的看法、对社会政治的看法，同时还包括对社会事物和事件的看法。因此，舆情也是民众要求执政者不断改善民情状况的一种诉求和意愿的集合。

舆情既然是民意的反映，就要应对，就要引导，就要管理，就要做出正确的决定，所以舆情管理是一个地方政府不可推卸的责任。如果事件发生了，就不应该派出戴着名牌手表、面对惨剧还面带微笑的"表叔"，就不应该派出救人尚未结束，就想匆忙就地掩埋出轨列车的某些部委领导，尽管他们在公开救助的场合下，可能只是执行命令并无私心。

无论怎样，如果发生事件后，不关心舆情，不在乎民意，不仅会使当事人招致灭顶之灾，管理者或者执法者饱受诟病，还会让当地多年建立起来的信誉一落千丈。城门失火，殃及池鱼。

公共事件舆情需要管理，个人事件舆情也要管理。2015年4月新浪爆料一个开车横行的路霸女司机，被另一位气愤的男驾驶员从车中拉下来暴打后，遭到人肉搜索，被爆料是个惯犯，累计违章几十次没有被处理。于是舆论顿时转向，声讨这个本来是受害者的任性女，认为她活该挨打的声音不绝于耳。后来这位女士书面公开道歉，才逐渐平息此事，她一定受到了高人指点。

谁都可能犯错，但是犯错之后，人们期待的是合理的解释和认真整改的措施，而不是欺上瞒下敷衍了事，更不能强词夺理，甚至贼喊捉贼。对于商家来说,商业的边界是道德,对于行政管理人员来说,执法的边界也是道德!

第七章　以人为本的契约精神

公开透明的行动计划

　　一个国家的自然资源属于这个国家的人民,而不是政府。即便在那些政治腐败的非洲国家,采掘业透明度都逐渐成了一个绕不过去的话题。在过去几十年,对非洲援助和海外投资的浪潮里,中国应该说是国际社会中信誉良好的一员、世界银行的好学生。首先中国政府和相关企业在对外商务活动时,是很讲信用的,无论是在支付还是在借款时,无论面对发达国家还是发展中国家。中国式悖论就在于:作为国际社会的好学生,我们在国内却姑息了那么多的破坏山林污染环境的坏分子企业;我们在国外那么在意形象,表现出那么强的责任心,在国内却那么不作为;在国外那么透明,在国内却那么不透明;我们在国际上构建和谐社会的同时,却在加剧国内地方政府和民众的对立。当我们以大国之尊善待非洲国家居民时,没有理由把国内同胞当成地方政府业绩的对立者;当我们以修建当地基础设施为条件,换取国外资源时,更没有理由破坏自己家园的绿地、水源和空气。

　　应来自加拿大的姜教授之邀,我那次在北京参加了一个叫"采掘业透明度行动计划"(英文叫 Extractive Industry transparency Initiative,简称 EITI)的一次会议。在组织者派发的宣传册上,我注意到了这样的文字:"采掘企业应该承诺公布他们向政府支付的费用,而政府也应该公布他们在这个领域所赚取的金额。公民因而明白他们的自然资源究竟被政府卖了多少钱并把它记录在案。"

虽然是第一次参加这样的研讨会,和目前工作并没有直接联系,但是我还是决定继续关注这个问题,并向周围从事采掘业的朋友大力推荐这个计划。这是因为,它虽然是个主要面向非洲国家的行动,却对中国企业有直接的影响。也是因为,一个国家的自然资源属于这个国家的人民,而不是政府。一个地区的自然资源属于这个地区的居民,而不是当地官员,所以要善待祖祖辈辈生长在当地的居民。还是因为,只有让采掘业透明,有持久的公众监督和参与,自然资源才可能被有效地利用,乱采滥伐的现象才会收敛,环境污染才能降到可控的程度,持续发展才有可能,社会公正与和谐才能实现。

非洲矿业在行动

现在,即便在那些政治腐败的非洲国家,采掘业透明度都逐渐成了一个绕不过去的话题。之前长期落后于拉美,继而又落后于亚洲的非洲大陆,其实蕴藏着丰富的自然资源,进入新世纪后,随着矿产资源价格的逐渐上涨,非洲重新受到世界各国尤其是来自亚洲的投资者的青睐。

只是千百年来,世世代代繁衍在祖先的土地上、已经是事实上的主人的当地居民,对外来公司攫取了多少矿产资源却不知情,对政府在其间收取了多少费用无权质疑,对自己损失了多少有价值的东西当然也蒙在鼓里,他们看到的只有林地的破坏,和一点可怜的补偿。其实,他们有权问责:这些交易是如何达成的,有什么不可告人的条件？交给政府的税金和费用究竟是多少，它们是如何再分配的，是如何使用的？总之，人们是否收到了资源流失的公平回报？

长期以来不言而喻的是，外国矿业公司所公布支付的数额与东道国政府公布所获得的数额之间存在着很大差别，滋生贿赂和腐败。除此之外，石油、天然气和采矿业支付的金钱，往往与贫困和冲突相连。这一现象被称为"资源诅咒"，其原因就是在征税和缴费时，缺少管理当局透明度以及问责制。

英国前首相托尼·布莱尔，于2002年9月推出了EITI，其目的就是要这个产业的透明度在得到投资公司、政府、投资商和公民社会组织支持后，成为一种自愿行动，让管理公开透明，决策多方参与，利益全体分享，成为国际采掘业的主旋律。这个计划如同涵盖了可持续林业、劳工标准和反腐败等联合国全球契约十项原则一样，初衷是一种政府、国际机构和公司以及非政府组织，共同参与倡导企业责任的国际自愿性倡议。

或许有人会说西方国家出于政治目的，以这种计划限制后来的，尤其来自亚洲的投资者，它也确实会加重中国矿业公司的投资成本。但是我们看到，在西方有识之士和企业的带动下，这个限制投资者的计划，却越来越受到跨国企业的重视。在亚洲和非洲参与EITI计划的国家在2010年中期时已经有三十个，同时有五十个国际大型石油、天然气和矿业公司加入这个计划。

备受关注的是，中国大型国有公司也开始参与了这个计划，他们在非洲和西亚等地区都会按当地政府要求，向EITI组织申报自己所缴纳的费用，以及开采的目标。比如中石油在乍得，中信集团旗下的公司在哈萨克斯坦，中石化在喀麦隆、加蓬和尼日利亚等国家。

中国式采掘悖论

中国那些大型公司，尤其是国有企业，正在参与像采掘业透明度这些规范统一的全球倡议，比如环境管理上的国际标准化组织的标准，以及可持续性报告和审计标准。中国政府也正在积极参与制定关于社会责任的指导方针，相关标准也开始在国内执行。

在过去几十年，对非洲援助和海外投资的浪潮里，中国应该说是国际社会中信誉良好的一员、世界银行的好学生。首先中国政府和相关企业在对外商务活动时，是很讲信用的，无论是在支付还是在借款时，无论面对发达国家还是发展中国家。众所周知的例子就是中国多年来是世界银行中执行力最好的国家，所有在国内受援项目都被按时还款。而在国外，即便在面临亏损的情况下，中国国有企业也能咬紧牙关执行合同。我所在的中信集团，在国外几个工程承包中都表现了这一点。其次，在当地居民员工待遇上，国内的企业也显现出很好的人道主义，比如他们在北非的工程，给当地人提供医疗保障。在西非国家尊重当地的宗教习惯，当地的工人一天里能多次扔下人命关天的管理工作，一到点就趴在地下祷告，而中国员工会主动加班替代他们。听到这些故事时我为之感动。

但是在国内投资建设，我们给人的印象却不是如此。地方政府为推进项目以财政担保却欠钱不还，已经成为普遍现象，我所服务过的公司就为此付出巨大代价；地方企业乱采滥伐的现象也屡禁不止,事实上,他们的行为还在地方政府以扩大就业和内需的口号下,被容忍和庇护。至于采掘业透明度那些企业甚至没有听说过,即便被推介的话,他们也会认为不符合中国国情。

中国式悖论就在于:作为国际社会的好学生,我们在国内却姑息了那么多的破坏山林、污染环境的坏分子企业;我们在国外那么在意形象,表现出那么强的责任心,在国内却那么不作为;在国外那么透明,在国内却那么不透明;我们在国际上构建和谐社会的同时,却在加剧国内地方政府和民众的对立。

应学会善待居民

在酝酿这篇文章时,我到南方出差,晚上和一个当过县长的地方官吃饭时,他讲起了一次拆迁时的惊险经历。那次为了修路开发当地资源,要穿过当地老百姓的祖居,因此遭到了持久而强烈的对抗。村民为了捍卫家园,不惜以死相争,身上绑了炸药,和奉命拆迁的公司对峙,情况一旦失控,就可能造成双方同归于尽,场面十分紧张。这位前县长为此采取了相当周密的安全措施,安排了身手矫健的防暴警察实施突袭,当然外面还安排了救护人员。

可以想象,那天的情景就像美国好莱坞大片一样,在他以地方领导身份在前面郑重其事地和村民对话时,早已埋伏在后面的警察突然发动进攻,将绑炸药的几个村民扑倒在地,解除了他们的武装。那几个村民,虽然视死如归,面对的却是大批集结的专业警察;弱小团体以激烈方式诉求,迎面压来的却是强大又有政策支持的公权;被动简陋的防卫抗击的却是组织严密的主动出击……在这个信息不仅不对称、双方实力也完全不对等、差距悬殊的较量中政府当然大获全胜。

在这个事件中，那些村民连在自己世代居住的土地上正常生活的权利都保护不了，更不用说对以后资源开采的置喙权利了。而且，很多暴力抗法的村民，还要被带到公安局接受行政处置，面对刑事诉讼。

我作为一个倾听者，从头到尾只问了一个问题：那些村民被带走后结局怎样？

令我欣慰的是，这位秉公执法的市领导还有恻隐之心，把他们关了没有几天就释放了，也没有启动司法程序起诉他们。

他是把它当成一个政绩向我们叙述的，也确实为此获得了好评，还获得了晋升。那天晚上他神采飞扬地讲，我心情沉重地听。在暗自庆幸，这个故事没有演变成一个惨烈拆迁的案件，在为这位因此从县领导升迁为市领导的地方干部表示言不由衷的赞叹的同时，我在想为什么我们地方政府和其管辖的居民如此对立，以至于双方都要准备付出生命的代价呢？如果采掘业透明度在国内得以实施，如果问责制切实可行，如果国内生产总值不是作为地方政府的硬性考核指标，我们这个已经高速增长多年的社会是不是会更为和谐？

值得付出的代价

施行透明度计划，当然会加重中国公司的经营成本，但这种成本值得付出，它承载着的不只是一种管理方式，更是一种责任，作为普通人的生存责任和作为企业家的社会责任，尤其是当它和其他行业，比如说和科学、技术创新投资相比时。

因为科技创新给人们带来更多的是财富，而采掘业给当地居民带来更多的是成本，这种成本还是不可逆的。比如说微软不间断的电脑操作系统创新，不仅为研究前人提供了方便，还给后世带来了一个全新的生活方式，世代受益。但是采掘业却挖掉了当地居民祖先的积蓄，无论是煤炭还是稀有金属矿产，而这种积蓄本来是可以经过当代人的传承，留给后代的。

试想三十年前，单个矿产资源能有现在成千万上亿的价格么？现在买矿的价位不知道被人提高了多少倍，以至于我们工作中遇到连挖掘过的尾矿都能重新上市的例子。这也就是说，我们前一代人给我们留下了一些物质财产，使我们这一代可以拿去换国家的 GDP 成长，换地方财政收入的增加，同时也换来了当地居民暂时的富裕。只是这些资源挖掉后无法再生，无法弥补，三十年后，我们的下一代至少比现在少了许多矿产，他们是否会抱怨我们短视，用那么便宜的价格就出让了？如果挨到他们生活的年代，是不是会卖出几倍甚至十几倍的高价？或许他们有了新的技术，根本就不会卖。

所以我们不应该拿中国目前工业化过程的碳排放量和西方国家工业化过程中的碳排放量相比，认为比后者小就可以放松标准，肆无忌惮地排放。毕竟世界在进步，新标准比旧标准当然应该严厉而科学。毕竟我们污染的是自己的环境。毕竟损伤的是我们自己的躯体。

当我们在对外自然资源开发协议中，公开申明采掘业透明时，没有理由在国内把它当成一种商业秘密；当我们以大国之尊善待非洲国家居民时,没有理由把国内同胞当成地方政府业绩的对立者;当我们以修建当地基础设施为条件,换取国外资源时,更没有理由破坏自己家园的绿地、水源和空气。多年来的企业乱采滥伐和地方政府不作为,使得这个地球剩给我们的资源已经不多了,实施有效的第三方监管,让采掘业透明是历史赋予我们的重任,否则我们将无颜面对子孙。

节俭务实的巴黎会议

经合组织在巴黎召开会议,会前组织者给受邀嘉宾发来电邮,明确说明他们负担的费用,特别提醒只能买经济舱而非商务舱机票。而开会期间除了免费午餐和举行了一次相对丰盛的晚餐酒会招待以外,就什么都不管了。住宿标准不管级别一视同仁;会场没有引导员,甚至没有组织者;国家元首参会没有特殊招待;会场饮料自喝自取,不按人头发放;会议没有间歇茶点;参会者热情饱满,没有打盹现象;金融大鳄索罗斯出席会议也没有出场费;午餐只是一小块三明治而已。经合组织的国际会议,如此节俭的会风值得我们借鉴。

有一次去巴黎,在经合组织(OECD)开了个会,主题是"采掘业透明度"(英文 Extractive Industry transparency Initiative ,简称EITI)。开会意义不是这篇文章的话题,我只是对会议的组织形式和日程安排有些感悟。简单点说,这个由英国、德国和北欧人跨国联合组织的大型会议简单无华,低调节俭,杜绝浪费,又比较有效率,该做的事大部分都做了,不该做的事基本上都没做,鉴于国务院颁布了减少召开国际性会议的通知,以便减少资源浪费,这个西方国家举行会议的做法值得我们借鉴。

低调组织人

开会前组织者给受邀嘉宾发来电邮,明确说明他们负担的费用，特别提醒只能买经济舱而非商务舱机票，尽管我们是属于商务旅行，因为后者的机票贵很多。至于三天会议支付每天一百多美元的生活费，则包括去巴黎之前办理的签证费，去机场和到巴黎的出租车费，每天晚餐和零花。以当时一个美元只相当0.7多欧元计，中国外派出差补贴差不了多少。这钱如果每晚都到餐厅吃饭，基本上会所剩无几。而开会期间除了免费午餐和举行了一次相对丰盛的晚餐酒会招待以外，就什么都不管了。

至于住处，本来以为组织者会帮我订酒会所在的四星级酒店，那附近就是著名的凯旋门，环境很熟悉。结果在我通知巴黎有关人士后，组织者才来电通知给我订的其实是位置不好又只是二星级的酒店，价格只有前面那个酒店的一半而已，我只好重新通知当地的几个朋友：地址改变了，到新的地址来找我。

不过我后来知道，会议组织者和大家一样，也住在这里。四星级酒店和二星级酒店前后变化并没有国内等级的因素，官大就一定得住好的，否则就是安排不周。他们安排或许只是出于先来后到的原因。第一个酒店订满了没有那么多房间，而这两个酒店订房分属于同一会议却不同的主办方，所以参会者待遇是随机的，不按官阶，不分国家，被其中一个主办方邀请的人，可能住到了四星级酒店，被另一个主办方邀请的人，就可能住到了二星级酒店。我们几个来自中国的参会者，资深人员被安排到了二星级酒店，年轻人却住到了四星级酒店，享受着住房舒适、连早餐都比我们贵了好几倍的待遇。结果这么贵的早餐不吃真是有点浪费。有一次我们去这酒店接国内来的同行者时，那位年轻的商务主任在明亮的餐厅中一手刀一手叉正在那里认真享用丰盛早餐，知道我们的车已经等在外边,路途遥远得马上出发,还不甘心花了钱却不吃饭,抢吃了几口摊鸡蛋后,嘴里仍舍不得,还喃喃地说:"38 欧元一份呢!"我听了有点愕然,这价钱可以在我们饭店吃 4 顿早餐还多,相当于 300 多元人民币了。

平和参会者

我们住的低级酒店尽管室内干净整洁该有的都有,周围却是正在改建的工地,连出门的路都是临时搭建的,进出很不方便。第一天晚上,我们的车就在周围绕行半天,也拐不进酒店的入口,以前在巴黎生活那么多年,真没住过这么乱的地方!但是与会者没有怨言,我理解他们,知道来法国的目的是参加会议,而非享受。

至于每天来接我们去开会的班车,就像法国人约会一样也不准时,有一天居然晚了二十分钟,我东张西望了半天,发现大量的人在耐心等车,却没会场的引导员,甚至没有组织者。他们只是在会议前发了几个不断更新的电邮通知,把每天日程安排写明白后,组织者就很少见到踪影了,但是我当天到达酒店办理入住时,那个毫不相识、组织会议的英国女士,竟然能在前台人海中找到我,几分钟内就把该办的事办了,会议结束后连招呼都不用打。那是用人最少、效率还比较高的一次会议。这让我想起了国内举办的一些会议,你到处都看得到年轻漂亮的引导员和服务人员,可是参会者还是四处乱窜,问路的问路,迟到的迟到,逃会的逃会。

在寒风中我那位教授朋友穿得少了些,漫长候车期间被冻得来回踱步,几次想回房间等候,但是其他几十个与会者跟什么事都没发生一样,仍然在那里谈笑风生,其实很多国家尤其非洲来的人，并不习惯这样的天气。

那次会议虽然来了5个国家元首，以及众多的政府总理和部长，开会的时候却没有警车开道，我们的班车跟旅游大巴一样，每天开到经合组织那个城堡般的大院附近就停下了，大家要步行几百米走进院内。门前的路出于安全考虑当成警卫线被拦起来，并非因为我们是各个国家来的代表就网开一面，进去的时候一样安检。人们排着队簇拥着进入会场，秩序井然。

那两天在香榭丽舍大街，天天都悬挂着西亚和非洲某些国家的国旗，但我没见到交通管制，没有密集的警察站位，没有呼啸而过见红灯也不用停的黑色车队，巴黎并没有因为这么多的外国元首同时到访而比平常堵车。

由于坐到前几排，我得以清楚地观察到几位非洲国家元首入场，他们确实有些与众不同，但是也不算夸张。我看到中非总统快到十二点了才入场，几个随同人员簇拥着，其中还有个一身军装挂满绶带的军官，应该是这个国家驻法国武官。由于在亚洲人眼中，非洲人长相难以分辨，后来我就认定，能被武官全程陪同、气宇轩昂又走在前面的人就应该是总统了。这位总统走到前排就和大家坐在一起，并不因为他是总统前面就摆着桌子，也不因为他是总统就会有比别人更多的茶水饮料。当时大会的组织者已经在台上了，见他来了也就是点头示意而已。级别比较低坐在第一排的年轻组织者，起身和总统握手算是寒暄，然后大家小声就座，会议始终没被打断。

第七章　以人为本的契约精神

专注的听众

那次是大型会议,一千多人的座椅,几乎全部坐满。从后往前看,黑压压的一片,而且每个座位上都一律平等,无论总理、部长还是普通工作人员。他们也没把水放在前排几个特定的贵宾座位上,而是统一摆放到会场某个角落,想喝就自取,不想喝则不浪费。这样一来环境就很干净,人们起身后没有像国内会场那样,到处都扔着喝剩半瓶的矿泉水。

这么多人参会,别说是在法国,就是在中国来说也不常见。近年来,我在国内参加会议最大的感受就是待遇越来越高,会场越来越豪华,可是人却越来越少。并不是说会议不重要,只是这种事太多了,人们应接不暇,尤其是那些能说会道的著名人士,所以组织者为了请到更多的,就要提高会议规格,去好的饭店,提供丰盛的午餐晚餐,除此之外,上下午会议还有间歇茶点,其实那些水果点心丰盛到能让我吃饱。

尽管饭菜伺候,中午饭一过,国内会场往往一半人就不见了,剩下的还有人昏昏欲睡地待在那里。而这次巴黎会议,我发现至少在第一天下午,与会者热情饱满,会场的人没减少多少。要知道法国仅有中国二十分之一的人口!

那次会议我注意到有几个总统的发言还是挺有意思的。内容写得好,有理有据的,我知道这都是他们的写作班子完成的。总统只是在台上念了一遍而已,有的念得比较熟练还加上自己的想法,有的基本上照本宣科,总的来说都算精彩,至少我不觉得乏味。

与会者的声音也很多样化,开会讲的是采掘业透明度,但是站起来提问的非洲人大声指责西方国家执行殖民统治，支持当地强权，比如说埃及总统穆巴拉克，西方人对他在台上时贪污腐化视而不见，在他失意群众开始游行示威的时候又将他无情抛弃。这些人中有的是被组织者花钱从非洲邀请而来，却敢于直面发表尖锐的不同意见。

免费出场人

关键是我知道每一个讲演者都是没有出场费的，他们都支持企业透明度这个计划，并怀着希望和激情来参会，也愿意看看这个美丽的国家。那次会议来的贵宾像吉尔吉斯斯坦女总统、中非总统、坦桑尼亚总统，他们的出场和讲话都没有引起大家的特别关注，下台之后也没多少人围着提问。

例外的倒是索罗斯，他以80岁左右的高龄参加会议，让与会者充满期待。这个让许多国家胆寒的金融大鳄，西装革履悄悄上台，两个小时间就静静地坐在那里，认真听着别人的讲话，一脸慈祥的样子，但是镁光灯和摄影给他的镜头就是比其他人多，多过所有参会的总统。会议散场时，我终于见到了国内那样的场面，众多人涌到台上把索罗斯包围了，大家纷纷向他提问，而这个一言九鼎的长者毫无架子，还很顺从地弯下身子，倾听着台下人音调七嘴八舌、主题南辕北辙的发问。同行的年轻主任显然有备而来，竟然问他非洲某个国家新修改的矿业法，还缠了他半天。在那几分钟期间，我一直在旁边观察，那是一个中国年轻奋进者和西方年长智者间的火花碰撞。索罗斯表现得相当耐心，前后几分钟一直低着他那个充满智慧的头，强调加入采掘业透明度计划的重要。在他周围,我几乎没看到保镖的身影,组织者也没有顾及索罗斯的年纪和名气将大家推开。

我知道国内有名气的人开会发言都是要有出场费的。一个朋友曾讲起他们请的某研究中心的经济学者,出场费就是两万,可能只做二十分钟的发言,发言后就走,这还只是北京的价格,如果在外地则更高。让他疑惑的是,这些人在参会前并不一定做认真的准备,他眼看着这个研究人员在会议开始后才匆匆进入会场,别人发言的时候他才低头写自己的讲演提纲。

于是我想到,如果给出场费的话,该给索罗斯多少钱?

简朴午餐会

和国内比起来,这个会议还有另一个不同之处,你可以说成特点,也可以说成亮点,就是其简单到不能再简单的午餐。

法国人的组织能力其实并不好,但是一个会议该做的他们也尽量做了,只是人手过于节约,安排得过于绅士,以至于在中午结束前没有提醒大家去哪里吃饭。我也是问了别人才找到吃饭的大厅的,进去一看,绝大部分的人都站在那儿,每人盘子里只是一小块三明治而已。因为要找我同行的朋友,我在人挤人的餐厅里整个转了一圈,发现提供的饮料包括矿泉水只有几种,三明治不过几样,根本没有成盘的肉和菜,甚至没有法国人餐后必吃的奶酪,此外除了一两种小甜品就没别的可吃了。

最让人印象深刻的就是那种硬壳三明治,每块只有半个巴掌大小。那是一种把整个三明治切成四五块的做法。要吃至少4块才能吃饱。我每样都吃了一块,觉得不过瘾,因为实在是太简单了,竟然没饱。没想到经合组织这样大的机构,这么多国际高级官员的会议吃得却这么普通。没有猪肉我能理解,因为可能有伊斯兰教国家的与会人员。但是别的肉也没有,只有一种三明治里面带了一点小薄片的三文鱼,为了吃到这点只能塞牙缝的三文鱼补充营养我只好又多吃两块三明治。

如果在中国,那意味着给与会者提供的仅仅是包子,还是素馅的!但每个与会者都是乐呵呵地在那里吃,他们脸上的笑容就像那天午间的阳光。

最搞笑的还是我那两个朋友,教授来自加拿大,在国外已经生活20多年了,那个年轻主任则在法国读过多年的书,他们和大队人马走出会场后居然连餐厅都没找着,确切地说他们没搞清楚会议是否提供午餐,就信步来到一个出售午餐的咖啡厅,和没有参会的 OECD 的雇员们一样,在小餐厅里花钱各自买了一份简单的午餐,比我更能适应会议的简朴和自律,尽管在交款时有些惊讶。当吃饱喝足的我终于找到他们时,主任睁大着无辜的眼睛,才知道那边有堆积如山的无肉却免费的三明治。

知易行难的环保现实

节俭、环保是我们人类的共同家园面临的问题,人人都做自己分内应做的事,我们的家园就会越来越好,人人都不做分内的事,我们的家园就会越来越差。作为一个社会人,每个人都有义务做有益于这个社会的事。西方国家自下而上都把消除污染当成政府责任和公民义务,作为社会的一分子,如果不能放下身段清理公共垃圾的话,我们至少要做到自己不主动污染环境才对;如果做不到节俭,则至少应该不浪费。面对污染环境的行为我们应该这样做:作为个人,胆小怕事的话可以背后告密,正义感强又胆子大就可以当面斥责;作为企业和机构,应该表现的是群体带头以彰显社会效应;而作为政府和监管机构则应该加强立法,威慑力和强制执行应该得到有效的贯彻。

节俭、环保似乎是件小事,属于个人行为。社会责任似乎很大,属于集体行为。其实它和节俭一样,也和我们每个人息息相关,和每个机构相关。用通俗话讲社会就是集合起来的个体,也可以说是我们人类的共同家园面临的问题。

那责任是什么?责任指"分内应做的事",人人都做自己分内应做的事,我们的家园就会越来越好,人人都不做分内的事,我们的家园就会越来越差。作为一个社会人,每个人都有义务做有益于这个社会的事。比如每个人都应该管好自己的行为,不乱扔垃圾污染环境，不乱停车破坏秩序，见到老人倒地主动搀扶。而现在的情况却是垃圾遍地，汽车停得到处都是，上年纪人摔跤后却没人敢伸出援手……从这点上看我们现在的社会远不如西方国家，甚至不如改革开放以前。一个老人倒地无人扶助可能是个地方性问题，大部分老人倒地无人敢扶就是个制度问题，是个社会责任问题了。

从党的十八大以来，一个静悄悄的改革开始了，那就是一种带头勤俭节约的风气，一种不发文件、不喊口号的自我行动，一种自上而下的变化，多少年后人们可能发现，这或许是这届政府最令人信服的一场改革。

个人的作用

朋友来家里吃饭，帮手时随手将塑料袋扔进垃圾桶，我提醒他旁边还有个专门分类的塑料垃圾袋应该集中扔那里。但他懒得从垃圾桶捡回，还教训我说，既然大家都这样"造"，就一起"造"吧，也不差我这一个。我听后默然无语，也没有当其面将塑料袋从垃圾桶中捡回。毕竟他一针见血，以我一己之力确实无法改变，人们学坏容易学好难，有时候你不得不随波逐流。

相比之下，我的前任、20世纪90年代中信集团常驻纽约总代表，来我们公司前是经贸部的一个司长，还当过联合国工发组织驻华主任，是当时国际组织大陆人担任的最高职位。从中信退休后他在北京南城方庄小区以年逾七十古稀高龄，不声不响义务帮助捡垃圾，以一己之力践行其社会责任。多少年后别人提及我才知道。

比起他来，我只是进行了垃圾分类，尽量不制造垃圾而已，但还没有在公共场合下拾垃圾的勇气，做得不如他。我觉得他的行为值得媒体宣扬，也值得政府嘉奖。

2013年3月的第一天，初春时节中央电视台一条新闻让国人颜面尽失，在故宫东侧护城河的一小段河道上漂浮着成片的垃圾，还被冻在冰上，光啃过的玉米棒就有4万多个，像垃圾场一般，和皇城的恢弘气势成了鲜明对比。那是北京的心脏，皇城脚下，国人的脸面。清洁人员要冒着掉进冰窟窿的危险去清理，其实那里的垃圾桶随处可见，但人们就是要扔到不该扔的地方，脏乱差成了我们国人的代名词。

如果在美国，乱扔垃圾的一旦被抓就直接罚款，还可能被判在所在社区做义工捡拾垃圾；德国规定谁污染谁买单，尤其是那些有钱有势的企业；至于法国，平时矜持的法国人会直接射你鄙夷的目光，还有的会上前质问让你难堪。这些西方国家自下而上都把消除污染当成政府责任和公民义务，作为社会的一分子，如果不能放下身段清理公共垃圾的话，我们至少要做到自己不主动污染环境才对。

企业的义务

节俭办事的理念需要从小处做起，还需要个人和企业的合力。因为个人带动效应有限，企业却可以形成集体的力量。

中信信托年会本来定在春节前的一个星期，按照以往的惯例，全公司人员加上咨询公司职工可能到外面的一个酒店住一夜，或者至少吃顿丰盛的晚餐。在十八大精神的推动下，这次年会取消，代之以春节后一个简单的茶话会,会上没有鲜花没有水果,只有一点小吃,所有演出的节目也都是公司内部职工自己编排的。但那次大家非常开心,看着舞台上青年人卖力演出,餐桌旁同事们低声交流,没有那种没完没了的敬酒,没有那些酒后失言的应酬,当然也没有烟雾缭绕的污浊空气。茶话会结束,大家鱼贯而出各自回家吃晚饭去了,餐桌上没剩什么垃圾。那真是一次省钱省事又达到同样目的的大型晚会。

如果做不到节俭,则至少应该不浪费。我有时和新来的同事在食堂吃饭,往往忍不住提醒他们不要浪费,因为这只能给环境造成污染。食物垃圾不好处理,盐多油大甚至猪吃都不健康,而这些不健康的猪反过来又成为我们的盘中物,所以浪费食物的结局最后是害了我们自己。看到年轻人拿了几盘菜又吃不了,我甚至帮他们吃。将盘中餐消灭干净成了我长期的习惯,在食堂我尽量少吃用药物催肥的大鱼大肉而以蔬菜为主,每次午餐只拿两盘,既卫生又省钱,很快,自己饭卡上就积攒了几千元钱,我把它捐了出去,给智障学校的痴呆孩子买了电器和零食。

在公司食堂吃饭,我自备筷子已经多年了,吃完饭简单冲洗放回盒子中,省水又省人工,到现在和戴手表一样习惯成自然。如果忘记带我就会自责,然后尽量取用食堂那种多次使用的筷子,避免使用一次性的木制筷子。

其实许多一次性筷子都是用药水浸泡漂白过的,越白的化学药品残留可能越多,食之有毒弃之浪费,既不卫生又不环保,媒体多次曝光过一次性碗筷食盒的问题,可人们仍然照用不误,这时奖惩措施就会起作用。比如,可以采取一次性筷子和勺子收费的方式,让使用者付出代价,因为榜样力量还不够的话就要有制度来制约。

政府的责任

以个人有限的作用,加上企业的推动,如果能形成广大的社会影响力,创建人类美好家园就不会仅仅是个空话。这时就需要政府和执法者的强制,因为群体往往盲从,而企业则有唯利是图的天性。

《求是》的副总编告诉我他多年前在伦敦参加一次国际会议,主题大致是"企业的社会责任",与会的中方企业都大谈企业责任是为股东创造利润,让其他西方国家的参会者十分吃惊,也让夏先生这个中国共产党最核心刊物的负责人记忆犹新。那次会议上西方人讲的是企业如何作为才能让社会受益,讲的是利他精神。与之对比鲜明的是,来自全球最大共产党国家的中国企业领袖却大谈他们的责任是如何让股东受益,讲的是利己主义。这就如同西方人在中国宣扬现代社会主义理念、而中方在伦敦这个资本主义发源地推崇原始资本主义精神一样!

关注社会责任是利他,侈谈本企业利益就是利己。即便利他不是马上利己,损他最后结局也是损己;利他从长远观点看一定是利己,损他从长远观点看则一定是损己。损他就是损己的道理我们应该懂得,因为破坏环境到最后就是我们都被严重污染,都不得不生活在肮脏的地方,那时候我们才会觉得保护家园洁净和天然是多么重要的一件事。

谁制造污染谁买单的原则天经地义,比如春节期间放鞭炮,北京长期雾霾过后好不容易晴朗的天空又蒙上阴影,鞭炮不得不放的话应该强制那些放炮的人清扫地面,空气已经被他们污染了无法清洗,地面总得恢复原样吧?

所以,面对污染环境的行为我们应该这样做:作为个人,胆小怕事的话可以背后告密,正义感强又胆子大就可以当面斥责;作为企业和机构,应该表现的是群体带头以彰显社会效应;而作为政府和监管机构则应该加强立法,威慑力和强制执行应该得到有效的贯彻。

中国有句古话叫作"乱世用重典",实际上太平盛世也需要。李克强总理最近说过:"重拳方有效,重典才治乱。"中国人虽然是世界上最能学习也最温顺的民族,生来都是良民,但是要是不加以管理,他们就会乱来。法国那位著名的社会学家写的《乌合之众》阐述的就是这个道理。执政的关键是要以身作则,同时引导人们遵纪守法,如果没有做到,执法机关就要强迫人们就范,久而久之习惯就会成为自然。

2013年3月召开的人大和政协两会已经很少用鲜花了,而以前会场鲜花锦簇,多得连主席台的人都被挡住,台下的人得挺直腰板才能看得真切。这次代表们还被通知参会时自带牙具,而之前每个房间配备两套牙具随便使用,今天用完明天可能被服务员换上新的,一天浪费一个牙刷被认为是服务好的标志。但是这次我看到网上披露军队发的通知,让军队代表们自带牙具时还加上一句:这是命令!

榜样的力量是巨大的,因为领导开始轻车简从;行政手段的作用是明显的,因为军令如山。鲜花的减少降低了费用,牙刷的节省降低了环境污染。以前人们认为这些都是小事,保障代表们舒适开会才是大事。现在连代表们都认为小事可以成就大事,且他们开会的条件和生活的水准并没有因此而降低,还受到了各界的交口称赞。

今天在我们国家,城市和居民的生活方式在社会风气的带动下,总体上正从节俭型向消费型转变,人们对生活质量和生命质量的意识明显增强。出现这样的现象表明我们国家更加富裕,财富更为丰富,但是仍然要引导消费心理,避免向某些畸形发展,比如出于面子需要和攀比心理所导致的炫耀性消费、奢侈浪费等非理性的现象。因此,我们不仅要鼓励老百姓增加消费,也要大力提倡理性消费,理直气壮地反对浪费。

要看到,这个世界上最富裕的国家也是最节俭的,同时也是最有可持续发展潜力的,那就是瑞士,周围许多同事和朋友去过瑞士,我们应该向其学习,富裕了也不骄奢淫逸,即便不能保持节俭,至少不要浪费。

任重道远的智慧城市

对智慧城市的理解，中国人主要是从物质的角度，而西方人主要是从精神的角度；中国人讲硬件，西方人讲软件；中国人讲一次次集中运动，而西方人讲的是民众的持久参与。那么究竟谁更智慧？为什么中国没有一个城市入选，甚至没有入围世界智慧城市？温哥华好多年都是在最适合人类居住排行榜上，而且名列前茅，在第一和第三之间，但是前些年跌落至八十几名，一个重要原因就是那里的房价涨得过快，不适合平民了。拥有智慧的群体却不拥有智慧的城市，拥有智慧的居民却不拥有智慧的管理者，这是我们这个高速发展的社会最令人遗憾之处，如果听任房价上涨和菜价上涨一样快而不加治理的话，我们城市未来不仅不适合平民甚至不适合富裕人居住了……

夹在北京和天津之间的廊坊是河北的一个城市，这几年发展很快，雄心勃勃地要将自己打造成国内名列前茅的智慧城市，还接连举办了两次 APEC 分会。和我去开会的法国朋友恰巧也是做智慧城市投资基金的，他们都对那里宽阔的街道和整洁的绿化带印象深刻，至少比北京管理得好，尽管这也是个没山没水的干燥平原。

对绿色生活和环保理念的持续关注是我带着外国投资者参会的主要原因，在会上听来自世界几个国家的业内人士谈及对智慧城市的看法很有启发，我更能理解这种理念是深层次的，是需要软环境的，还需要长期的社会参与和广泛的制度监督。

物质层次还是精神层次

廊坊会议来了几个世界智慧城市的代表，韩国首尔下辖的瑞草区，之所以被选为世界生活质量最好的城市，不仅因为其自然风光，更是因为它拥有世界第一的公共教育，文化气息浓厚而且交通方便、商业集中。在瑞草区长发言时，作为北京的居民我想到，我们首都北京有世界一流的公共教育，文化、商业也集中，但就是不能入围，因为我们在某些方面可能领先，却在另一些方面和智慧城市差很远很远。那是一种巨大的反差，大到我们一方面在城市建设领先到西方国家望尘莫及的程度，而另一方面又在精神文明落后到令人羞愧的地步。

加拿大安大略省小城剑桥市成功的经验是建设可持续的、可负担的公共基础设施，就是说这个城市的管理者每做一个工程就像德国人那样有百年大计的考虑，又不像美国人那样过度举债不负责任地到处借钱。这些人总能在最实际的总经营成本范围内确保基础设施资产使用寿命达到最大值，同时采用标准化方式监视和追踪业务流程。他们强调的是可持续，就是说上一届政府给下一届政府预留了增长的空间，而不是在自己任期内把资源全部用掉。相比之下我们一些地方政府搞的基础设施往往不能得到最充分的使用，他们为了花掉当年预算维持GDP账面上的增长，可能隔几年就翻修一次柏油路，没坏的路面也要刨掉；刚启用几年的楼就要炸毁再建个新的；同时弄好几个融资平台过度举债，最后搞得连自己都不知道欠了多少钱。反正几届之后他们或者调走或者升迁，还债的事就不管了。

不过那次会议最大的亮点还是新加坡。新加坡人不仅做了主题发言，还做了问答式座谈，他们在台上露脸的次数比任何一个其他国家的人都多。我注意到了新加坡几个政府官员，分别来自城市研发中心、国家公园局、交通部、公用事业局和环境局，这些人不约而同地用汉语发言，而且都讲得没有什么口音，比香港人好很多，以至于会场内绝大部分人都摘掉了耳机，看上去就像北京人自己开会一样的感觉。

其实以前和新加坡人开会并不是这样，这个英国人的殖民地尽管华人居多，对外发言却是习惯用英语，尽管他们发音怪怪的。中国现在强盛了，他们审时度势，用汉语发言也就更理直气壮。那天在台上的新加坡人都是公共事务的管理者，也都是社会精英，确实聪明，也会与时俱进，连学习语言的能力都非常强，汉语讲得一个比一个好，还表现得很有教养，对自己管理的那个袖珍国家很有自豪感，说出来的口气却很谦虚。

硬件设施还是软件环境

新加坡人治理交通的经验简单合理，却值得全世界效仿。他们清楚道路是为人而非为车修建的，因为在政府税收和居民收入同时增长的情况下，建造新路的成本显然大于购车成本，建造新路的时间显然远远长于购车时间。即使建了更多更好的公路，也会有人看到交通变得顺畅而决定开车，于是这些道路就又会变得拥挤，为此要抑制车辆的过度使用，同时全力提升公交系统，让不想开车的人有别的选择。政府职责不能仅仅是通过宣传和素质教育,也要切实设计合理的方案,让人们打心眼里喜欢乘公车出行并养成习惯,其中关键的是要让这些选择既舒适又便利,以至于和本人自己驾车没有什么多大的不同。

于是,极力发展公交和进行车辆管制是新加坡的两大措施。这个弹丸之国10人中2人有车,占20%。60%的人出行或上班选择公共交通,不仅因为公交便宜且低碳和环保,也是因为它最方便,站点遍布,到站时间准确。

那里在治理这个世界上人口第二密集的城市时,在一些路口让巴士享有优先权,私家车要给巴士让路,这样使公交车时速得以大幅度提高,拉着一车几十人,却比私家车跑得还快。再加上公交车干净整洁,大部分人都能有座位,让人觉得舒适还很有效率,何乐而不为?

这让我想到,世界上许多城市都善待公共交通,让这种承载人多、效率高的车辆能更快通行。比如同站换乘,加拿大多伦多的公交车直接开进地铁站,即便下雨乘客也淋不到。而纽约那个被称作灰狗的长途大巴进城后就直接开进42街那个举架很高的楼上停车。我多次观察,发现无论何时那个不起眼的楼肚子里每层都盛满车,乘客不用拎行李出去就在楼内上车,出城时则有专门的地上和地下的通道,直接将一车人拉出曼哈顿车辆拥挤的地段,转瞬之间我就已经在哈德逊河边了,觉得比自己开车还快。

相比之下,北京地铁、轻轨和大巴由于各条线路各自为政,只搞建设不管接口,结果就是站口林立、换乘复杂,乘客既要茫然地抬头望入口,又要辛苦地低头找站台,常常要走很长的路才能上车,既浪费地皮,又徒增建设成本和维护费用。

在北京公路上,公交车名义上有点优先权,却天天受到私家车的阻挡。和西方国家强势的公共交通相比,我国的公交车却成了弱势群体。更让人不能理解的是,认为是公交车阻碍通行的人不在少数。连出租车司机都跟我抱怨是公交大巴进站、出站造成了交通堵塞。我开导他,解释他的车只拉我一人,公交车拉了多少人时,他依然坚持己见。

这让我想起那个意味深长的段子,说的是火星的探子来地球侦察,访问北京后回去报告说:地球的生物真奇怪,他们用轮子而不是用脚走路,眼睛能照射出让人眩晕的光线,会发出刺耳的声音,他们要花钱买一种叫驾照的东西,然后却每天挤在路上不动,还喝一种叫汽油的饮料,它们的肚子里基本上只有一个寄生虫!

集中运动还是持久参与

同样是路桥的监控,我们现在做的是到处设立摄像机以便时时监督路况,这当然是一种进步,只是这样的话需要很多人一直盯着屏幕,既浪费人力又容易出问题,因为人会疲倦,让他一天到晚只盯着一种东西就会感到无聊,就会分心,老虎也有打盹的时候。但是西方国家发展的智能监控系统就可以在车祸和堵塞的情况下自动报警并记录下来,道路行驶正常则不报警。这就叫智慧交通,其系统可以大量减少人工成本,监控人员无须目不转睛地盯着路况,一有情况电脑自动识别,记录在案并发出警告,监控人员这时过来查看就可以,根据情况迅速反应并加以处理。

归纳起来,一个智慧城市要有智慧的管理人员和管理体系,同时还要有智慧的市民,如果管理人员不智慧就应该换掉他们,如果市民不智慧就应该教育甚至惩罚他们,以便使他们变得智慧起来。

如果说中国人不智慧,不仅我们自己、连那些外国人都不信。世界各地都涌现过才智聪明的华人,个体的智慧是有目共睹的。但是我们这个民族缺乏的是集体或者说团体的智慧,也缺乏那种尊重他人、尊重环境、牺牲小我达到整个社会共赢的境界,而这种境界需要社会的鼓励和管理者的培养。

因为群体是有两面性的:他们既是智慧的,管理者需要他们的监督;同时,群体也是无知的,需要管理和教育。群体是理智的,于是需要顺应民意;群体也是盲从的,于是需要疏导和约束。一个好的管理者就要发挥群体前者的特性,并用各种行政手段抑制后者。

在我们现在的管理者眼里,这样的行政手段往往被诠释成了某种形式的"集中运动",就像电视中常常出现整治社会乱象的那些"专项行动":打击盗版光碟的"专项行动",整治醉酒驾车的"专项行动",以及治理贴小广告和市场脏乱差的"专项行动"。这些具有文革遗风的集中运动看上去力度很大,又有震慑作用,还能吸引社会眼球。但是仔细想想它短期中动用了太多的社会资源,却只能收到有限的效果。专项行动时那些耳目甚多的违法者都能暂时收敛一下,心领神会地"配合一下"这种急风暴雨般的行动,等风声过后一切又恢复常态,盗版的还盗版,贴小广告的还贴广告。

智慧城市的做法就是要将这种短期运动变成持久行为,将只是管理者做的事变成有老百姓参与,就是将这些具有公信、公德的事变成大家的事。只有这样管理者才不至于疲于奔命,群众不至于怨声载道,才能事半功倍。

综上所述,对智慧城市的理解,中国人主要是从物质的角度,而西方人主要是从精神的角度;中国人讲硬件,西方人讲软件;中国人讲一次次集中运动,而西方人讲的是民众的持久参与。那么究竟谁更智慧?为什么中国没有一个城市入选,甚至没有入围世界智慧城市?我看到温哥华好多年都是在最适合人类居住排行榜上,而且名列前茅,在第一和第三之间,但是前些年跌落至八十几名,一个重要原因就是那里的房价涨得过快,不适合平民了。拥有智慧的群体却不拥有智慧的城市,拥有智慧的居民却不拥有智慧的管理者,这是我们这个高速发展的社会最令人遗憾之处,如果听任房价上涨和菜价上涨一样快而不加治理的话,我们城市未来不仅不适合平民甚至不适合富裕人居住了……

使馆区不该有的特权

北京的外国驻华使馆有宽敞的活动空间和停车位,围墙外是两米宽的草地绿化带,之外是两米宽的人行步道,后来被中方管理者派的施工队把墙外两米宽的绿草坪隔离了,高度将近三米,形成了一个双重围墙围成的隔离带,就像柏林墙一样,而中间这道隔离带谁也用不成。不解的是,到使馆办事,外国人长相可以直接进入使馆办理事务,中国人则需要出示护照,包括办理签证,即便告诉武警说护照上次已经交给使馆,正在签证中,这次是来取证件的也不行,就得要护照,其他证件不行。外国使馆可以不进,路还是要走的。但武警在使馆区的道路上随意放置路障,中国普通车辆无法通行,而悬挂使馆牌照的车逆向行驶却无人制止。这是外国人不该有的特权。

按理说一个国家领土中不能有外国人特权,就是那种只有少数人可以享用而多数人无法享用的权利,尤其是路权。即使有什么特权的话,那也应该首先让当地人享用,因为只有他们才是那里的主人。如果不是这样的话就有失公允,无论是什么理由,即便是武警驻扎或者是对外交往。

中国风格的高栏铁网

我工作的地方就在京城东侧三里屯附近,因为上下班和日常活动的缘故,几乎天天经过这里。在这儿你看到的是一座座用高墙围出的大院，占地面积巨大，又没几个人进出，这就是几十年前形成的使馆区。这些使馆区街道笔直宽阔，两边绿树成荫，还都是参天大树。道路规划得也很大气，除了每家使馆有宽敞的活动空间和停车位之外，围墙外是两米宽的草地绿化带，之外是两米宽的人行道，再外面是笔直的白杨树，经过几十年生长有的已经合抱粗了。再外面才是可以并行三辆车的柏油马路。

几十年来，北京城别的地方都发生了翻天覆地的变化，周围也耸立起了钢筋混凝土结构的高楼大厦，但这里依然故我，和中国的经济腾飞隔绝。从我们办公楼22层向外看去，高楼耸立、公路盘结，到处都是堵塞的车流，而这里树木将建筑全覆盖，郁郁葱葱，看上去好像个公园。每次向来访客人介绍周围环境时我都会在这个方向停下来多说几句，因为这是现代化钢筋混凝土堡垒中间的一片难得的绿洲。还是那些外国使馆替这个急功近利的社会保存的。

进入21世纪后没几年，我看到这些使馆墙外被中方管理者派的施工队加装上铁丝网围栏，高度将近三米，就把墙外两米宽的绿草坪隔离了，于是形成了一个双重围墙围成的隔离带，就像柏林墙一样。而中间这道隔离带谁也用不成，使馆内人不需要，因为已经有围墙隔断。使馆外步行者需要却进不去。开始还能看到流浪猫在期间游荡，不时地有人存放食盒水罐，那些喜欢宠物的爱心人士将食物和盛水盒放到围栏内，流浪猫就毫无顾忌，因为吃饭不会遭到别人骚扰，被摸来摸去的。之后那些猫咪突然不见了，也不知道是被撒了药还是怎么的，食盘和水罐也被清理掉，反正这种隔离带再没有见到其他生物出没，连虫子都看不见。

中国武警的铁壁铜墙

那可是个安全区域，24小时有武警守护，每个使馆门前有一个哨兵笔挺地站在那里，三个小时换班一次，24小时全天候看护，几十年没有间断。这些武警训练有素，身体站得笔直，走路都是正步，真的是站有站相，走有走相。他们列队行走时更有意思，总有个领头的拿着一个stop牌子，过马路时拦住过往车辆，让队伍安全通过。

虽然年轻，这些武警却十分机警，还不苟言笑，冷峻地注视着自己的警卫区，我在他们前面走过有时问候一下，他们回答都很简练，有的甚至懒得睬我。但是对过往行人他们都严密注视，像拨浪鼓一样把头从左至右转来转去，冷面示人，还画出黄色警戒线，来办理签证的都被隔在两米之外。外国使馆被铁桶般保护着，别说人，连小动物都难过他们的监视。

加装了铁网后，使馆大门更难靠近，里面的人就跟与世隔绝一样被严密地保卫着。像利比亚、黎巴嫩和坦桑尼亚这些大使馆，基本看不到非洲人进出，也没什么中国人办理签证，连那些想递交个申诉书的人都不来这里，没人骚扰他们，也就是说这些人的安全根本不是问题。尽管如此，守卫的武警不仅认真看门护院，还承担起了勤务兵的角色，使馆汽车进出是他们打开栅栏，送外卖的来了是他们代收，还有那些送快递的。在外风吹雨淋站岗放哨的中国军人兢兢业业，在内独坐小楼成一统的外国友人舒舒服服。看到这些，我总觉得有点自己缴纳的税收和政府充裕的军费被滥用的感觉，本来应该让自己人享用的服务都被外人享用了。

更不解的是这些使馆人员只是尽情消费中国人的特殊保护制度，而缺乏感激之心，久而久之他们自以为是中国领土上的特殊人种，还驾车在使馆区内横行。我自己就看到多次悬挂使馆牌照的车逆向行驶却无人制止。

进使馆需要外国长相

另一个令人不解的是，外国人长相可以直接进入使馆见人和办理事务，中国人则需要出示护照，包括办理签证。即便告诉武警说护照上次已经交给使馆，正在签证中，这次是来取的，其他证件依然不行，就得要护照，还是不得进门而入。

去法国使馆开会时，外国人径自入内，而我基本上每次都像傻瓜一样被挡在门外。在自己的国家我就像个二等公民，拿着身份证不管用，还得眼巴巴让里面认识的法国人从使馆内出来带我进去。但我不能每次都麻烦人家，再说她们也不是每次我到达时正好在门口。关键是老让人带入很没面子，本来我是被邀请来的正大光明的客人，却只能被人施舍伸出援手才能进入。

几次不爽之后，我心生一计，准备个过期的美国驾照放在钱包内。这个驾照当年在美国可以随便申请，只要申明丢失当场就会换一个，加上过期的和临时驾照，我就有好几个，一直没扔。用这个驾照可以当作身份证、驾驶证、医疗证甚至中国人的户口，反正在美国就这一个证件，充当什么都行，当然得是在有效期内的。在美国行政手续简单，申请新的，旧的也不用退回。

这种没有任何价值的外国证件糊弄护卫使馆的北京武警倒是派上了用场。上面带着我多年前的照片，看上去像是个身份证明，

第七章 以人为本的契约精神

到门口晃一下,只讲英文不讲中文,一副外黄内白 ABC 的派头。那些武警显然懂得些英语,但看懂过期的美国驾照还得花费些时间,就见他看一遍正面,再翻过来看反面,之后犹豫不决,还在那里琢磨,想请教我还有失尊严。我知道难倒他了,就在一旁冷眼旁观,反正会议还没开始,可以和他耗时间。因为美国驾照的反面是捐献遗体的信息,英语更复杂,他们根本搞不懂什么意思。看了半天还没搞明白的年轻武警试图用汉语沟通,这时候就轮到我装着没听懂了,坚决不用母语回答,只含糊不清地咕噜些英语,还爱搭不理的。那时是开会入场高峰,白种人和具有外国护照的黄种人陆续到来,积攒两三个人后他也来不及仔细查究竟大伙是一种什么证件,只好将我放行。

知道其弱点后,我就食髓知味,以后多次用这个小伎俩,也屡试不爽。

闯封锁区需红牌车辆

在中央八项规定之后,政府官员和国有企业管理人员的个人护照都悉数上缴了,进入使馆需要护照就得单独申请,就得写文字报告向上级解释说明为什么要去开会,为什么要进使馆,跟出国审批一样麻烦,所以这类活动大家能不去就不去。这样一来,本来正常的对外商务交往也受到影响。加拿大使馆为了避免这个麻烦,解决中国客人被武警拦截无法进入使馆的问题,事先在电邮中通知只需要带身份证就行,还特别在下班高峰期在使馆门外设置接待处,在警戒线之外放上几个桌椅,安排专人在那里等候,为来客登记。否则的话包括我在内的中方企业管理人员只好婉言谢绝。

不过，外国使馆可以不进，路还是要走的。三里屯那里的武警在铁网设置之后突发奇想，在地上乱画警戒线，从使馆门口画到马路上，就像机场安检前那道黄线一样，办事和问讯的人都要在黄线外隔空喊话。之后他们看到汽车和行人都只能绕线而过，知道画得太远不符合实际，又将黄线画回门前。看来我们的公共道路通行权利是可以被不同部门随意修改的。再到了后来，武警官兵弄了一些铁栅栏和防撞路障，索性将使馆区几段道路全部封上，汽车不能通行，行人也不能随便进入，得出示证件。当然，还是那些悬挂使馆牌照的车辆在里面横行。后来武警形成了条件反射，只要红字使馆车辆就放行，只要中国普通车辆就拦截。

我的车由于经常不开，就孤孤零零停在那里，开始还蒙着车罩免得落灰，后来懒得蒙了，因为有时风大将车罩吹跑，我还得将其捡回。其实那车尽管已经买几年了，洗过后跟新的一样，因为就没怎么开过。那段区域被封，工作忙碌的我基本不去照看。有的同事好奇，问我汽车整天扔在马路边难道不怕丢？我回答他：" 一天24小时处在站岗放哨严密监视的武警眼皮子底下，偌大个北京城，哪里还有比这更安全的停车场！"

其实我还挺尊重武警战士的，当他们几年前跟我提起"军民共建"时，我欣然应允，以公司名义买了大量慰问品，还动员大批公司员工参观营房，和官兵打一场篮球友谊赛。这都是出于对战士们的无私奉献。我想那些消费中国军人好处的外国使馆人员恐怕想不到这一点，他们会觉得这是应该的，尽情消费着中国对外政策，才不会花钱花时间和武警进行什么"军民共建"。他们也可能对中国武警一步一步的"增值服务"就不赞赏，也无此要求，还在偷着笑,就跟我们地方政府宴请外资来访人员时,点了一大桌子菜浪费在那里,反而被后者鄙视一样。

只是"军民共建"后,他们该卡我照样卡,因为总会碰到不同的战士,逼得我只好用雕虫小技应对。

从建设海绵城市说起[①]

作为人类活动的集散地,城市应该是一种包容的共同体,所以它应该是有弹性的,而不是硬邦邦的;应该是吐故纳新式的,而非一味排斥式的;应该懂得顺势而为,同时还应该具有利他性的,无论对人还是对物。城市当然需要美化,但首先需要消化,需要建立起自身的免疫系统和消化系统,否则就不可持续。提起海绵城市就得说到海绵,就得理解那种低调朴实却意味深长的功能,就是包容,对自然界的包容,对外来物的包容。在这种包容中,以软治硬,以柔克刚,以弱容强。

海绵城市顾名思义指的就是城市有海绵的特质,有海绵的功能,像海绵一样能够应对大规模降雨这类自然灾害,雨大时可以吸收、无雨时可以将储存的水加以释放利用,说得是人类活动之对自然界的一种包容。

最早提出海绵城市概念的是澳大利亚学者,而美国和日本等后起之秀的发达国家有着成熟而规范化的开发管理模式。至于像德国和法国等老牌国家则在一两百年前就考虑到了城市发展的未来而且一直矢志不渝地实施着,在这个概念兴起之前就是一直这样做的,说他们是实践这种管理理念的鼻祖一点不为过。而当代

[①] 本文为国家社科基金重点项目"海绵城市建设的融资风险与退出机制研究"(批准号 16AZD011)的阶段性成果。

第七章 以人为本的契约精神

新兴国家中最需要海绵城市建设的则是城市化进程最快的中国了。在2013年年底,习近平总书记在中央城镇化工作会议上正式提出要建设自然积存、自然渗透、自然净化的海绵城市。之后,也就是2014年后中国住建部开始全面推行这个理念,并制订了技术指南,海绵城市在我们国家才逐渐成为一个为人所知的概念。

作为人类活动的集散地,城市应该是一种包容的共同体,所以它应该是有弹性的,而不是硬邦邦的;应该是吐故纳新式的,而非一味排斥式的;应该懂得顺势而为,同时还应该具有利他性的,无论对人还是对物。所谓兼收并蓄说的就是这个意思,讲的就是这个道理。

硬化之对绵软

在地方政府的成绩单上,硬化地面比例一向是引以为豪的指标,这些硬化当然指那种无法回收、无法重复使用的柏油马路了。在地方当副县长的一个学生来北京见我,讲到其工作时很自然地提及硬化路面的公里数,看得出这在地方官员心目中占据很重要的地位,我能理解他。在中国有句老话说"要致富先修路",许多贫穷山村拥有很好的自然禀赋,拥有令人垂涎的地方特色产品,就是因为道路不畅通,和外界沟通少、贸易量少而富不起来。

但是,从另一个方面想,"硬化"恐怕是一个值得推敲的概念。在医学领域硬化更像是描述一种不可逆的病情,因为软化的东西不仅容易拿捏,还可以像变形金刚一样变为人们想要的形状,但是硬化了的东西则做不到,只能继续其硬化过程,或者说恶化过程,比如肝硬化、动脉硬化等。

即便是硬化,也是有不同方式的。就拿城市建设说来,在古罗马时代,当地人他们用火山岩灰制作类似混凝土似的建筑材料,用来修建道路和房屋墙壁,这些材料既可以被土壤吸收,多少年坍塌后也不至于硬化地面,还能透气,适合人类生存。这种修路方式在火山岩材质下方铺设碎石,即便大雨随时可能降临,也不影响居民日常生活,依然可以走路行车。时至今日,游客行走在罗马街头依然可以见到这类建筑的断壁残垣,走在罗马就像走在历史上,而这种历史是人类可以持续生存的进化史。

和罗马人相同的法国人同样会用石子铺路,在像埃菲尔铁塔这样的著名景点,你会发现地面是用碎石和粗沙铺就,之后是用压土机压成,跟柏油马路一样平整,走上去不会滑倒,雨雪来临时还会迅速吸收水,不会形成大块的雨水淤积。而其著名的巴黎建筑常常为人称道,不仅因为这个城市的主要建筑都是用可透气的砂石块为主砌成,也是因为许多街道都保留了石头路,包括香榭丽舍大街的汽车道。这些建设也是对公路的硬化,以适应现代化工具的要求和人类出行的方便。不过,这是更自然、更天然的硬化过程,依然透气、渗水。大雨时这条举世闻名的大道不会积水,不仅可以让行人和各种车辆通行,每年国庆节阅兵时排列整齐的军用坦克还一排排从这里隆隆驶过,事前和事后也不用修复。

走在巴黎街道两旁,秋日林荫树下,你就会踏着落叶,行走其上就像踩在厚厚的地毯上似的,厚实而柔软,擅长维修和美化街道的法国人,基本上不会去处理落叶,而任其自生自灭。春去冬来,日复一日,这些落叶反而就成了优质养料,滋润着大地,吸收了过剩的雨水,成就了沃土。

排斥之对吸收

相比之下，我见到那些在京城三里屯工作的环卫工人兢兢业业，秋冬时节把落叶都扫掉，一车车拉走。而那几条街有着北京城内少见的长排高大银杏树，落叶之时，树上树下一片金黄，街道异常美丽，一些摄影爱好者想拍摄些秋叶落地的街道都得行动迅速。我常常看见行人们用手机甚至专业相机和这些环卫工人抢时间。后者在上级的指示下不仅得费时费力将落叶扫走，将美景破坏掉，还将人行道旁边的草连根拔掉，裸出黄土。于是这些街道很早就呈现大片土黄，一年中大部分时间如此，因为没有种草，没有绿色植物覆盖，吸纳雨水能力差，大风到来时灰尘漫天。而北京经常要靠着大风来消除雾霾。

城市当然需要美化，但首先需要消化，需要建立起自身的免疫系统和消化系统，否则就不可持续。就像一个人的身体，首先需要的是身心健康，内循环正常，其次才是美容。因为如果身体不好、或者本来挺好却不会维持，那美容就毫无意义。对城市来说也是如此，吸纳进去的也应该合理排出，建筑垃圾和生活垃圾分别从地面上公路网和地下阴沟运出处理。如果排不出去或者没有及时排出去，如果一旦下大雨街道就会成湖，就可以看海，那肯定是下水道的设计或者管理出了问题。

就像那些喜欢做美容的人一样，如果只是把时间和金钱用在了表面功夫，忽视了健身锻炼，尽管远看着光鲜可人，仔细观察后则尽显老态，身体各处还都是疾病。现在城市不断有病，不断开刀，因为没有充分认识到在我们生存的城市中，需要一个真正的地下世界，就是下水道，就是阴渠，就是现在被专业人士称为共同沟或者地下综合管廊的那些东西，它是城市文明的一个重要方面，也是城市的智慧和良心所在，而检验这种地下文明的方式，只需要来一场轰轰烈烈的暴雨。

雨果在《悲惨世界》中写道："阴渠，就是城市的良心，一切都在那儿集中、对质。在这个死灰色的地方，有着它的黑暗处，但秘密已不存在。每件东西都现出了原形，或至少现出它最终的形状。垃圾堆的优点就是不撒谎……一切涂脂抹粉的都变成一塌糊涂的形象。"

法国人很早就认识到了这一点，19世纪中期，在具有远见的赛纳省长奥斯曼男爵和工程师欧仁·贝尔格朗的推动下，大规模的下水道工程和地面工程先后动工，巴黎开始兴建饮用水和排污系统。奥斯曼就认为城市的地下通道如同人体的内循环，干净的泉水、光和热，应该像血液一样能够流遍全身，分泌和排泄则需隐秘地进行。为此需要将脏水排出巴黎，不再按以前的习惯先将脏水排入塞纳河。因为这条举世闻名的河流是母亲河，是沿途各个城市和乡村饮用水的源泉。奥斯曼工程新建的下水道网络利用巴黎东南高、西北低的地势特点，将流入水道网的污水集中到一个总干道，继而排到20公里以外的郊区。于是巴黎从那时起变得干净，变得优雅，变得遇狂风暴雨而不惊，洪水泛滥而不乱，直到二百年后的今天。

利己之对利他

相比之下，北京是个比巴黎更为古老的城市，也曾经更有文化。但是在巴黎建成了世界上最有效率的地下文明之后的两百年,北京还是在靠天吃饭,却把包容这个词写在城市名片之中,横幅挂得满大街都是。如果真的做到了"包容厚德",那么我们现在的城市肯定不是这个样子:交通不至于那么拥堵,水源不至于那么紧张,空气不至于那么令人担心。

如果将地下综合管廊称作一个城市的动脉的话,那些沟渠、洼地、草坪甚至树坑就是静脉。动脉是重要的,因为它连接心脏,决定走向;静脉也是重要的,因为它缓解了动脉的压力,分担了动脉的功能,同时它不与邻为壑,这是其比动脉更利他的地方。与地下综合管廊将地表多余的水排出的功能不同,这些作为静脉的沟渠、洼地和草坪等会发挥存水功能,还能对污水和垃圾起到净化作用。因为这些污水排到大海就污染了大海,排到江河就污染了江河,自然界不会撒谎,人类欠下的账总是要还的。如果不是我们自己还账,就是我们的后代承担后果。

包容性是利他的,厚德是利他的,如同海绵一样,海绵城市的功能也具有利他的属性。人本性不止是利己的,也是利他的,不只是仅仅想到自己的,也是顾及别人的。所以就要平衡两者之间的关系,不能让市场自由一体独大,到了个无以复加的高度,让人的行为起于私欲又止于私欲而不加任何形式的限制!

亚当·斯密是"无形之手"的倡导者,认为市场有自我调节的功能,因为自私自利是人的普遍本性。但他同时认为人还有另外一个本性,这就是利他本性。他在《道德情操论》一书中讲到,人在追求物质利益的同时要受到道德观念的约束,在追求个人利益的同时不要去伤害别人,而要去帮助别人。他认为,这种道德情操永远种植在人的心灵里,人既要利己,也要利他,唯此人类才能永恒。因为在他看来,同一社会里,市场中的经济人一样可能成为情感约束下的道德人,而无论利己主义还是利他主义都出自人类的本能,并非像一些人理解的那样只是利己主义出自人类的本能。所以,"人人为我,我为人人"的处世原则应该成为我们这个社会的座右铭。

和谐社会是人类共同追求的理想目标,是理想的社会形态。一个大型城市要做的就是榜样型的和谐:人与自然的和谐,人与社会的和谐,人与人之间和谐。就是那种能够左右逢源的和谐。这样才能在"天时"不济时还能有"地利","地利"不济时至少有"人和",因为天有不测风云,强风暴雨是自然现象,老天爷不会总是眷顾我们。海绵城市就是人类对天时、也就是对自然界的一种接纳,对地利的自我创造,对居民的自我救赎。如果大部分城市都具有海绵功能,那就是一种新形势下的社会和谐。这也是孟子说的"天时不如地利,地利不如人和"的道理。

提起海绵城市就得说到海绵,就得理解那种低调朴实却意味深长的功能,就是包容,对自然界的包容,对外来物的包容。在这种包容中,以软治硬,以柔克刚,以弱容强。在这个意义上讲,每个国家、每个城市、每个公民都应该有海绵之心,行海绵之义,做海绵之举。

海绵城市和 PPP 联姻[①]

城镇化建设的一个共性就是其长期性,建设期可能需要几年、十几年甚至更长时间。所以地方政府决策者需要有长远打算、长期规划,不能像之前防洪规划那样以一年一遇为标准,而应该有长治久安的打算。海绵城市和 PPP 合作模式就是对粗放式、目光短浅式城市建设的一种否定。海绵城市的 PPP 设计应该是特许经营的方式,是一种纯粹的契约关系而非之前的领导和被领导关系。在海绵城市和 PPP 联姻中,合同之上是契约精神,契约精神之上是道德观念,是签约双方的良心,是一种多赢的结局。

PPP(Public Private Partnership)模式在西方国家指的是公私合伙制或者公私合作伙伴关系,在我国则被定义为"政府与社会资本合作"。海绵城市或者 PPP 模式在西方国家都很成熟,已经开展多年甚至几十年了,他们从来都不是将其当成一种新城建设或者老城改造的运动,也不会以倾国之力,而是默默进行,量力而行,有多少钱干多少事,因为每个城市都有自己核定的预算、要面对自己辖区的选民。在国内,这两种模式则在多少年前默默无闻,大约在 2014 年后几乎同时突然兴起,既有中央政府的大力推动又

[①] 本文为国家社科基金重点项目"海绵城市建设的融资风险与退出机制研究"(批准号 16AZD011)的阶段性成果。

有地方政府的热烈相应,双方一拍即合,以至于PPP模式成了地方政府融资领域炙手可热的方式,海绵城市也成了他们申请财政补贴的一个重要手段。而这两种模式的结合,则是很多人热衷的话题。需要指出的是,在新型城镇化建设过程中,两者联姻需要的不仅是形式,更重要的是内容,这就是:长期性、特许性、契约性和道德观。

长期性是其特征

新型城镇化是我国新一届政府提出的、实现城乡协调发展、人和社会协调发展的重大决策,也是深化改革、转型发展,同时改善民生、实现城乡一体化的战略举措。海绵城市建设和PPP合作方式就是在这个大背景下出台的,是我国新型城镇化建设的重要组成部分。

海绵城市这个概念提出后国务院颁布多项政策,2015年10月发布《海绵城市建设指导意见》要求最大限度地减少城市开发建设对生态环境的影响,尽量将70%的降雨就地消纳和利用起来,而不是像之前那样尽可能排到外面。这个意见要求到2020年,我国已建城市城区的20%以上面积应该达到海绵城市要求,到2030年,城市建成区80%以上的面积达到目标要求。同时,国务院明确鼓励各地海绵城市的建设采取PPP合作模式。

这种新形势下城镇化建设的一个共性就是其长期性,建设期可能需要几年、十几年甚至更长时间。所以地方政府决策者需要有长远打算、长期规划,不能像之前防洪规划那样以一年一遇为标准,而应该有长治久安的打算。而在这点上山东青岛提供了一个很好的例子。

学者在研究一百多年前青岛市政建设档案时发现,当时德国人对青岛这个新建城市的建设有条不紊、统一规划。而之后青岛历任总督包括后期执政者,并没有赶着在各自的任期内突击完工,而是把城市建设当成百年大计,这样才成就了青岛现在的地下系统。而我们现在的城市建设,经常是领导意识、拍脑袋式的决策、不按预算行事、规避政策和法规、任期内为自己政绩增光的短期行为。这种方式在粗放式发展以及小城市建设中可能会有效,但是现在城市越来越大,建筑越来越多,地面和地下管网之间的关系越来越复杂,问题就不容易解决了。

海绵城市和PPP合作模式就是对这种粗放式、目光短浅式城市建设的一种否定。而这种否定符合马克思主义伦理学,因为正确与否的客观标准主要在于其行为是否符合社会发展的要求与广大群众的利益。

在这样的思路下,同样是硬化路面,可以是丽江式的石板路,那个小城中奔流不息的"大河"旁边的石板路和当地青山绿水相互辉映、让国内外游客流连忘返;也可以是哈尔滨市中央大街那样的石块路,两边整齐排列着一座座俄罗斯和欧式建筑,而它的地面就是用大石块铺就的,上百年了,不用柏油、很少维修,甚至被当地人称之为"坦克路"。而分流泄洪最好、也是人类对自然界顺势而为最好的例证之一就是四川都江堰了,那是个千年大计、至今仍惠泽后代子子孙孙的工程,我们先人在几千年前就做出了榜样。

特许性是其内容

海绵城市和 PPP 联姻需要决策者在多个层面上做出转变。首先是观念层面上从排斥到接纳的转变,因为之前我们国家几乎所有城市都是传统型的快速排水模式,强调首端快速排除,在末端集中处理,几十年经济发展的结果表明首端排水不快、末端淤积厉害、途中大量堵塞;海绵城市理念则强调吸收吸纳天赐雨水,缓排缓释,从源头开始管理,从源头开始分散,途中逐渐消减。其次,是技术层面上的转变,涉及的技术问题很多,比如在地面上要改变草地和硬化路面的比例、加大前者以适应雨量并达到会水面积的均衡;比如在地面下要重新设计下水道管径、坡度和阻力以提高过水量和流速;比如在管道上实现雨水和污水分流(因为前者可以直接利用而后者需要进污水处理厂)以便建成统一的中水系统。第三,也是非常重要的一点,就是给予社会资本合作方以特许权经营的权利。

因为在海绵城市的 PPP 设计上,政府和社会资本是一种合作关系,而不是政府包办关系,更不是政府改头换面、自己代理自己的关系,像各个地方政府融资平台那样。传统的融资平台模式已经充分暴露其弊端,因为它们既是企业又是政府代表,不是按市场规律而是按领导意识行事和投资,经常有财务账目混乱、与政府间往来款不清的问题。融资平台过多,使得地方政府无法控制自己的债务,无法构建辖区内资产负债表,导致债台高筑却疏于规范,由此引发许多腐败问题。

海绵城市的 PPP 设计应该是特许经营的方式,是一种纯粹的契约关系而非之前的领导和被领导关系。在这种关系中,地方政府将海绵城市建设的部分或者全部特许权让渡给社会资本,这其中包括了权力、义务、利益和风险。在这种让渡中,社会资本有要求在某些地区、在某种层次、在某些阶段中的享有独家甚至垄断权力。特许权天生具有排他特征,只要这种特征不以损害公共利益为前提。

PPP 融资模式通常比较适合规模较大、短期收益少但长期收益稳定的项目,而海绵城市建设就属于这类项目。PPP 融资模式有利于政府改善自己的资产负债表和城市形象,让专业公司干专业的事。PPP 融资模式还有利于项目建设和管理中的风险分配,让控制风险能力强的机构承担相应风险。一个可持续的 PPP 项目是以政府部门和私人部门风险共担为基础的。

海绵城市和 PPP 联姻一旦形成,双方就成了利益共同体,或者换一种说法就是命运共同体。海绵城市建设依据住建部估算投资约为每平方公里 1 亿元到 1.5 亿元。根据已发布的海绵城市建设规划的试点城市信息,2015 到 2017 年每个城市的规划投资平均规模约为 80 亿元,估算我国目前 330 个地级行政区未来 5 年内投资总额约为 3 万亿元。周期漫长,金额巨大。而且,海绵城市建设期长,除前期需要投入大量的建设资金外,后期的维护、运营管理都需要大量的资金和政策的跟进。财政部及住房和城乡建设部特意设立一个叫作"海绵城市建设试点"的奖金,获得试点的中型城市可以获得连续 3 年、每年 4 亿元、总共 12 亿元的中央财政补贴,而省会城市则可以获得每年 5 亿、3 年总计 15 亿元的补贴,金额大、诱惑力也大。

契约性和道德观是其核心

于是，建设海绵城市的政府和社会资本就形成了休戚与共的合作方。合作期限则长达多年，长过地方官员的任期，长过合作初始时代，在这么漫长的时期中约束双方的就是合同，以及合同之上的契约精神。

海绵城市的核心问题是包容，对自然界的包容和对人类社会的包容，讲的是宽厚大度、博大胸襟，而不是斤斤计较，讲的是人与自然和谐相处，社区和社区的和谐相处，而不是相互排斥、与邻为壑。PPP 的核心问题是契约精神，社会资本之间的契约精神和对公权力的契约精神，讲的是言必行、行必果，说到做到，锱铢必较。似乎二者是对立的，实则不然，因为虽然契约划定了边界，缔约方都不能逾越，但是囿于合同内容的限制，签约时代的限制，和当时法律法规的限制，合同只能反映以往的情况，无法约定未来可能发生的问题和解决方案。所以，即使签署了当时看来很完善的合同，即使双方都具有一定的契约精神，问题可能还会出现。

因为边界之外的问题可能更复杂，更不可预料，一个 PPP 项目可能延续十几年甚至几十年，时代会变，规则也会变，这时还需要另一种东西来规范，这就是道德规范，合同没有约定的需要用良心做出判断。就是说，在海绵城市和 PPP 联姻中，合同之上是契约精神，契约精神之上是道德观念，是签约双方的良心。

在 PPP 这种合作方式普及之前，地方政府领导可能一句话就可以让事先规划好、已经按规定招标完毕的方案推翻重做，看着不顺眼的楼就要拆除，因为城市规划方案在某些人眼中就是摆设，加上对GDP增长的追求、官员提拔的考量,城市建设越来越追求高大上,相互攀比,越大越好,越气派越好。

针对这种现象,李克强总理曾经在两会期间说过:"大道至简,有权不可以任性。"因为在这个社会,任性的官员越多我们心里就越不踏实,任性的官员越多我们的社会越不和谐,摩擦以及冲突就越会不断加大,社会成本就会越来越重,矛盾也就越来越激化。所以在这种联姻关系中,双方无论在合同面前、法律面前、契约精神和道德观都不能任性。

海绵城市和PPP联姻应该是一种多赢的结局:对地方政府来说,可以从根本上优化城市的功能,完善自己的资产负债表,同时没有背上长期债务包袱,当然也提高了自己的政绩;对社会资本来说,虽然这种合作利润不高,但是特许经营收费却构成了企业长期和稳定的现金流,而能跟政府合作是市场上最好的信用背书;对老百姓来说则是得到了实惠,他们可以享受干净整洁的环境,出行无惧风雨,生活质量大为提高。

共同沟还是拉链马路[①]

城市建设不是要起个多么好听的名字,而是切切实实地做事,同时不能目光短浅,逼得后人一次次重复建设。共同沟的建设在国内严重落后的原因主要是思想意识落后,法律法规欠缺、还有部门利益偏好的问题。共同沟和海绵城市的建设是相辅相成的,建设共同沟和海绵城市已经成为各级政府的共识,但是落到实处则困难重重。共同沟和海绵城市有共同之处:首先它们都是注重内涵而非外延;其次它们都具有长效机制,是个百年大计的工程;再次它们都具有包容特点,它们都具有海纳百川的胸襟。

共同沟或者说地下综合走廊,也叫地下综合管廊,是指将设置在地面上的各类公用管线挪至地下,并留出维修人员行走的那种宽阔的隧道。这种共同沟把电力、通信、燃气、给排水等各种设施管线集中在一起,实施统一规划和管理,既方便维修检测,又节约地面上的资源,不占用土地和建筑,同时还可以改变之前分段管理、相关部门各行其是、相互推诿扯皮的现象。总之,共同沟是那种具有综合治理意识、和海绵城市相辅相成、又具有前瞻性的地下工程,发源于西方国家。

[①] 本文为国家社科基金重点项目"海绵城市建设的融资风险与退出机制研究"(批准号 16AZD011)的阶段性成果。

拉链马路则相反,是我们国家颇受百姓诟病的地方。因为同样是城市治理地下工程,却是那种急功近利行为:一条马路或者人行道被重复挖开,可能是铺设电话线路;之后再次被挖开,可能是铺设光缆;再后还要维修也得挖开,因为社会在进步,新技术层出不穷,所以这种浪费式、污染式、重复式的劳动就要无休无止地进行。而国内那些可怜的地面就像需要一个巨大拉链似的,直到有一天人们终于发现这种笨拙而愚蠢的状况不能再继续下去了。

法国人的睿智

在法国,地下水道就叫阴沟,语意中并没有地下综合管廊的意思,没有共同沟的意思。法语本来是比较复杂的语言,但是这个词字面上的意思却非常简单。因为将近200年前那位著名的奥斯曼男爵在设计巴黎城市规划时,世界上还没有电灯也就没有电缆,没有煤气也就没有煤气管道,没有电话也就没有电话线,所以就没有需要在地下综合的东西。但是聪明的法国人预见到了地下管道建设的重要性,以及其对未来世界的价值,所以一开始就很有远见地将地下水道建造成像隧道一样,又高又深,有的地方不但可以行车,甚至可以行船,而不仅仅是我们一些村镇那种又浅又窄、深度和宽度均一米左右的阴沟。

据资料统计,巴黎地下水处理系统管道总长达2400公里,已经远远超过北京到香港的距离。同时,这个地下长廊有多达6000个地下蓄水池,约2.6万个下水道进出口,平均每50米就有一个,而且都有铁制立梯、石块砌成的楼梯与地面相连,塞纳河两岸均建有巨大的泄洪口。每天有超过1.5万立方米的城市污水通过这一下水道系统排出市区。下水道深度几米到几十米不等，高度也有几米，都是以石头和砖混结构造成，坚固而且耐用，抗潮又不湿滑，在巴黎地下纵横交错。其排水渠宽约3米，旁边则是宽度超过1米的查检人员通道，顶部和侧部排列着饮用水等管线。由于这个下水道如此宽阔，预留空间如此之大，在以后社会出现各种发明创造时，在电灯燃气、电话以及网络相继发明和使用后，都可以随时将不同类管线放在里面，既方便铺设，也方便维修。所以它既是共同沟，也是地下综合管廊。

一想到下水道，人们会觉得那里污秽不堪、臭气熏天，巴黎下水道恰恰相反，那里四壁整洁，道路干净，还有良好的照明设备。由于这个地下长廊过于宏大和漫长，为了便于判定方位，就使用和地面上一样的街名和门牌号码，以便于实地检修人员和办公室监测人员之间的交流。每天，这个系统有上千名专业维护工人和技术人员通过计算机、影像等技术对下水道进行水量与环境监控。

城市建设不是要起个多么好听的名字，而是切切实实地做事，同时不能目光短浅，逼得后人一次次重复建设。巴黎人没有综合管廊或者共同沟这样优雅的叫法，至今他们仍称之为下水道，这就足够了。实际上，这种综合性功能一开始建造者就想到了，无论社会如何变迁、技术如何进步。巴黎下水道系统建于19世纪中期，可谓历史悠久。然而它的设计既科学又超前，使其时至今日仍能高效运作，甚至成为了巴黎一景，吸引了众多国内外游客参观。在下水道漫步，听着身着灰色工作服的维修工人的解说，看着地下河一样滚流不息却清洁的阴沟水，以及墙壁上挂着各种管线却还为下个世纪预留了足够空间的百年工程，无人不对此感到震撼。

国内人的问题

著名相声演员侯宝林多年前讲过一个段子,说的是一名粗心的外科医生在手术时不是忘记在缝合前将止血纱布就是忘记将手术器具从病人肚子里取出,想起来后只好再次割开病人的肚皮,一次次将遗留物取出。病人实在看不下去,就建议他干脆装一条拉链算了。听上去是个笑话,但是在现实中,这种现象则屡见不鲜,尤其是在城市交通管理中。

各大城市中,重复修路是最污染且扰民的问题之一。公路和人行道不是因为坏了才修,而是有新技术就修、有钱就修,这似乎成了地方政府消耗掉过多的财政预算的方式。北京朝阳区三里屯一带就是这样,好好的路想开膛就开膛,说挖就挖。扰民、造成交通堵塞、由此引发雾霾对地方官员来说似乎根本不是一个障碍。

造成这种国内普遍现象的原因有多种,首先,我们在新中国成立后承继的是苏联设计,和法国式的下水道也就是共同沟不同的是,这个理念跟强调阶级斗争一样强调一切出于安全考虑,所以要掩埋地下,不让人知道,当图纸保存不好、地面设计变化后,几年之后建设者自己也不知道确切位置,所以要大面积挖着看;其次,我们城市发展太快,超乎寻常,也不符合自然逻辑,而相应的规划则一变再变,地下设施本来是按照原来的人口扩张和楼宇面积设计容积率,之后地方政府为了GDP增长和部门利益胡乱批地盖楼,只看地上亮丽之处,不管地下暗流的涌动,使得城市排淤负担一年比一年重;再次,也可能更中国化的问题,就是我们地方政府部门太多,官员太多,层级太多导致人浮于事,每个部门分管一块,分割严重,管路面的不管地下，管电网的不管水网。于是造成这种没有长远规划的拉链式建设重复出现，我们国家不知道为此花费掉多少财政经费，千亿或者万亿。

其实国内很早就有共同沟的经验，那就是 20 世纪 50 年代在北京长安街沿线建设的，之后在上海和深圳都曾经有过相当规模的实践。专家们痛心地指出共同沟未能大面积推广的原因并不是资金问题，因为经过改革开放几十年后，各地政府都具有相当强的征税能力，也能申请到国家补贴。当然这也不是技术问题，因为中国建筑公司逢山开路遇水架桥的能力世人皆知，在国际大规模现代化建设中都时常见到中国工程承包的身影。

共同沟的建设在国内严重落后的原因主要是思想意识落后，法律法规欠缺，还有部门利益偏好的问题。在思想上，地方政府还是那种得过且过的短期行为，以自己的升迁和上级指示为主，而不是以服务辖区百姓为主，以公共利益为主。思想短视行为就短视。此外，地方政府缺乏制度约束，直到 2005 年才陆续出台一些有关规定，但是地下管线的规划、测绘及档案管理分属不同部门，一旦设计方案涉及各机构利益分配和责任承诺，马上就会出现扯皮，互不相让，最后还是得上级领导协调，人治思想远大于法制理念。相比之下，西欧国家对公共设施的施工和管理均有严格规定，比如德国和英国对管线更新审批严格，规定每次开挖不得超过 25 或者 30 米，且不得扰民。

形象工程不能再搞

不知道需要多少场大雨才能把这些官员们浇醒，不知道需要多少次城市观海才能让他们痛下决心,不知道需要多少百姓生命财产受损才能让他们认识到自己的短视!一百多年前,德国人虽然经营青岛没有多久,不仅留给青岛人地面上极具特色的花园洋房,也留给当地人国内最好的地下共同沟。百年后当中国各座城市在倾盆大雨中纷纷告急时,人们才意识到这种共同沟扎扎实实的惠民之处。

共同沟和海绵城市的建设是相辅相成的,因为前者是后者的动脉,后者建设好则会减少前者的压力。建设共同沟和海绵城市已经成为各级政府的共识,但是落到实处则困难重重。因为观念的转变,是从面子到里子的转变,这种转变没有多少年的积累是无法完成的,尤其对那些好大喜功、喜欢修建形象工程的地方官员来说。

共同沟和海绵城市有共同之处:首先它们都是注重内涵而非外延,注重里子而非面子,注重实际效用而非浮夸效果;其次它们都具有长效机制,因为这是个百年大计的工程,是一种从短视到具有远见的转变、思维方式和观念性上的转变;再次它们都具有包容特点,共同沟容纳了来自人类不同部门的智慧,海绵城市则容纳了来自大自然的馈赠,它们都具有海纳百川的胸襟。

我们要认识到,大雨是大自然的馈赠,而不仅仅是天灾人祸;大雪同样是大自然的一种馈赠,而不仅仅是天灾人祸。为了有效接受而非拒绝这种老天爷的福利,人类需要放低身段,辅以谦卑的心态,同时制订规则。法国从2011年开始在城市化地区探索采用征收雨水管理税和发放雨水管理补贴的激励方式鼓励雨水管理,对于未采取雨水源头管理利用措施的区域采用征收雨水管理税的方法。德国则主要采用惩罚措施,目前德国在新建工程之前,无论是工业、商业还是居民小区,均要设计雨水利用设施,若无雨水利用措施,政府将征收雨水排放设施费和雨水排放费用,金额大小与当地降水状况和业主所拥有的不透水地面面积等因素有关。

我们国家设计人员痛定思痛,也开始制订相关规定,比如要求花园和草坪低于路面以便吸纳雨雪、而不是像以前那样出于美观高出人行路面。同时要求新建小区都要设立大蓄水池,分段管理,下雨前将池中水抽出来放掉,以便大雨来之前腾空水池。这些新规都是出于长治久安的考虑,就像目前规定大城市新建楼宇必须要建地下车库一样。

基于人类生存百年大计的考虑,针对共同沟或者海绵城市的建设,无论规划人、设计者、建筑商还是管理者,都应该具有很高的责任感和道德水准。此外,决策人还需要胸怀开阔,远见卓识。同时制度建设和法规都得跟上,否则无以为继。在这一点上,西方国家早已走在前面,无论是法德、美国、澳大利亚还是我们的近邻日本。而我们拉链式的设计和施工方式早已受到各方面的诟病,到了不改不行的地步。

在当前经济需要转型,需要寻找新增长点的时候,共同沟和海绵城市的建设都显得迫在眉睫,为此必须改变陈旧观念,完善法律法规建设,摒弃部门间羁绊,否则这项运动只会沦落为各个城市申请补助的手段,以及大搞形象工程的借口。